普通高等学校经济数学系列教材

李延敏　总主编

经济数学 III

概率论与数理统计

主　编　管建民　曲　爽
副主编　张继超　王　艳

科学出版社

北　京

内 容 简 介

本书是吉林省精品课程经济数学项目及吉林省高等教育学会"十二五"规划项目(2015)研究成果之一,是普通高等学校经济数学系列教材第三部《经济数学Ⅲ 概率论与数理统计》.内容包括随机事件与概率、随机变量及其分布、多维随机变量及其分布、随机变量的数字特征、大数定律与中心极限定理、数理统计的基础知识、参数估计、假设检验,且每章配有习题和适当的选做题,书后给出参考答案,便于对照自测学习.

本书可作为高等学校经济管理类本科生的学习教材,也可作为报考研究生的数学复习参考资料.

图书在版编目(CIP)数据

经济数学Ⅲ,概率论与数理统计/管建民,曲爽主编. —北京: 科学出版社,2016.1

普通高等学校经济数学系列教材

ISBN 978-7-03-046733-1

Ⅰ. ①经… Ⅱ. ①管… ②曲… Ⅲ. ①经济数学-高等学校-教材②概率论-高等学校-教材③数理统计-高等学校-教材 Ⅳ. ①F224.0②O21

中国版本图书馆 CIP 数据核字 (2015) 第 308772 号

责任编辑: 张中兴 王胡权/责任校对: 邹慧卿
责任印制: 赵 博/封面设计: 迷底书装

科学出版社 出版

北京东黄城根北街 16 号
邮政编码: 100717
http://www.sciencep.com

北京天宇星印刷厂印刷

科学出版社发行 各地新华书店经销
*

2016 年 1 月第 一 版 开本: 720×1000 1/16
2025 年 1 月第十次印刷 印张: 14 1/4
字数: 287 000

定价: **39.00元**
(如有印装质量问题, 我社负责调换)

前　　言

普通高等学校经济数学系列教材由《经济数学 I 微积分》《经济数学 II 线性代数》《经济数学 III 概率论与数理统计》三部教材组成. 经济数学是高等学校经济管理类专业的核心课程之一, 是学习计量经济学、西方经济学、统计学、管理学等大多数专业基础课以及专业课之前必修的重要基础课, 也是几乎所有经济管理类专业考研的必考科目.

本教材是吉林省精品课程经济数学项目及吉林省高等教育学会 "十二五" 规划项目 (2015) 研究成果之一, 是普通高等学校经济数学系列教材的第三部:《经济数学 III　概率论与数理统计》. 随着科学技术的进步与发展, 概率论与数理统计在自然科学、社会科学及其他领域中都有着十分广泛的应用. 为了满足我国高等教育从精英教育转变为大众教育需要培养 "实用性、应用型" 人才的要求, 我们在多年的概率论与数理统计教学基础上, 经过统一规划、集体研究编写了本教材.

本教材是依据教育部《经济管理类数学课程基本要求》及《全国硕士研究生入学统一考试数学考试大纲》的精神编写的, 兼顾学生考研需要, 补充了一些新内容, 删除了一些过时不用的知识, 在保持传统体系的基础上略作改变. 本教材既注重对基本概念、基本理论和基本方法的阐述, 又力求融入一些增强思想性、趣味性和使用性的新内容, 使学生通过对本课程的学习, 能较好掌握研究随机现象的思想方法, 并具备一定的实际运用能力.

本教材的选材都是最基本的, 例题尽量采用具有代表性的典型题目或结合专业背景的实际题目, 以期达到举一反三的效果. 本教材在每章后面都安排了适量的基础题和有着较高难度的选做题, 便于不同层次的学生自学、复习和巩固所学内容. 其中带 ∗ 的章节只作介绍, 可不讲授.

本教材内容包括随机事件与概率、随机变量及其分布、多维随机变量及其分布、随机变量的数字特征、大数定律与中心极限定理、数理统计的基础知识、参数估计、假设检验, 教材后附习题参考答案及部分解答、附录 (常用概率统计数值表).

本教材由管建民 (第 1、2 章)、曲爽 (第 3、6、7 章)、张继超 (第 4、5 章)、王艳 (第 8 章) 编写, 管建民统编统纂.

本教材出版得到科学出版社和长春财经学院 (原吉林财经大学信息经济学院)、长春师范大学等的大力支持, 策划编辑张中兴为本教材出版做了大量工作, 在此一并表示衷心感谢.

限于作者水平, 不当之处在所难免, 最后, 真诚欢迎读者对本教材提出批评、指正.

编 者

2014 年 10 月

目　　录

第 1 章　随机事件与概率

在自然界和人类社会普遍存在两类现象. 一类现象是在一定条件下一定会发生. 例如, 在标准大气压下水加热到 100°C 必然沸腾; 同性电荷相斥, 异性电荷相吸; 向上抛一石子必然下落, 等等; 这类现象称为**确定性现象**(或称必然现象). 还有一类现象: 在一定条件下可能发生也可能不发生. 例如, 抛一枚硬币, 其结果可能是正面朝上, 也可能是反面朝上, 并且在每次抛之前无法肯定抛的结果是什么; 用同一门炮向同一目标射击, 各次弹着点不同, 在一次射击前无法预测弹着点的确切位置; 这类现象称为**随机现象**(或偶然现象). 在客观世界中随机现象是极为普遍的. 在一定的条件下, 可能出现这样的结果, 也可能出现那样的结果, 而在试验或观察之前不能预知确切的结果. 但人们经过长期实践并深入研究之后, 发现这类现象在大量重复试验或观察下, 结果却呈现出某种规律性. 例如, 多次重复抛一枚硬币得到正面朝上的大致有一半, 同一门炮射击同一目标的弹着点按照一定规律分布等. 这种在大量重复试验或观察中所呈现出的固有规律性就是以后所说的**统计规律性**.

概率论与数理统计就是研究随机现象的统计规律的一门数学学科, 由于随机现象的普遍性, 使得概率论与数理统计具有极其广泛的应用. 特别是在当前一些最具活力的行业中, 如信息与通信、金融与保险等, 概率论与数理统计的应用为它们的发展起到了推动作用.

1.1　随机事件和样本空间

1.1.1　随机试验

我们把对随机现象进行的实验或观察统称为**随机试验**, 简称**试验**, 通常用字母 E 表示. 随机试验具有以下三个特点:

(1) 试验可以在相同条件下重复进行;

(2) 试验的可能结果不唯一, 但其全部结果是事先知道的;

(3) 试验前不能确定哪一个结果发生.

关于 "相同条件" 只能是相对而言, 事实上正因为有许多不确定的因素的影响, 才造成了结果的不确定性.

1.1.2 随机事件

随机试验的每一种可能的结果称为**事件**. 在一次试验中可能出现的也可能不出现的事件称为**随机事件**, 简称为**事件**. 记为 $A, B, C, \cdots$.

特殊的随机事件有

基本事件: 随机试验的每一种可能的基本结果;

必然事件: 每次试验中必然发生的事件, 记作 Ω;

不可能事件: 每次试验中必然不发生的事件, 记作 $\varnothing$.

例 1   设试验 E 为掷一颗骰子. 在这个试验中, 记事件 $A_n =$ "出现 n 点", $n = 1, 2, 3, 4, 5, 6$. 显然, $A_1, A_2, \cdots, A_6$ 都是基本事件. 若记 $A =$ "出现奇数点", $B =$ "出现能被 3 整除的点", 则 A, B 都是随机事件. 其中事件 A 是由 A_1, A_3, A_5 这三个基本事件组成的.

显然, 必然事件、不可能事件都是确定性事件, 为了今后讨论问题方便, 也可将它们看成是两个特殊的随机事件. 再者, 事件都是相对于一定试验而言的, 如果试验的条件变化了, 事件的性质也将可能发生变化. 例如, 掷 m 颗骰子的试验, 观察它们出现的点数之和, 事件 "点数之和小于 15", 当 $m = 2$ 时为必然事件, 当 $m = 3$ 时是随机事件, 而在 $m = 20$ 时则是不可能事件.

1.1.3 样本空间

随机试验的一切可能的基本结果组成的集合称为**样本空间**, 记为 $\Omega = \{\omega\}$, 其中 ω 表示基本结果, 又称为**样本点**.

每一个基本事件用由这个基本事件所对应的样本点所构成的单点集表示. 由于任何一次试验必然出现全部基本事件之一, 也就是一定有样本空间中的一个样本点出现, 所以样本空间作为一个事件是必然事件. 由一些基本事件复合而成的随机事件用由这些基本事件对应的样本点所构成的集合表示, 它是样本空间的一个子集.

我们称在一次试验中某随机事件发生, 当且仅当该随机事件所包含的某个样本点在试验中出现. 例如, 在例 1 的试验 E 中, $\Omega = \{1, 2, 3, 4, 5, 6\}$, 随机事件 $A = \{1, 3, 5\}$ 是含三个样本点的集合, 所谓事件 A 发生, 即 $1, 3, 5$ 这三个样本点中有一个出现.

1.2   事件间的关系与事件的运算

在研究随机现象时, 我们看到同一个试验可以有很多随机事件, 其中有些比较简单, 有些相当复杂. 为了从较简单的事件出现的规律中寻求比较复杂事件出现的规律, 需要研究同一试验的各种事件之间的关系和运算.

下面的讨论总是假设在同一个样本空间 Ω(即同一个随机试验) 中进行, 事件间的关系和运算与集合间的关系和运算一样, 主要有以下八种.

1. 包含关系

若事件 A 发生必然导致事件 B 发生, 则称**事件B包含事件**A, 或事件 A 包含于事件 B, 也称事件 A 是事件 B 的子事件. 记作 $A \subset B$ 或 $B \supset A$. 显然, 对于任何事件 A, 有

$$\varnothing \subset A \subset \Omega.$$

2. 相等关系

若事件 A 与事件 B 互为包含, 即 $A \subset B$ 且 $B \subset A$, 则称**事件A与事件B相等**, 记作 $A = B$.

3. 事件的和 (并)

事件 A 与事件 B 至少有一个发生, 即 "A 或 B" 也是一个事件, 这一事件称为**事件A与事件B的和 (并)**, 记作 $A + B$ 或 $A \cup B$.

类似地, 事件 $A_1, A_2, \cdots, A_n$ 中至少有一个发生, 这一事件称为 $A_1, A_2, \cdots, A_n$ 的和, 记作

$$A_1 + A_2 + \cdots + A_n \quad \text{或} \quad A_1 \cup A_2 \cup \cdots \cup A_n, \quad \text{简记为} \sum_{i=1}^{n} A_i \text{ 或} \bigcup_{i=1}^{n} A_i.$$

显然有:

(1) $A \subset (A + B), B \subset (A + B)$.

(2) 若 $A + B = A$, 则 $B \subset A$.

(3) $A + \varnothing = A, A + \Omega = \Omega$.

(4) $A + A = A$.

4. 事件的积 (交)

事件 A 与事件 B 同时发生, 即 "A 且 B", 也是一个事件, 这一事件称为**事件A与事件B的积 (交)**, 记作 AB 或 $A \cap B$.

类似地, 事件 $A_1, A_2, \cdots, A_n$ 同时发生, 这一事件称为事件 $A_1, A_2, \cdots, A_n$ 的积, 记作

$$A_1 A_2 \cdots A_n \quad \text{或} \quad A_1 \cap A_2 \cap \cdots \cap A_n, \quad \text{简记为} \prod_{i=1}^{n} A_i \text{ 或} \bigcap_{i=1}^{n} A_i.$$

显然有:

(1) $AB \subset A, AB \subset B$.

(2) 若 $AB = A$, 则 $A \subset B$.

(3) $A\varnothing = \varnothing A = \varnothing$, $A\Omega = A$.

(4) $AA = A$.

5. 事件的差

事件 A 发生而事件 B 不发生, 这一事件称为**事件A与事件B的差**, 记作 $A - B$.

6. 互不相容事件 (也称互斥事件)

若事件 A 与事件 B 不能同时发生, 即 $AB = \varnothing$, 则称**事件A与事件B是互不相容 (或互斥) 事件**. 类似地, 称 n **个事件$A_1, A_2, \cdots, A_n$是互不相容的**, 如果它们中任何两个事件 A_i 与 $A_j(i \neq j; i, j = 1, 2, \cdots, n)$ 都互不相容; 称**可列个事件$A_1, A_2, \cdots, A_n, \cdots$互不相容**, 如果它们中任何两个事件 A_i 与 $A_j(i \neq j; i, j = 1, 2, \cdots)$ 都互不相容.

7. 对立事件 (互逆事件)

若事件 A 与事件 B 有且仅有一个发生, 即

$$A + B = \Omega \quad 且 \quad AB = \varnothing,$$

则称**事件A与事件B为对立事件 (互逆事件)**, 事件 A 与 B 互逆, 也常常说**事件A是事件B的逆事件**, 当然事件 B 也是事件 A 的逆事件. A 的逆事件记作 $\overline{A}$. 由定义可知两个对立事件一定是互不相容事件; 反之, 两个互不相容的事件不一定为对立事件. 对立事件满足下面关系式:

(1) $\overline{\overline{A}} = A$.

(2) $A\overline{A} = \varnothing$.

(3) $A + \overline{A} = \Omega$.

8. 完备事件组

如果 n 个事件 $A_1, A_2, \cdots, A_n$ 互不相容, 并且它们的和是必然事件, 则称这 n **个事件$A_1, A_2, \cdots, A_n$构成一个完备事件组**. 它的实际意义是在每次试验中必然发生且仅能发生 $A_1, A_2, \cdots, A_n$ 中的一个事件. 当 $n = 2$ 时, A_1 与 A_2 就是对立事件. 类似地, 称**可列个事件$A_1, A_2, \cdots, A_n, \cdots$构成一个完备事件组**. 如果 $\sum\limits_i A_i = \Omega$, 并且对于任何 $i \neq j(i, j = 1, 2, \cdots)$, 有 $A_i A_j = \varnothing$.

各事件间的关系和运算如图 1.1 所示.

事件的运算满足如下运算律:

(1) 交换律: $A + B = B + A$, $AB = BA$.

(2) 结合律: $A + (B + C) = (A + B) + C$, $A(BC) = (AB)C$.

(3) 分配律: $(A+B)C = AC + BC$, $(AB)+C = (A+C)(B+C)$.

(4) 对偶律 (德摩根公式): $\overline{A+B} = \overline{A}\,\overline{B}$, $\overline{AB} = \overline{A}+\overline{B}$.

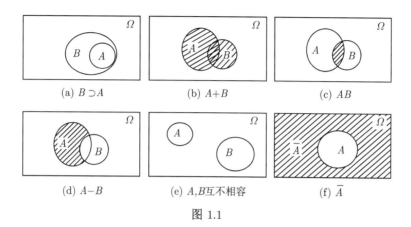

图 1.1

德摩根公式推广: $\overline{A_1 + A_2 + \cdots + A_n} = \overline{A_1}\,\overline{A_2}\cdots\overline{A_n}$,

$$\overline{A_1 A_2 \cdots A_n} = \overline{A_1} + \overline{A_2} + \cdots + \overline{A_n}.$$

例 2 设 E 仍为 1.1 节例 1 中掷骰子的随机试验, 已定义的事件 A, B 不变, 再令 $C = $ "出现点数小于 2", $D = $ "出现偶数点", $F = $ "出现点数不超过 4", 写出各事件间的关系.

解 样本空间

$\Omega = \{1,2,3,4,5,6\}$, $A = \{1,3,5\}$, $B = \{3,6\}$, $C = \{1\}$,

$D = \{2,4,6\}$, $F = \{1,2,3,4\}$, $C \subset A$, $C \subset F$;

B 与 C, D 与 C, A 与 D 都是不相容事件, 其中 A 与 D 是对立事件.

例 3 甲、乙、丙三位射手向同一目标各射击一次, 设 A, B, C 分别代表甲、乙、丙命中目标事件, 试用 A, B, C 表示下列事件:

(1) A, B, C 均命中目标;

(2) A, B, C 均不命中目标;

(3) 至少有一个命中目标;

(4) 恰有一个命中目标;

(5) 最多有一个命中目标;

(6) 至少有两个命中目标.

解 (1) ABC;   (2) $\overline{A}\,\overline{B}\,\overline{C}$ 或 $\overline{A+B+C}$;

(3) $A + B + C$;   (4) $A\overline{B}\,\overline{C} + \overline{A}B\overline{C} + \overline{A}\,\overline{B}C$;

(5) $\overline{A}\,\overline{B}\,\overline{C} + A\overline{B}\,\overline{C} + \overline{A}B\overline{C} + \overline{A}\,\overline{B}C$;

(6) $AB\overline{C} + A\overline{B}C + \overline{A}BC + ABC = AB + AC + BC$.

例 4 为检查某企业的产品质量, 依次任取三件产品进行检验. 设 A_k 表示第 k 次取得的是合格品 $(k = 1, 2, 3)$, 指出下列运算关系表示什么事件:

(1) $A_1 + A_2 + A_3$;   (2) $\overline{A_1\,A_2\,A_3}$;

(3) $A_1\overline{A_2\,A_3} + \overline{A_1}A_2\overline{A_3} + \overline{A_1\,A_2}A_3$;   (4) $\overline{A_1 A_2 A_3}$(或$\overline{A_1} + \overline{A_2} + \overline{A_3}$).

解 (1) 三次抽取中至少有一次取得合格品;

(2) 三次抽取都未取得合格品;

(3) 三次抽取中恰有一次取得合格品;

(4) 三次抽取中至少有一次取得不合格品.

1.3 概   率

对一个事件 (除必然事件和不可能事件外) 来说, 它在一次试验中可能发生, 也可能不发生. 我们常常希望知道某些事件在一次试验中发生的可能性究竟有多大. 例如, 为了确定水坝的高度, 就需要知道河流在造水坝地段每年最大洪水达到这一高度的可能性大小. 我们希望找到一个合适的数来度量事件在一次试验中发生的可能性大小. 为此, 首先引入频率, 它描述了事件发生的频繁程度, 进而引出描述事件在一次试验中发生的可能性大小的数 —— 概率.

1.3.1 事件的频率

定义 1 在相同条件下重复 n 次试验, $n(A)$ 是事件 A 在 n 次试验中发生的次数, 则称 $\dfrac{n(A)}{n}$ 为事件 A 发生的**频率**, 并记为 $\mu_n(A)$.

频率方法定义概率的缺点是: 在现实世界里, 人们无法把一个试验无限次地重复下去, 因此要精确获得频率的稳定值是困难的. 但用频率方法定义概率提供了概率的一个可供想象的具体值, 并且在试验重复次数 n 较大时, 可用频率给出概率的一个近似值, 这一点是频率方法定义概率最有效的地方, 在统计学中就是如此做的, 且称用频率为概率的估计值. 为进一步建立概率的概念, 需要讨论频率的性质.

事件的频率具有如下性质:

(1) (非负性) 对任何事件 A, 有 $0 \leqslant \mu_n(A) \leqslant 1$;

(2) (正则性) $\mu_n(\Omega) = 1$;

(3) (可加性) 任意 m 个互不相容事件 $A_1, A_2, \cdots, A_m$, 满足

$$\mu_n\left(\sum_{i=1}^m A_i\right) = \sum_{i=1}^m \mu_n(A_i).$$

证明　(1) 对任何事件 A, 它在 n 次试验中发生的频数 k 都满足 $0 \leqslant k \leqslant n$, 由于频率 $\mu_n(A) = \dfrac{k}{n}$, 所以有

$$0 \leqslant \mu_n(A) \leqslant \frac{n}{n} = 1;$$

(2) 必然事件 Ω 在每次试验中一定发生, 因此 $k = n$, $\mu_n(\Omega) = \dfrac{n}{n} = 1$;

(3) 事件 $\displaystyle\sum_{i=1}^m A_i$ 表示在试验中, m 个事件 $A_1, A_2, \cdots, A_m$ 中至少有一个发生. 由于它们互不相容, 故在每次试验中, 它们中的任何两个事件都不会同时出现. 因此, 在 n 次试验中 $\displaystyle\sum_{i=1}^m A_i$ 发生的频数等于各事件发生频数之和, 即

$$n\left(\sum_{i=1}^m A_i\right) = \sum_{i=1}^m n(A_i),$$

所以

$$\mu_n\left(\sum_{i=1}^m A_i\right) = \frac{n\left(\sum\limits_{i=1}^m A_i\right)}{n} = \frac{\sum\limits_{i=1}^m n(A_i)}{n} = \sum_{i=1}^m \mu_n(A_i).$$

1.3.2　概率的定义

参照上述事件频率的三条性质. 下面给出概率的一般定义.

定义 2　设 Ω 是随机试验 E 的样本空间, 如果对于 E 中任一事件 $A \subset \Omega$, 都对应一个实数 $P(A)$, 且 $P(A)$ 满足下面三条公理, 则称 $P(A)$ 为**随机事件 A 的概率**.

公理 1　对于试验 E 的任一事件 A, 有 $0 \leqslant P(A)$.

公理 2　对于试验 E 的必然事件 Ω, 有 $P(\Omega) = 1$.

公理 3　对于试验 E 的可列个互不相容事件 $A_1, A_2, \cdots, A_n, \cdots$, 有

$$P\left(\sum_i A_i\right) = \sum_i P(A_i). \tag{1.1}$$

公理 3 也称为概率的可列可加性.

定义 2 称为概率的公理化定义. 概率的公理化定义是建立在概率的三条公理基础之上的, 它既保持了数学概念的严密性, 又对所有的随机试验都适用.

1.3.3　概率的性质

(1) 不可能事件的概率为 0, 即 $P(\varnothing) = 0$.

证明　因为 $\Omega = \Omega + \varnothing$, 所以

$$P(\Omega) = P(\Omega) + P(\varnothing),$$

从而

$$P(\varnothing) = 0.$$

(2) 概率具有有限可加性, 即若 $A_i A_j = \varnothing (1 \leqslant i \neq j \leqslant n)$, 则

$$P\left(\sum_{i=1}^{n} A_i\right) = \sum_{i=1}^{n} P(A_i), \tag{1.2}$$

特别是两个互不相容事件 A 与 B 之和的概率为

$$P(A + B) = P(A) + P(B). \tag{1.3}$$

证明　因为

$$\sum_{i=1}^{n} A_i = A_1 + A_2 + \cdots + A_n + \varnothing + \cdots,$$

由可列可加性 (1.1) 及 $P(\varnothing) = 0$, 即得

$$P\left(\sum_{i=1}^{n} A_i\right) = \sum_{i=1}^{n} P(A_i).$$

(3) 如果事件 $A_1, A_2, \cdots, A_n, \cdots$ 构成一个完备事件组, 则有

$$\sum_{i=1} P(A_i) = 1, \tag{1.4}$$

特别地, 对立事件的概率有

$$P(\overline{A}) = 1 - P(A). \tag{1.5}$$

证明　由于 $A_1, A_2, \cdots, A_n, \cdots$ 为一个完备事件组, 它们一定互不相容, 且 $\sum_i A_i = \Omega$, 所以根据可列可加性, 有

$$\sum_i P(A_i) = P\left(\sum_i A_i\right) = P(\Omega) = 1.$$

类似可证, 对于有限个事件构成的完备事件组 $A_1, A_2, \cdots, A_n$, 有

$$\sum_{i=1}^{n} P(A_i) = P\left(\sum_{i=1}^{n} A_i\right) = 1.$$

特别地, 当 $n = 2$ 时, A_1 与 A_2 为对立事件, 记 $A_1 = A$, $A_2 = \overline{A}$, 有 $P(A) + P(\overline{A}) = 1$, 移项可得到式 (1.5).

(4) 若 $B \subset A$, 则 $P(A - B) = P(A) - P(B)$.　　　　　　　　　　　(1.6)

一般地,

$$P(A - B) = P(A) - P(AB).$$ (1.6′)

证明　因为当 $B \subset A$ 时, 有

$$A = B + (A - B),$$

且

$$B(A - B) = \varnothing,$$

由有限可加性有

$$P(A) = P(B) + P(A - B).$$

移项后即得欲证的等式, 并从概率的非负性即得下述的推论.

推论 1　若 $B \subset A$, 则 $P(B) \leqslant P(A)$. 特别地, 对任意事件 A, 有 $P(A) \leqslant 1$.

(5) 对任意两个事件 A, B, 有

$$P(A + B) = P(A) + P(B) - P(AB).$$ (1.7)

证明　因为

$$A + B = A + (B - AB),$$

且

$$A(B - AB) = \varnothing,$$

所以有

$$P(A + B) = P(A) + P(B - AB),$$

又因为 $AB \subset B$, 从而由性质 (4) 即得

$$P(A + B) = P(A) + P(B) - P(AB).$$

称式 (1.7) 为加法公式.

推论 2　$P(A + B) \leqslant P(A) + P(B)$.

性质 (5) 还可以用归纳法推广到任意有限个事件, 设 $A_1, A_2, \cdots, A_n$ 是 n 个随机事件, 则有

$$P\left(\sum_{i=1}^{n} A_i\right) = \sum_{i=1}^{n} P(A_i) - \sum_{1 \leqslant i < j \leqslant n} P(A_i A_j)$$

$$+ \sum_{1 \leqslant i < j < k \leqslant n} P(A_i A_j A_k) - \cdots + (-1)^{n-1} P\left(\prod_{i=1}^{n} A_i\right). \quad (1.8)$$

式 (1.8) 称为**一般加法公式**. 对试验 E 中任意三个事件 A, B, C, 则有

$$P(A + B + C) = P(A) + P(B) + P(C) - P(AB)$$
$$- P(AC) - P(BC) + P(ABC). \quad (1.9)$$

例 5　已知 $P(A) = 0.9, P(B) = 0.8$, 试证 $P(AB) \geqslant 0.7$.

解　由性质 (5) 知

$$P(AB) = P(A) + P(B) - P(A + B) \geqslant 0.9 + 0.8 - 1 = 0.7.$$

例 6　从 $1 \sim 10$ 这 10 个数中任取一个, 求

(1) 该数能被 2 整除或能被 3 整除的概率;

(2) 该数能被 2 整除而不能被 3 整除的概率.

解　设 $A=\{$取到的数能被 2 整除$\}$, $B=\{$取到的数能被 3 整除$\}$, 则

$$P(A) = 0.5, \quad P(B) = 0.3, \quad P(AB) = 0.1.$$

(1) $P(A + B) = P(A) + P(B) - P(AB) = 0.5 + 0.3 - 0.1 = 0.7.$

(2) $P(A - B) = P(A) - P(AB) = 0.5 - 0.1 = 0.4.$

例 7　假设 A 发生的概率为 0.6, A 与 B 都发生的概率为 0.1, A 与 B 都不发生的概率为 0.15, 求 (1) 发生但是 B 不发生的概率; (2) 发生而 A 不发生的概率; (3) A 与 B 至少有一个发生的概率.

解　依题意, 有 $P(A) = 0.6, P(AB) = 0.1, P(\overline{A}\,\overline{B}) = 0.15$.

(1) 事件 "A 发生但是 B 不发生", 即 $A - B$ 的概率为

$$P(A - B) = P(A - AB) = P(A) - P(AB) = 0.6 - 0.1 = 0.5.$$

(2) 事件 "B 发生而 A 不发生", 即 $B - A$ 的概率为

$$P(B - A) = P(B\overline{A}) = P(\overline{A} - \overline{A}\,\overline{B}) = P(\overline{A}) - P(\overline{A}\,\overline{B}) = 0.4 - 0.15 = 0.25.$$

(3) 事件 "A 与 B 至少有一个发生", 即 $A + B$ 的概率为

$$P(A + B) = 1 - P(\overline{A + B}) = 1 - P(\overline{A}\,\overline{B}) = 1 - 0.15 = 0.85,$$

或

$$P(A + B) = P[A + (B - A)] = P(A) + P(B - A) = 0.6 + 0.25 = 0.85.$$

1.4 古典概型和几何概型

1.4.1 古典概型

事件的概率, 是在试验中该事件出现的可能性大小的数值度量. 对于一些简单直观的试验, 其事件的概率可以直接计算. 下面给出一类最简单的试验模型 —— 古典概型.

若试验 E 满足条件:

(1) 样本空间中的样本点只有有限个, 即基本事件总数是有限的 (有限性);

(2) 每个基本事件发生 (出现) 的可能性相同 (等可能性), 则称试验 E 为**古典概型**. 在古典概型中, 如果事件 A 是由全部 n 个基本事件中的某 m 个基本事件复合成的 (m 称为有利于 A 的基本事件数), 则概率 $P(A)$ 可以计算如下

$$P(A) = \frac{m}{n} = \frac{\text{有利于}A\text{的基本事件数}}{\text{试验的基本事件总数}}. \tag{1.10}$$

定义的古典概型满足概率公理化定义.

计算古典概型时, 常用到下面数学知识.

(1) **加法原理** 若做一件事有 k 类方法, 第 i 类又有 m_i 种方法, $i = 1, 2, \cdots, k$, 则做这件事共有 $m_1 + m_2 + \cdots + m_k$ 种方法.

(2) **乘法原理** 若做一件事要分成 k 步完成, 第 i 步有 m_i 种方法, $i = 1, 2, \cdots, k$, 则做这件事共有 $m_1 \times m_2 \times \cdots \times m_k$ 种方法.

(3) **排列** 不可重复的排列: 从 n 个不同元素中, 任选 m 个 (其中元素不可重复) 排成一排, 称为从 n 个元素中取 m 个元素的一个选排列, 选排列的总数为 $A_n^m = n(n-1)(n-2)\cdots(n-m+1)$. 全排列的总数为 $A_n^n = n!$.

可重复的排列: 从 n 个不同元素中, 任选 m 个 (其中元素可以重复选) 排成一排, 排列的总数为 n^m.

(4) **组合** 从 n 个不同元素中取出 m 个构成一组, 称为从 n 个元素中取 m 个元素的一个组合, 组合总数为

$$C_n^m = \frac{n(n-1)\cdots(n-m+1)}{m!} = \frac{n!}{m!(n-m)!}.$$

例 8 将一枚硬币抛三次, 求下列事件的概率.

(1) 设事件 A_1 为 "恰好有两次出现正面", 求 $P(A_1)$;

(2) 设事件 A_2 为 "至少有一次出现正面", 求 $P(A_2)$.

解 随机试验 E 的样本空间是 (其中 H: 正面; T: 反面)

$$\Omega = \{(H, H, H), (H, H, T), (H, T, H), (H, T, T),$$

$$(T, H, H), (T, H, T), (T, T, H), (T, T, T)\},$$

(1) $A_1 = \{HHT, HTH, THH\}$, 故 $P(A_1) = \dfrac{3}{8}$;

(2) $A_2 = \{HHH, HHT, HTH, THH, HTT, THT, TTH\}$, 故 $P(A_2) = \dfrac{7}{8}$.

这种将样本空间中的基本事件一一列出的做法, 仅适用较简单的情况. 一般是利用排列和组合的计算方法求出其个数, 因为我们感兴趣的不是各个基本事件是什么, 而是其个数.

例 9   12 名新生中有 3 名优秀生, 把这 12 名新生随机平均分配到 3 个班级, 求:

(1) 每班各分到 1 名优秀生的概率 P_1;

(2) 3 名优秀生分到同一个班的概率 P_2.

解   (1)

$$P_1 = \frac{3! C_9^3 C_6^3 C_3^3}{C_{12}^4 C_8^4 C_4^4},$$

其中, 3! 表示 3 名优秀生平分到 3 个班; $C_{12}^4 C_8^4 C_4^4$ 表示 12 名学生平分到 3 个班.

(2)

$$P_2 = \frac{3 C_9^1 C_8^4 C_4^4}{C_{12}^4 C_8^4 C_4^4},$$

其中分子中 3 表示 3 名优秀生平分到一个班.

例 10   3 个球随机投向 4 个盒子, 每个盒子容球数不限, 求: 每个盒子中球的数目最大是 1, 2, 3 的概率 P_1, P_2, P_3.

解   3 个球投向 4 个盒子, 共 4^3 种不同的投法

$$P_1 = \frac{A_4^3}{4^3}; \quad P_2 = \frac{C_4^1 C_3^2 C_3^1}{4^3};$$

(C_4^1: 任选一盒有 2 球, C_3^2: 任选 2 球投入该盒, C_3^1: 剩余 1 球投入该盒)

$$P_3 = \frac{C_4^1}{4^3}.$$

例 11   将四册一套的书籍随机地放在书架上, 求下列事件的概率.

(1) 自左至右, 或自右至左恰好排成 1, 2, 3, 4 册的顺序;

(2) 第 1 册恰好排在最左边或最右边;

(3) 第 1 册与第 2 册相邻.

解   分别设上述三个事件为 A, B, C, 故样本点总数 $n = A_4^4 = 4! = 24$.

(1) A 的样本点数 $C_2^1 = 2$, $P(A) = \dfrac{2}{24} = \dfrac{1}{12}$;

(2) B 的样本点数 $C_2^1 A_3^3 = 12$, $P(B) = \dfrac{1}{2}$;

(3) C 的样本点数 $C_2^1 A_3^3 = 12$, $P(C) = \dfrac{1}{2}$ (相当于将第 1, 2 册绑在一起排队).

*1.4.2 几何概型

古典概型中事件的概率具有可计算性的明显优点, 但它也有明显的局限性, 要求样本点个数有限, 如果样本空间中所含的样本点个数是无限的, 古典概型就不适用了. 如果保留样本点等可能出现的要求, 将样本点有限放宽到无限, 这便引入了几何概型.

若对于一随机试验, 每个样本点出现是等可能的, 样本空间 Ω 所含的样本点个数为无穷多个, 且具有非零的、有限的几何度量, 即 $0 < m(\Omega) < \infty$, 则称这一随机试验是几何概型. 这里的几何度量, 直观地说, 对一维区间是长度, 对二维区域是面积, 对三维区域则是体积等.

在几何概型中, 以 $m(A)$ 表示任一事件 A 的几何度量, 若 $0 < m(\Omega) < \infty$, 则对任一事件 A, 定义其概率为

$$P(A) = \frac{m(A)}{m(\Omega)}. \tag{1.11}$$

几何概型具有如下性质:

(1) 对于任意事件 A, $0 \leqslant P(A)$;

(2) $P(\Omega) = 1$;

(3) 设可列多个事件 $A_1, A_2, \cdots, A_n, \cdots$, 互不相容, 则

$$P(A_1 + A_2 + \cdots + A_n + \cdots) = P(A_1) + P(A_2) + \cdots + P(A_n) + \cdots.$$

证明 (1) 和 (2) 显然成立. 对 (3) 利用几何度量的完全可加性

$$m(A_1 + \cdots + A_n + \cdots) = m(A_1) + m(A_2) + \cdots + m(A_n) + \cdots,$$

可得

$$P(A_1 + \cdots + A_n + \cdots) = \frac{m(A_1 + \cdots + A_n + \cdots)}{m(\Omega)}$$

$$= \frac{\sum\limits_{i=1}^{\infty} m(A_i)}{m(\Omega)} = \sum\limits_{i=1}^{\infty} P(A_i).$$

由此可知, 几何概型定义的概率满足概率的三条公理.

例 12(会面问题)　甲、乙二人相约在 0 到 T 这段时间内在预定地点会面, 先到的人要等候另一人 t 时间 $(t < T)$ 后方可离去, 试求这两人能会面的概率.

解　设甲到的时刻为 x, 乙到的时刻为 y, 则

$$0 \leqslant x \leqslant T, \quad 0 \leqslant y \leqslant T.$$

这样 (x, y) 构成了边长为 T 的正方形 Ω, 两人能会面的条件是

$$|x - y| < t,$$

这条件决定 Ω 中一子集 A, 如图 1.2 所示, 根据式 (1.11), 有

$$P(A) = \frac{m(A)}{m(\Omega)} = \frac{T^2 - (T - t)^2}{T^2} = \frac{2Tt - t^2}{T^2}.$$

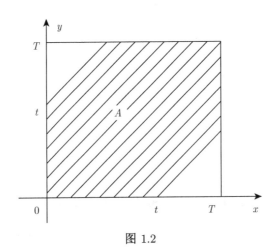

图 1.2

例 13　某人一觉醒来, 发现自己的表停了, 随即打开收音机, 准备听电台报时, 求此人能在 10 分钟之内听到电台报时的概率.

解　因为可能在 $[0, 60]$(分钟) 中任一时刻醒来, 报时在时刻 0 与 60 发生, 恰在时刻 0 醒, 可以听到报时, 但是在这一时刻醒的概率为 0, 若醒来的时刻在区间 $[50, 60]$ 时, 也可以在 10 分钟内听到报时, 如图 1.3 所示.

$$P(10 分钟内听到报时) = \frac{60 - 50}{60 - 0} = \frac{1}{6}.$$

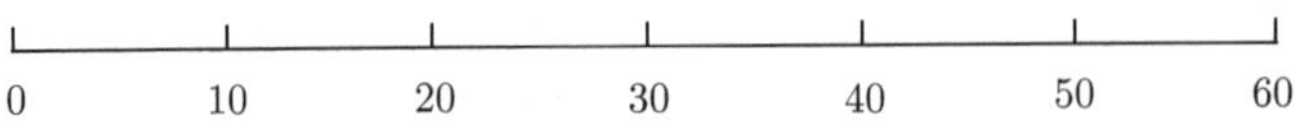

图 1.3

1.5 条件概率与乘法公式

1.5.1 条件概率

有时我们需要在一个事件发生的条件下, 求另一事件发生的概率. 例如, 从含有 3 件次品的 10 件产品中, 任取两次, 每次任取 1 件, 不返回, 求第一次取到次品后第二次取到次品的概率.

设事件 A 为 "1 第一次取到次品", 事件 B 为 "第二次取到次品", A 发生了, 这时还有 9 件产品, 其中有 2 件次品, 因此 B 发生的概率为 $\frac{2}{9}$. 这是 A 发生条件下 B 的概率, 称为 A 发生条件下 B 的条件概率, 记作 $P(B|A) = \frac{2}{9}$. 一般地, $P(B|A)$ 与 $P(B)$ 是不相等的.

定义 3 设 A, B 是试验 E 的两个基本事件, 且 $P(A) > 0$, 则称

$$P(B|A) = \frac{P(AB)}{P(A)} \tag{1.12}$$

为事件 A 发生的条件下事件 B 发生的条件概率, 简称条件概率.

计算条件概率 $P(B|A)$ 有两种方法:

(1) 在样本空间 Ω 中, 先算 $P(AB)$, $P(A)$, 然后按式 (1.12) 求得 $P(B|A)$.

(2) 在样本空间 Ω 的缩减样本空间 Ω_A 中计算 B 发生的概率即为 $P(B|A)$.

这两种做法是一致的, 多数情况下用后者比较方便. 对古典概型, 设 Ω 包含 n 个基本事件, A 包含 m 个基本事件, AB 包含 k 个基本事件, 则

$$P(B|A) = \frac{P(AB)}{P(A)} = \frac{k/n}{m/n} = \frac{k}{m},$$

可见, 可以把作为条件的事件 $A = \Omega_A$ 看成缩减的样本空间.

例 14 全班 100 名学生中, 有男生 80 人、女生 20 人, 男生中有 32 人是北京人, 女生中有 12 人是北京人, 现从中任取一名同学, 求

(1) 该同学是男生的概率;

(2) 该同学是来自北京男生的概率;

(3) 已知该同学是男同学, 他来自北京的概率.

解 设 A={该同学是男生}, B={该同学来自北京}. 由古典概型得

(1) $P(A) = \frac{80}{100} = 0.8$.

(2) $P(AB) = \frac{32}{100} = 0.32$.

(3) $P(B|A) = \frac{32}{80}$.

当在已知 A 发生的条件下, 考察 B 再发生的概率时, 应把原来试验的 100 个基本事件总数缩减为 80 个, 实际上是样本空间缩小了.

例 15　设一批产品中一、二、三等品各占 60%, 30%, 10%, 从中任意抽取一件, 发现不是三等品, 求此产品是一等品的概率?

解　设事件 $A_i =$ "抽取的产品是 i 等品" $(i = 1, 2, 3)$, 则 A_i 两两互不相容. 此产品是一等品的概率为

$$P(A_1|(A_1 + A_2)) = \frac{P(A_1(A_1 + A_2))}{P(A_1 + A_2)} = \frac{P(A_1)}{P(A_1 + A_2)}$$

$$= \frac{0.6}{0.6 + 0.3} = \frac{2}{3}.$$

1.5.2　乘法公式

由式 (1.12) 得到下面的公式.

乘法公式　设 A, B 为试验 E 的两个事件, 若 $P(A) > 0$, 则有

$$P(AB) = P(A)P(B|A); \tag{1.13}$$

若 $P(B) > 0$, 则有

$$P(AB) = P(B)P(A|B). \tag{1.14}$$

推广　对于三个事件 A, B, C, 若 $P(AB) > 0$, 则

$$P(ABC) = P(A)P(B|A)P(C|AB).$$

证明　由于 $AB \subset A$, 有 $P(A) \geqslant P(AB) > 0$, 两次应用乘法公式, 有

$$P(ABC) = P(AB)P(C|AB) = P(A)P(B|A)P(C|AB). \tag{1.15}$$

一般地, 对于 n 个事件 $A_1, A_2, \cdots, A_n$, 如果 $P(A_1A_2\cdots A_{n-1}) > 0$, 则有 $P(A_1A_2\cdots A_n) = P(A_1)P(A_2|A_1)$, 故

$$P(A_3|A_1A_2)\cdots P(A_n|A_1A_2\cdots A_{n-1}). \tag{1.16}$$

例 16　设有一批零件共 100 个, 其中次品有 10 个. 现从中 (不放回) 逐个抽取零件, 求

(1) 第 1 次取正品, 第 2 次取次品的概率;

(2) 第 3 次才取到正品的概率.

解　设 A_i 表示 "第 i 次取到正品", $i = 1, 2, 3$, 则

(1) $P(A_1\overline{A_2}) = P(A_1)P(\overline{A_2}\backslash A_1) = \dfrac{90}{100} \times \dfrac{10}{99} = \dfrac{1}{11}.$

(2) $P(\overline{A}_1\overline{A}_2 A_3) = P(\overline{A}_1)P(\overline{A}_2\backslash\overline{A}_1)P(A_3\backslash\overline{A}_1\overline{A}_2)$

$$= \frac{10}{100} \times \frac{9}{99} \times \frac{90}{98} \approx 0.0083.$$

例 17 一个袋内有 3 只红球和 6 只白球. 每次从中任取一球, 并按以下规则对袋中的球进行调整: 如果取到的是红球, 则将该红球放入袋中并再放入 2 只红球; 如果取的是白球, 则将该白球放回袋中即可. 求任取两次全是红球的概率.

解 设 $A_i=$"第 i 次取到红球"$(i=1,2)$, 则所求概率为 $P(A_1 A_2)$. 显然 $P(A_1) = \frac{3}{3+6} = \frac{1}{3}$. 在 A_1 发生的条件下, 第二次取球时袋中有 $6+3+2 = 11$ 只球, 其中红球有 $3+2 = 5$ 只, 因此 $P(A_2\backslash A_1) = \frac{5}{11}$. 故

$$P(A_1 A_2) = P(A_1) \cdot P(A_2\backslash A_1) = \frac{1}{3} \times \frac{5}{11} = \frac{5}{33}.$$

本例是古典概型中著名的波利亚 (Polya) 罐模型的一个简化, 而波利亚罐模型在传染病的研究中应用较多.

1.6 事件的独立性

1.6.1 两个事件的独立性

对试验 E 中的两个事件 A, B 来说, 条件概率 $P(A|B)$ 与概率 $P(A)$ 一般不相等, 即 $P(A|B) \neq P(A)$, 这说明了事件 B 的发生对事件 A 发生的概率有影响. 但也有 $P(A|B) = P(A)$ 的情形, 这说明事件 A 发生的概率并不受事件 B 发生与否的影响.

若 $P(A|B) = P(A)$, 将其代入乘法公式即得

$$P(AB) = P(A)P(B).$$

定义 4 设 A, B 是试验 E 中的两个事件, 如果

$$P(AB) = P(A)P(B), \tag{1.17}$$

则称事件 A 与事件 B **相互独立**, 简称**独立**.

由定义可以进一步得到下列性质:

(1) 设 A 与 B 为两个事件, $P(B) > 0$, 则 A 与 B 独立的充分必要条件是

$$P(A|B) = P(A).$$

(2) 设 A 与 B 为两个事件, 则下列四对事件: A 与 B; $\overline{A}$ 与 B; A 与 $\overline{B}$; $\overline{A}$ 与 $\overline{B}$ 中, 只要有一对事件独立, 其余三对也独立.

(3) 设两个事件 A 与 B 的概率都大于 0 且小于 1, 则下面四个等式等价, 即其中任何一个成立, 另外三个也一定成立:

$$P(B|A) = P(B); \quad P(B|\overline{A}) = P(B);$$

$$P(A|B) = P(A); \quad P(A|\overline{B}) = P(A).$$

证明　对于 (1), 先证必要性: 由 A 与 B 独立及乘法公式, 有

$$P(AB) = P(A)P(B), \quad P(AB) = P(B)P(A|B),$$

因此 $P(B)P(A|B) = P(A)P(B)$, 又已知 $P(B) > 0$, 故有

$$P(A|B) = P(A).$$

再证充分性: 把已知 $P(A|B) = P(A)$ 代入乘法公式中, 有

$$P(AB) = P(B)P(A|B) = P(B)P(A),$$

由定义可知 A 与 B 独立.

类似地, 当 $P(A) > 0$ 时, A 与 B 独立的充分必要条件是 $P(B|A) = P(B)$.

对于 (2), 不妨设 A 与 B 独立 (其他情况均可类似证明), 先证 $\overline{A}$ 与 B 也独立: $\overline{A}B = B - AB$, 且 $AB \subset B$, 由式 (1.6), 有

$$P(\overline{A}B) = P(B) - P(AB) = P(B) - P(A)P(B)$$
$$= [1 - P(A)]P(B) = P(\overline{A})P(B),$$

由定义可知 $\overline{A}$ 与 B 独立. 其余均可类似证明, 留给读者作为练习.

(3) 的证明与 (2) 类同, 也留给读者作为练习.

上面的结论告诉我们, 两个事件 A 与 B 独立, 不仅事件 A 的发生与否不影响事件 B 发生的概率, 而且事件 B 的发生与否也不影响事件 A 发生的概率, 因此我们可以给事件的独立性一个直观的定义.

定义 4′　两个事件 A 与 B, 如果其中任何一个事件发生的概率不受另外一个事件发生与否的影响, 则称**事件 A 与 B 是相互独立的**.

例 18　加工某一零件需要经过两道工序, 设第一、二道工序的次品率分别是 0.2, 0.3, 假定各道工序是互不影响的, 求加工出的零件的次品率.

解　设 A_i 为 "零件在 i 道工序为次品" $(i = 1, 2)$, 显然 A_1 与 A_2 相互独立, 由加法公式及独立性定义有

$$P(A_1 + A_2) = P(A_1) + P(A_2) - P(A_1A_2) = P(A_1) + P(A_2) - P(A_1)P(A_2)$$

$$= 0.2 + 0.3 - 0.2 \times 0.3 = 0.44.$$

另一种解法是根据 A_1 与 A_2 独立可知 $\overline{A_1}$ 与 $\overline{B_2}$ 也独立, 于是有

$$P(A_1 + A_2) = 1 - P(\overline{A_1 + A_2}) = 1 - P(\overline{A_1}\,\overline{A_2}) = 1 - P(\overline{A_1})P(\overline{A_2}) = 1 - 0.8 \times 0.7 = 0.44.$$

例 19 家庭中生男生女是等可能的. 若一家庭有三个小孩, 设 $A = \{$一个家庭中既有男孩又有女孩$\}$, $B = \{$一个家庭中最多有一个女孩$\}$, 判断 A 与 B 是否独立.

解 样本空间为

$$\Omega = \{\text{男男男}, \text{男男女}, \text{男女男}, \text{男女女}, \text{女男男}, \text{女男女}, \text{女女男}, \text{女女女}\},$$

$$P(A) = \frac{3}{4}, \quad P(B) = \frac{1}{2}, \quad P(AB) = \frac{3}{8},$$

显然 A, B 独立.

1.6.2 多个事件相互独立

定义 5 对于事件 A, B, C, 若下列 4 个等式同时成立, 则称 A, B, C 相互独立:

$$\begin{cases} P(AB) = P(A)P(B), \\ P(BC) = P(B)P(C), \\ P(AC) = P(A)P(C), \end{cases} \tag{1.18}$$

$$P(ABC) = P(A)P(B)P(C). \tag{1.19}$$

从定义 5 可以看出, 称 A, B, C 相互独立, 式 (1.18) 与式 (1.19) 必须成立两者缺一不可. 考虑下面的例子.

例 20 设有四张卡片, 其中前三张分别涂上红色、黑色、白色, 而最后一张同时涂有红色、黑色、白色. 从中任取一张, 记事件 A, B, C 分别表示取到的卡片上涂有红色、黑色、白色, 试判断 A, B, C 的独立性.

解 该试验的样本空间中只含有 4 个等可能的样本点, 用古典概型概率公式, 计算可得

$$P(A) = P(B) = P(C) = \frac{2}{4} = 0.5, \quad P(AB) = \frac{1}{4} = 0.25.$$

由于 $P(AB) = P(A) \cdot P(B)$, 所以 A 与 B 独立, 类似有 A 与 C 独立, B 与 C 也独立, 即三个事件 A, B, C 两两独立.

但是, 进一步计算发现 $P(C|AB) = 1$, 这表明事件 C 发生的概率受到了其余两个事件同时发生的影响, 即 $P(C|AB) \neq P(C)$. 从而 $P(ABC) \neq P(A)P(B)P(C)$. 这个例子表明, 从两两独立推不出式 (1.19).

定义 6 设有 n 个事件 $A_1, A_2, \cdots, A_n$, 若对于事件 $A_1, A_2, \cdots, A_n$ 满足等式

$$\begin{cases} P(A_iA_j) = P(A_i)P(A_j)(1 \leqslant i < j \leqslant n), \\ P(A_iA_jA_k) = P(A_i)P(A_j)P(A_k)(1 \leqslant i < j < k \leqslant n), \\ \cdots\cdots \\ P(A_1A_2\cdots A_n) = P(A_1)P(A_2)\cdots P(A_n), \end{cases} \tag{1.20}$$

则称**事件**$A_1, A_2, \cdots, A_n$**为相互独立的**.

由式 (1.20) 可见, $n > 2$ 个事件的相互独立与两两独立的概念不能等同, 前者比后者要求条件强. 显然, 如果 n 个事件相互独立, 则它们中任何 $m(2 \leqslant m \leqslant n)$ 个事件也是相互独立的.

在很多实际应用中, 判断一些事件的相互独立性, 往往不是用定义进行计算的, 而是根据问题的实际意义进行分析确定的. 关于 n 个事件的相互独立性, 其直观定义可以如下叙述.

定义 6′ 设 $A_1, A_2, \cdots, A_n$ 为 n 个事件, 如果它们中任何一个事件发生的概率都不受其余某一个或某几个事件发生与否的影响, 则称**事件**$A_1, A_2, \cdots, A_n$**为相互独立的**.

关于 n 个事件 $A_1, A_2, \cdots, A_n$ 相互独立, 有如下结论:

(1) 设 n 个事件 $A_1, A_2, \cdots, A_n$ 相互独立, 则它们中的任意一部分事件换成各自事件的对立事件后, 所得的 n 个事件也是相互独立的.

证明略.

(2) 设 n 个事件 $A_1, A_2, \cdots, A_n$ 相互独立, 则有

$$P(A_1 + A_2 + \cdots + A_n) = 1 - P(\overline{A_1})P(\overline{A_2})\cdots P(\overline{A_n}). \tag{1.21}$$

证明 根据结论 (4), $\overline{A_1}, \overline{A_2}, \cdots, \overline{A_n}$ 也是相互独立的. 由式 (1.20) 有

$$P(A_1 + A_2 + \cdots + A_n) = 1 - P(\overline{A_1 + A_2 + \cdots + A_n}) = 1 - P(\overline{A_1}\,\overline{A_2}\cdots\overline{A_n})$$
$$= 1 - P(\overline{A_1})P(\overline{A_2})\cdots P(\overline{A_n}).$$

定义 7 设 $A_1, A_2, \cdots, A_n, \cdots$ 为随机事件序列, 如果它们中任何有限个事件都是相互独立的, 则称该**随机事件序列**$A_1, A_2, \cdots, A_n, \cdots$**为相互独立的**.

例 21 设有甲、乙、丙三名射击手, 他们命中目标的概率分别是 0.9, 0.8, 0.6, 现三人独立地向目标各射击一次, 求命中目标的可能性有多大?

解 记 A =“甲命中目标”, B, C 分别表示乙、丙命中目标, D =“命中目标”. 显然 A, B, C 相互独立, 并且 $D = A + B + C$, 由式 (1.5), 有

$$P(D) = P(A + B + C) = 1 - P(\overline{A})P(\overline{B})P(\overline{C})$$

$$= 1 - 0.1 \times 0.2 \times 0.4 = 0.992.$$

例 22 甲、乙、丙三部机床独立工作, 在同一段时间它们不需要工人照管的概率分别为 $0.7, 0.8$ 和 0.9, 求在这段时间内, 最多只有一台机床需人照管的概率.

解 设 A_1, A_2, A_3 分别表示在这段时间内甲、乙、丙机床需要工人照管, B_i 表示在这段时间内恰有 i 台机床需要人照管, $i = 0, 1$, 显然, B_0 与 B_1 互不相容, A_1, A_2, A_3 相互独立. 并且 $P(A_1) = 0.3, P(A_2) = 0.2, P(A_3) = 0.1$.

$$P(B_0) = P(\overline{A_1}\,\overline{A_2}\,\overline{A_3}) = P(\overline{A_1})P(\overline{A_2})P(\overline{A_3}) = 0.7 \times 0.8 \times 0.9 = 0.504,$$

$$P(B_1) = P(A_1\overline{A_2}\,\overline{A_3}) + P(\overline{A_1}A_2\overline{A_3}) + P(\overline{A_1}\,\overline{A_2}A_3)$$

$$= 0.3 \times 0.8 \times 0.9 + 0.7 \times 0.2 \times 0.9 + 0.7 \times 0.8 \times 0.1 = 0.398,$$

所求概率为

$$P(B_0 + B_1) = P(B_0) + P(B_1) = 0.902.$$

1.7 全概率公式与贝叶斯公式

前面讨论了直接利用概率可加性及乘法公式计算一些简单事件的概率. 但是, 对于有些复杂事件的概率经常首先要把复杂事件分解为一些互不相容的较简单事件的和, 然后分别计算这些较简单事件的概率, 再利用概率的可加性, 得到所需要的概率. 这样, 可以从已知的较简单事件概率计算出未知的复杂事件概率. 全概率公式概括了这种方法.

定理 1(全概率公式) 如果事件 $A_1, A_2, \cdots, A_n$ 构成一个完备事件组, 而且 $P(A_i) > 0, i = 1, 2, \cdots, n$, 则对于任何一个事件 B, 有

$$P(B) = \sum_{i=1}^{n} P(A_i)P(B|A_i). \tag{1.22}$$

证明 已知 $A_1, A_2, \cdots, A_n$ 构成一个完备事件组, 故 $A_1, A_2, \cdots, A_n$ 互不相容, 且 $A_1 + A_2 + \cdots + A_n = \Omega$, 对于任何事件 B(图 1.4), 有

$$B = \Omega B = (A_1 + A_2 + \cdots + A_n)B$$

$$= A_1B + A_2B + \cdots + A_nB,$$

由于 $A_1, A_2, \cdots, A_n$ 互不相容, 所以 $A_1B, A_2B, \cdots, A_nB$ 也互不相容, 根据概率的可加性及乘法公式, 有

$$P(B) = P\left(\sum_{i=1}^{n} A_iB\right) = \sum_{i=1}^{n} P(A_iB) = \sum_{i=1}^{n} P(A_i)P(B|A_i).$$

显然, 对于可列个事件 $A_1, A_2, \cdots, A_n, \cdots$ 构成的完备事件组, 定理 1 也成立, 即

$$P(B) = \sum_{i=1}^{\infty} P(A_i)P(B|A_i).$$

使用全概率公式的关键, 是找出与事件 B 的发生联系的完备事件组 $A_1, A_2, \cdots, A_n, \cdots$. 我们经常遇到的比较简单的完备事件组是由 2 个或 3 个事件组成的, 即 $n = 2$ 或 $n = 3$.

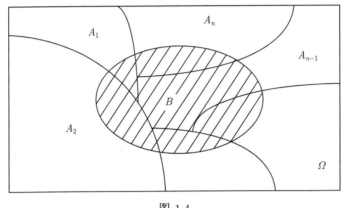

图 1.4

例 23　某工厂有三条流水线生产同一产品, 三条流水线的日产量分别占该厂日产量的 $50\%, 30\%, 20\%$, 所生产的产品放在一起. 根据经验, 三条流水线次品率依次为 $\dfrac{1}{10}, \dfrac{1}{15}, \dfrac{1}{20}$, 现在从某日生产的产品中任抽取一件, 求取得的次品率是多少?

解　从生产的产品中任抽取一件该产品, 设 $A_i =$ "所抽取的产品是第 i 条流水线生产的", $i = 1, 2, 3$, $B =$ "选到次品". 显然, A_1, A_2, A_3 为一个完备事件组, 依题意有

$$P(A_1) = 0.5, \quad P(A_2) = 0.3, \quad P(A_3) = 0.2,$$

$$P(B|A_1) = \frac{1}{10}, \quad P(B|A_2) = \frac{1}{15}, \quad P(B|A_3) = \frac{1}{20},$$

由全概率公式, 有

$$P(B) = \sum_{i=1}^{3} P(A_i)P(B|A_i)$$

$$= 0.5 \times \frac{1}{10} + 0.3 \times \frac{1}{15} + 0.2 \times \frac{1}{20} = 0.08.$$

例 24　对目标进行三次独立炮击, 第一次命中率为 0.4, 第二次命中率为 0.5,

第三次命中率为 0.7, 若目标中 1 弹被击毁的概率为 0.3, 中 2 弹被击毁的概率为 0.6, 中 3 弹被击毁的概率为 0.8, 求炮击三次击毁目标的概率.

解 设目标被摧毁为事件 B, A_k 为目标中 k 弹 $(k = 0, 1, 2, 3)$, 则

$$P(A_0) = 0.6 \times 0.5 \times 0.3 = 0.09,$$

$$P(A_1) = 0.4 \times 0.5 \times 0.3 + 0.6 \times 0.5 \times 0.3 + 0.6 \times 0.5 \times 0.7 = 0.36,$$

$$P(A_2) = 0.4 \times 0.5 \times 0.3 + 0.4 \times 0.5 \times 0.7 + 0.6 \times 0.5 \times 0.7 = 0.41,$$

$$P(A_3) = 0.4 \times 0.5 \times 0.7 = 0.14,$$

$$P(B|A_0) = 0, \quad P(B|A_1) = 0.3, \quad P(B|A_2) = 0.6, \quad P(B|A_3) = 0.8.$$

由全概率公式有

$$P(B) = \sum_{k=0}^{3} P(A_k)P(B|A_k)$$

$$= 0.09 \times 0 + 0.36 \times 0.3 + 0.41 \times 0.6 + 0.14 \times 0.8 = 0.466.$$

另一个重要公式是下面的贝叶斯 (Bayes) 公式.

定理 2(贝叶斯公式) 设事件 $A_1, A_2, \cdots, A_n$ 构成一个完备事件组, 概率 $P(A_i) > 0 (i = 1, 2, \cdots, n)$, 则对于任何一个事件 B, 若 $P(B) > 0$, 有

$$P(A_m|B) = \frac{P(A_m)P(B|A_m)}{\sum_{i=1}^{n} P(A_i)P(B|A_i)}, \quad m = 1, 2, \cdots, n. \tag{1.23}$$

证明 由条件概率的定义

$$P(A_m|B) = \frac{P(A_mB)}{P(B)}.$$

对上式的分子用乘法公式、分母用全概率公式,

$$P(A_mB) = P(A_m)P(B|A_m),$$

$$P(B) = \sum_{i=1}^{n} P(A_i)P(B|A_i),$$

即

$$P(A_m|B) = \frac{P(A_m)P(B|A_m)}{\sum_{i=1}^{n} P(A_i)P(B|A_i)}.$$

结论得证.

公式 (1.23) 中, 事件 $A_1, A_2, \cdots, A_n$ 看成导致事件 B 发生的 "因素", $P(A_m)$ 是在事件 B 已经出现这一信息得知前 A_m 出现的概率, 通常称为**先验概率**, 但是在试验中事件 B 的出现, 有助于对导致事件 B 出现的各种 "因素" 发生的概率作进一步探讨, 式 (1.23) 给出的 $P(A_m|B)$ 是在经过试验获得事件 B 已经发生这一信息之后, 事件 A_m 发生的条件概率, 称为**后验概率**, 后验概率依赖于试验中得到的新信息的具体情况 (如事件 B 发生还是 $\overline{B}$ 发生), 并且给出在获得新信息之后, 导致 B 出现的各种因素 A_m 发生情况的新知识, 因此贝叶斯公式又称为**后验概率公式或逆概率公式**, 用它进行的判断方法, 称为**贝叶斯决策**, 贝叶斯决策是一种常用方法.

例 25　对以往数据的分析表明, 当机器调整为良好时, 产品的合格率为 90%, 有故障时产品的合格率为 30%, 早上开机先调整机器, 由经验知道机器调整好的概率为 75%, 试求当第一件产品是合格品时, 机器调整好的概率是多少?

解　设 $A=\{产品合格\}, B=\{机器调整好\}$.

已知
$$P(A|B) = 0.9, \quad P(A|\overline{B}) = 0.3,$$
$$P(B) = 0.75, \quad P(\overline{B}) = 0.25.$$

所求的概率为 $P(B|A)$. 由贝叶斯公式

$$P(B|A) = \frac{P(A|B)P(B)}{P(A|B)P(B) + P(A|\overline{B})P(\overline{B})}$$
$$= \frac{0.75 \times 0.9}{0.75 \times 0.9 + 0.3 \times 0.25} = 0.9.$$

例 26　某保险公司把被保险人分为三类: "谨慎的" "一般的" "冒失的". 统计资料表明, 上述三种人在一年内发生事故的概率依次为 $0.05, 0.15$ 和 0.30; 如果 "谨慎的" 被保险人占 20%, "一般的" 占 50%, "冒失的" 占 30%, 现知某被保险人在一年内出了事故, 则他是 "谨慎的" 的概率是多少?

解　设
$$A = \{该客户是 "谨慎的"\}, \quad B = \{该客户是 "一般的"\},$$
$$C = \{该客户是 "冒失的"\}, \quad D = \{该客户在一年内出了事故\},$$

则由贝叶斯公式得

$$P(A|D) = \frac{P(AD)}{P(D)} = \frac{P(A)P(D|A)}{P(A)P(D|A) + P(B)P(D|B) + P(C)P(D|C)}$$
$$= \frac{0.2 \times 0.05}{0.2 \times 0.05 + 0.5 \times 0.15 + 0.3 \times 0.3} = 0.057.$$

习　题　一

1. 写出下列事件的样本空间:

(1) 一袋中有四只形状完全相同的球, 编号分别为 1, 2, 3, 4, 从中同时取两只球, 观察出现的号码;

(2) 10 件产品中有三件次品, 每次从中取一件 (不放回), 直到将三件次品都取出的抽取次数.

2. A, B, C 为三个事件, 试将下列事件用 A, B, C 表示出来:

(1) 仅 A 发生;　　(2) A, B, C 均发生;　　(3) A, B, C 均不发生;

(4) A 发生而 B, C 至少有一个不发生;

(5) A 不发生而 B, C 至少有一个发生.

3. 设某工人生产了四个零件, 用 A_i 表示 "第 i 个零件是正品"$(i = 1, 2, 3, 4)$, 试用 A_i 表示下列事件:

(1) 没有一个产品是次品;

(2) 至少有一个产品是次品;

(3) 只有一个产品是次品;

(4) 至少有三个产品是正品.

4. 在某系的学生中任选一名学生, 设 A 表示 "被选出者为男生", B 表示 "被选出者是三年级学生", C 表示 "被选出者是运动员", 则

(1) 说明事件 $AB\overline{C}$ 的含义;

(2) 指出什么时候 $ABC = C$ 成立;

(3) 指出什么时候关系式 $C \subset B$ 正确;

(4) 指出什么时候等式 $\overline{A} = B$ 成立.

5. 设 $P(A) = 0.2, P(A + B) = 0.6, A, B$ 互斥, 试求 $P(B)$.

6. 设 A, B 是两个事件, $P(A) = \dfrac{1}{3}, P(B) = 0.5, P(A + B) = \dfrac{2}{3}$, 求 $P(AB), P(A\overline{B})$, $P(\overline{A}B), P(\overline{A}\,\overline{B})$.

7. 掷两颗骰子, 求下列事件的概率:

(1) 点数之和为 7;

(2) 点数之和不超过 5;

(3) 两个点数中一个恰是另一个的两倍.

8. 10 把钥匙中有 3 把能打开一个门锁, 今任取 2 把, 求能打开门锁的概率.

9. 袋内装有 5 个白球, 3 个黑球, 从中一次任取 2 个, 求取到的 2 个球颜色不同的概率及两个球中有黑球的概率.

10. 从一副 52 张的扑克牌中任取 4 张, 求下列事件的概率:

(1) 4 张花色各异; (2) 4 张中只有两种花色.

11. 口袋内装有 2 个伍分、3 个贰分、5 个壹分的硬币共 10 枚, 从中任取 5 枚, 求总值超过壹角的概率.

12. 将 10 本书随意放在书架上, 求其中指定的 5 本书放在一起的概率.

13. 一间宿舍内住有 6 位同学, 求他们中有 4 个人的生日在同一个月份的概率.

14. 已知 $P(AB) = P(\overline{A}\,\overline{B})$, 且 $P(A) = P$, 求 $P(B)$.

15. 已知 $P(A) + P(B) = 0.7$, 且只发生一个的概率为 0.5, 求 $P(AB)$.

16. 设有产品中 100 件, 其中 10 件次品, 90 件正品. 现从中任取 3 件, 其中至少有 1 件次品的概率.

17. 一个教室中有 100 名学生, 求其中至少有 1 人的生日是在元旦的概率 (设一年以 365 天计算).

18. 有 5 副规格不同的手套, 现从中任取 4 只, 求至少能配成一副的概率.

19. 已知 $P(A) = P(B) = 0.4$, $P(A + B) = 0.5$, 求 $P(A|B)$, $P(A - B)$, $P(A|\overline{B})$.

20. 设甲、乙两班共有 70 名同学, 其中女同学 40 名. 设甲班有 30 名同学, 而女同学 15 名. 求在碰到甲班同学时, 正好碰到一名女同学的概率.

21. 设 A, B 为随机事件, $P(A) = 0.1$, $P(B) = 0.5$, $A \subset B$, 求 $P(AB)$, $P(A + B)$, $P(\overline{A} + \overline{B})$, $P(A \backslash B)$.

22. 设 A, B 为随机事件, $P(A) = 0.4$, $P(A + B) = 0.7$, 当 A, B 互不相容时, 求 $P(B)$; 当 A, B 独立时, 求 $P(B)$.

23. 某种电子元件的寿命在 1000 小时以上的概率为 0.8, 求 3 个这种元件使用 1000 小时后, 最多只坏了 1 个的概率.

24. 某举重运动员在一次试举中能打破世界纪录的概率为 P, 如果在比赛中他试举三次, 求他打破世界纪录的概率.

25. 甲、乙、丙三人在同一时间内独立地破译一份密码, 如果这三人能译出的概率依次为 0.2, 0.35, 0.25, 求该密码能译出的概率.

26. 某高校新生中, 北京考生占 30%, 京外其他各地考生占 70%, 已知在北京学生中, 以英语为第一外语的占 80%, 而京外其他各地学生以英语为第一外语的占 95%, 今从全校新生中任选一名学生, 求该生以英语为第一外语的概率.

27. 设一仓库中有 10 箱同种规格的产品, 其中由甲、乙、丙三个厂家生产的分别有 5, 3, 2 箱, 三个厂家产品的次品率依次为 0.1, 0.2, 0.3. 从这 10 箱中任取一箱, 再从这箱中任取一件产品, 求取得正品的概率.

28. 在用某种方法对肝癌诊断研究中, C 表示 "某人确实患肝癌", A 表示 "该方法诊断某人患肝癌", $P(A|C) = 0.95$, $P(\overline{A}|\overline{C}) = 0.9$, $P(C) = 0.0004$, 求 $P(C|A)$.

29. 设两台机器加工同样的零件, 第一台机器的产品次品率是 0.05, 第二台机器的产品次品率 0.02. 两台机器加工出来的零件放在一起, 并且已知第一台机器加工的零件数量是第二台机器加工的零件数量的两倍. 从这些零件中任取一件, 求零件是合格率的概率; 如果任取一件, 经检验是次品, 求它是第二台机器加工的概率.

30. 设有枪 8 只, 其中 5 只经过试射校正, 3 只未经过试射校正. 校正过的枪, 击中靶的概率是 0.8; 未经校正的枪, 击中靶的概率是 0.3. 今任取一把枪, 结果击中靶, 问此枪为校正过的概率是多少?

选 做 题 一

1. 已知 $0 < P(B) < 1$, 且 $P[(A_1 + A_2)|B] = P(A_1|B) + P(A_2|B)$, 则下列选项成立的是 (　　).

(A) $P[(A_1 + A_2)|\overline{B}] = P(A_1|\overline{B}) + P(A_2|\overline{B})$

(B) $P(A_1B + A_2B) = P(A_1B) + P(A_2B)$

(C) $P(A_1 + A_2) = P(A_1|B) + P(A_2|B)$

(D) $P(B) = P(A_1)P(B|A_1) + P(A_2)P(B|A_2)$

2. 设 A 与 B 是任意两个事件, 且 $A \subset B$, $P(B) > 0$, 则下列选项成立的是 (　　).

(A) $P(A) < P(A|B)$ 　　　(B) $P(A) \leqslant P(A|B)$

(C) $P(A) > P(A|B)$ 　　　(D) $P(A) \geqslant P(A|B)$

3. 把 6 本数学书和 4 本英语书, 任意地往书架上放, 则 4 本英语书放在一起的概率是 (　　).

(A) $\dfrac{4!6!}{10!}$ 　(B) $\dfrac{7}{10}$ 　(C) $\dfrac{4!7!}{10!}$ 　(D) $\dfrac{4}{10}$

4. 设 $P(A) = 0.8$, $P(B) = 0.7$, $P(A|B) = 0.8$, 则下列选项正确的是 (　　).

(A) 事件 A 与 B 相互独立 　　　(B) 事件 A 与 B 互斥

(C) $B \supset A$ 　　　(D) $P(A + B) = P(A) + P(B)$

5. 设当事件 A 与 B 同时发生时, C 事件必发生, 则 (　　).

(A) $P(C) \leqslant P(A) + P(B) - 1$ 　　　(B) $P(C) \geqslant P(A) + P(B) - 1$

(C) $P(C) = P(AB)$ 　　　(D) $P(C) = P(A + B)$

6. 某人忘记了电话号码的最后一位数字, 因而随意地拨最后一个数, 求

(1) 他第一次就拨通电话的概率;

(2) 不超过三次拨通电话的概率;

(3) 已知最后一个数字是奇数, 求不超过三次就拨通电话的概率.

7. 已知 $P(A) = 0.5$, $P(B) = 0.7$, 则

(1) 在怎样的条件下, $P(AB)$ 取最大值? 最大值是多少?

(2) 在怎样的条件下, $P(AB)$ 取最小值? 最小值是多少?

8. 设 A, B 为随机事件, $P(A) = 0.7$, $P(A - B) = 0.3$, 求 $P(\overline{AB})$.

9. 设 A, B, C 两两独立, 满足 $ABC = \varnothing$, $P(A) = P(B) = P(C) < \dfrac{1}{2}$, $P(A + B + C) = \dfrac{9}{16}$, 求 $P(A)$.

10. 设事件 A 与 B 的概率分别为 $\dfrac{1}{3}$ 和 $\dfrac{1}{2}$, 试求下列三种情况下 $P(\overline{A}B)$ 的值:

(1) A 与 B 互斥; 　　(2) $A \subset B$; 　　(3) $P(AB) = \dfrac{1}{8}$.

11. 三个人独立地去破译密码, 他们能译出的概率分别为 $\dfrac{1}{5}, \dfrac{1}{3}, \dfrac{1}{4}$, 问此密码破译出的概率是多少?

12. 设两个相互独立事件 A 与 B 的都不发生的概率为 $\dfrac{1}{9}$, A 发生 B 不发生的概率与 B 发生 A 不发生的概率相等, 求 $P(A)$.

13. 假设每个人生日在任何月份内是等可能的. 已知某单位中至少有一个人的生日在一月份的概率不小于 0.96, 问该单位有多少人?

14. 在 40 个规格的零件中误混入 8 个次品, 必须逐个查出, 求正好查完 22 个零件时, 挑全了 8 个次品的概率.

15. 设事件 A 与 B 相互独立, 两个事件中只有 A 发生及只有 B 发生的概率都是 $\frac{1}{4}$, 求 $P(A)$, $P(B)$.

16. 在某种考试中, A, B, C 三人考试合格的概率分别为 $\frac{2}{5}$, $\frac{3}{4}$, $\frac{1}{3}$, 且各自考试合格的事件是相互独立的. 求:

(1) 3 人都考试合格的概率;

(2) 只有 2 人考试合格的概率;

(3) 几人考试合格的可能性最大?

17. 100 人参加数理化考试, 其结果是: 数学 10 人不及格, 物理 9 人不及格, 化学 8 人不及格. 数学、物理两科都不及格的有 5 人; 数学、化学两科都不及格的有 4 人; 物理、化学两科都不及格的有 4 人; 三科都不及格的有 2 人. 问全都及格的有多少人?

第2章　随机变量及其分布

2.1　随　机　变　量

在许多随机试验, 其结果都可以用数值来表示. 例如, 在抽样检验产品中出现的次品数、测量某物体长度产生的误差等.

有些随机试验, 其结果看起来与数值无关, 但我们仍然可以赋予其数值. 例如, 掷硬币的试验, 它有两个可能的结果: $\omega_0=\{$正面朝上$\}$ 和 $\omega_1=\{$反面朝上$\}$. 为了讨论的方便, 引入变量 X, ω_0 出现时, 取 $X=1$; ω_1 出现时, 取 $X=0$. 可以看出, 这样的变量 X 随着试验的不同结果而取不同值, 即 X 可以看成是定义在样本空间上的函数

$$X = X(\omega) = \left\{ \begin{array}{ll} 1, & \omega = \omega_0, \\ 0, & \omega = \omega_1. \end{array} \right.$$

我们有以下的定义.

定义 1　随机试验 E 的样本空间为 $\Omega = \{\omega\}$, 若对 Ω 中每一个样本点 ω, 都有一个实数 $X(\omega)$ 与之对应, 则得到定义在 Ω 上的单值实函数 $X(\omega)$, 称 $X(\omega)$ 为随机变量, 并将 $X(\omega)$ 简记为 X. 通常用 X, Y, Z 或 $\xi, \eta, \zeta, \cdots$ 表示随机变量.

随机变量是定义在样本空间 Ω 上的样本点的实值函数, 有两个基本特点, 一是变异性: 对于不同的试验结果, 它可能取不同的值, 因此是变量而不是常量; 二是随机性: 由于试验中究竟出现哪种结果是随机的, 所以该变量究竟取何值在试验之前是无法确定的. 直观上, 随机变量就是取值具有随机性的变量, 并且由于试验出现的各个结果有一定的概率, 所以随机变量也依一定的概率取值.

随机变量按其取值情况分为两大类: 离散型和非离散型. 离散型随机变量的所有可能取值为有限个或无限可列个, 如上面掷硬币试验中的随机变量 X. 非离散型随机变量的情况比较复杂, 它的所有可能取值不能够一一列举出来. 其中的一种对于实际应用最重要, 称为连续型随机变量, 其值域为一个或若干个有限或无限区间. 今后我们主要研究离散型和连续型两种随机变量.

2.2　离散型随机变量

对随机变量我们感兴趣的不只是其可能取哪些值, 更重要的是要知道其取这些

值的概率. 对一个离散型随机变量来说, 如果知道了它的可能取值以及相应的概率, 那么对这个随机变量的情况就有了全面的了解.

2.2.1 离散型随机变量的概率分布

定义 2   如果随机变量 X 的可能取值是有限多个或是无限可列个, 则称 X 为**离散型随机变量**.

可见, 要描述出这样的随机变量, 关键是列出 X 的所有可能取的值, 并求出相应的概率.

定义 3   设 X 为离散型随机变量, 它的所有可能取值为 $x_k(k = 1, 2, \cdots)$, X 取各个可能值的概率为

$$P\{X = x_k\} = p_k, \quad k = 1, 2, \cdots, \tag{2.1}$$

称式 (2.1) 为 X 的**概率分布**或**分布**.

p_k 满足条件:

(1) $p_k \geqslant 0, k = 1, 2, \cdots;$ \hfill (2.2)

(2) $\sum_k p_k = 1.$ \hfill (2.3)

概率分布也可用表格的形式来表示, 见表 2.1, 称为概率分布表.

表 2.1

X	x_1	x_2	$\cdots$	x_k	$\cdots$
P	p_1	p_2	$\cdots$	p_k	$\cdots$

例 1   一个口袋中有 6 个球, 球上分别标有号码 $1, 2, 3, 4, 5, 6$, 从该口袋中不放回任取 3 个球, 用 X 表示取到的球的最大标号, 求 X 的概率分布.

解 X 只能取值为 $3, 4, 5, 6$, 由古典概型概率公式, 有

$$P\{X = k\} = \frac{C_1^1 C_{k-1}^2}{C_6^3} \quad (k = 3, 4, 5, 6),$$

所以 X 概率分布为

X	3	4	5	6
P	$\dfrac{1}{20}$	$\dfrac{3}{20}$	$\dfrac{6}{20}$	$\dfrac{10}{20}$

例 2   将 4 个研究生随机地分配到甲、乙、丙三个班中, 用 X 表示甲班分配到的名额数, 求 X 的概率分布.

解 X 可能的取值为 $0, 1, 2, 3, 4$, 且

$$P\{X = k\} = \frac{C_4^k 2^{4-k}}{3^4} = C_4^k \left(\frac{1}{3}\right)^k \left(1 - \frac{1}{3}\right)^{4-k}, \quad k = 0, 1, 2, 3, 4.$$

所以 X 概率分布为

X	0	1	2	3	4
P	$\frac{16}{81}$	$\frac{32}{81}$	$\frac{24}{81}$	$\frac{8}{81}$	$\frac{1}{81}$

例 3 假定一个试验成功的概率为 $p(0 < P < 1)$, 不断进行重复试验, 直到首次成功为止, 用随机变量 X 表示试验的次数, 求 X 的概率分布.

解 X 可以取一切正整数值, 事件 "$X = 1$" 表示仅试验一次就停止了试验, 即第一次试验就取得成功, 其概率为 p. 当 $n > 1$ 时, 事件 "$X = n$" 表示一共进行 n 次重复试验, 前 $n - 1$ 次均失败, 第 n 次试验才首次成功, 由于重复试验中, 各次试验的结果是相互独立的, 所以 "$X = n$" 的概率为 $pq^{n-1}(q = 1 - p)$, 于是 X 的概率分布为

$$P\{X = n\} = pq^{n-1}, \quad n = 1, 2, \cdots. \tag{2.4}$$

由于概率分布 (2.4) 中的概率 $P\{X = n\}$, $n = 1, 2, \cdots$, 恰好是一个几何数列, 所以称式 (2.4) 是参数为 p 的**几何分布**.

2.2.2 几种重要的离散型随机变量

1. (0-1) 分布

定义 4 设随机变量 X 可能取 0 和 1 两个值, 并且

$$P\{X = 1\} = p, \quad P\{X = 0\} = q = 1 - p \quad (0 < p < 1) \tag{2.5}$$

则称 X 服从参数为 p 的 (0-1)**分布**.

(0-1) 分布用来描述只有两种对立结果的试验, A 及 $\overline{A}$, 这类试验称为伯努利试验.

(0-1) 分布有广泛的应用. 例如, 对新生婴儿的性别登记、检查产品是否合格、抛硬币等都可用 (0-1) 分布来描述.

2. 二项分布

定义 5 若随机变量 X 的概率分布为

$$P\{X = k\} = C_n^k p^k q^{n-k} \quad (k = 0, 1, 2, \cdots, n; 0 < p < 1; q = 1 - p), \tag{2.6}$$

则称 X 服从 (或具有) 参数为 n, p 的**二项分布**, 记作 $X \sim B(n, p)$.

注   (1) $C_n^k p^k q^{n-k}$ 恰好是二项式 $(p+q)^n$ 的展开式中的第 $k+1$ 项, 这就是二项分布名称的由来.

(2) 二项分布产生于 n 重伯努利试验, 在伯努利试验中, 事件 A 每次发生的概率为 p, 不发生的概率为 $q = 1-p$, 则 n 次试验中 A 发生的次数 X 服从二项分布.

(3) 特别地, 当 $n = 1$ 时, 二项分布化为 $P\{X = k\} = p^k q^{1-k},\ k = 0, 1$, 即 (0-1)**分布**, 故 (0-1)**分布**可记为 $B(1, p)$.

例 4   一袋中装有 10 只球, 其中 3 只黑球, 7 只白球, 每次任取 1 只球, 取后放回, 求:

(1) 10 次中恰好取到 3 次黑球的概率;

(2) 10 次中至少取到 3 次黑球的概率.

解   由题意知, 本实验是一个 10 重伯努利试验. 设 X 为 10 次取球试验中取到黑球的次数, 则 $X \sim B(10, 0.3)$.

(1) $P\{X = 3\} = C_{10}^3 \times 0.3^3 \times 0.7^7 \approx 0.267$;

(2) $P\{X \geqslant 3\} = 1 - P\{X \leqslant 2\} = 1 - P(X = 0) - P\{X = 1\} - P\{X = 2\}$
$$= 1 - C_{10}^0 \times 0.3^0 \times 0.7^{10} - C_{10}^1 \times 0.3^1 \times 0.7^9 - C_{10}^2 \times 0.3^2 \times 0.7^8$$
$$\approx 0.363.$$

例 5   设某个车间里有 9 台车床, 每台车床使用电力都是间歇性的, 平均起来, 每小时中约有 12 分钟使用电力. 假定各车床的工作是相互独立的, 试问在同一时刻有 7 台或 7 台以上的车床使用电力的概率是多少?

解   在任一时刻, 某车间使用或不使用电力是随机的, 记 $A = \{$某台车床使用电力$\}$. 由已知, 有 $P(A) = \dfrac{12}{60} = 0.2$.

因 9 台车床工作是相互独立的, 故对它们是否使用电力可视作 9 重伯努利试验. 用 X 记任一时刻使用电力的车床的台数, 则 X 服从二项分布, 即 $X \sim B(9, 0.2)$. 因此所求概率为

$$P\{X \geqslant 7\} = P(X = 7) + P(X = 8) + P(X = 9)$$
$$= C_9^7 (0.2)^7 (0.8)^2 + C_9^8 (0.2)^8 (0.8)^1 + C_9^9 (0.2)^9 (0.8)^0$$
$$= 0.0003.$$

3. 泊松分布

定义 6   若随机变量 X 的概率分布为

$$P\{X = k\} = \frac{\lambda^k}{k!} e^{-\lambda} \quad (k = 0, 1, 2, \cdots ; \lambda > 0), \tag{2.7}$$

则称 X 服从 (或具有) 参数为 λ 的**泊松分布**. 记作 $X \sim P(\lambda)$.

泊松分布是刻画了稀有事件在一段时间内发生次数这一随机变量的分布. 例如, 某段时间内交换台接到电话用户的呼叫次数、候车室内旅客人数、耕地上单位面积内杂草的数目、宇宙中单位体积内星球的个数等.

泊松分布的方便之处在于, 其概率的计算可以利用编好的泊松分布数值表. 例如, 服从参数为 2 的泊松分布的变量 X, 从附表 1 中可以直接查出:

$$P\{X = 5\} = 0.036089.$$

例 6　设一城市某公交线路终点站每辆进站车的载客数服从 $\lambda = 10$ 的泊松分布. 现任意观察一辆到达终点站的汽车, 试求出现以下两种情况的概率: (1) 车中无人; (2) 车中有 5 人.

解　设车中乘客数为 X, 则 $X \sim P(10)$, 因此

(1) $P\{X = 0\} = \dfrac{\lambda^0}{0!}\mathrm{e}^{-\lambda} = \mathrm{e}^{-10} = 0.000045.$

(2) $P\{X = 5\} = \dfrac{\lambda^5}{5!}\mathrm{e}^{-\lambda} = \dfrac{10^5}{5!}\mathrm{e}^{-10} = 0.037833.$

例 7　设 $X \sim P(\lambda)$, 且 $P\{X = 1\} = P\{X = 2\}$, 求 $P\{X = 4\}$.

解　首先确定参数 λ.

$$P\{X = 1\} = \frac{\lambda^1}{1!}\mathrm{e}^{-\lambda} = \lambda\mathrm{e}^{-\lambda},$$

$$P\{X = 2\} = \frac{\lambda^2}{2!}\mathrm{e}^{-\lambda} = \frac{\lambda^2}{2}\mathrm{e}^{-\lambda},$$

由已知 $P\{X = 1\} = P\{X = 2\}$, 解出 $\lambda = 0$(舍去), $\lambda = 2$.

因此 $P\{X = 4\} = \dfrac{\lambda^4}{4!}\mathrm{e}^{-\lambda} = \dfrac{2^4}{4!}\mathrm{e}^{-2} = \dfrac{2}{3}\mathrm{e}^{-2}.$

4. 超几何分布

定义 7　若随机变量 X 的概率分布为

$$P\{X = k\} = \frac{\mathrm{C}_M^k \mathrm{C}_{N-M}^{n-k}}{\mathrm{C}_N^n} \quad (k = 0, 1, \cdots, n), \tag{2.8}$$

这里 $n \leqslant M, M \leqslant N$, 则称 X 服从 (或具有) 参数为 N, M, n 的**超几何分布**.

超几何分布适用于元素为有限个的不返还抽样模型. 设试验 E 的样本空间 Ω 含有 N 个元素, 其中有 M 个元素属于第 I 类, 而其余 $N - M$ 个元素属于第 II 类. 从中任取 n 次, 每次取 1 个不返还 (这相当于从中任取 n 个), 取出这 n 个元素中属于第 I 类的元素个数为 X, 则 X 服从超几何分布.

例 8　一个袋内装有 6 个白球和 4 个红球, 从中任取 3 个, 设 X 为取到白球的个数, 求 X 的概率分布.

解　X 可以取 $0, 1, 2, 3$ 共 4 个值, 则

$$P\{X = k\} = \frac{\mathrm{C}_6^k \mathrm{C}_4^{3-k}}{\mathrm{C}_{10}^3} \quad (k = 0, 1, 2, 3).$$

2.2.3　几种分布的关系

1. 二项分布 $B(n, p)$ 与 (0-1) 分布的关系

(0-1) 分布可以就是二项分布 $B(1, p)$, 即 (0-1) 分布是二项分布当 $n = 1$ 时的特例.

2. 超几何分布与二项分布 $B(n, p)$ 的关系

当 n 相对 N 来说很小 (N 相对于 n 很大) 时, 二项分布 $B\left(n, \dfrac{M}{N}\right)$ 为超几何分布的近似 (极限) 分布, 即若当 $N \to \infty$ 时, $\dfrac{M}{N} \to p > 0$, $\dfrac{N-M}{N} \to q = 1 - p > 0$, 则有

$$\frac{\mathrm{C}_M^k \mathrm{C}_{N-M}^{n-k}}{\mathrm{C}_N^n} \to \mathrm{C}_n^k p^k q^{n-k}. \tag{2.9}$$

例 9　一大批产品, 其合格率为 0.8, 从中任取 10 件产品, 求下列事件的概率:
(1) 恰有 5 件合格产品;
(2) 至少有 8 件合格产品的概率.

解　设 10 件产品中合格品的件数为 X, 则 X 服从超几何分布, 但是 N(产品的数量) 很大, $n = 10$ 相对于 N 很小, 可以按 X 近似地服从二项分布 $B(10, 0.8)$ 计算.

(1) $P\{X = 5\} = \mathrm{C}_{10}^5 \times 0.8^5 \times 0.2^5 \approx 0.026;$

(2) $P\{X \geqslant 8\} = P\{X = 8\} + P\{X = 9\} + P\{X = 10\}$
$$= \mathrm{C}_{10}^8 \times 0.8^8 \times 0.2^2 + \mathrm{C}_{10}^9 \times 0.8^9 \times 0.2 + \mathrm{C}_{10}^{10} \times 0.8^{10}$$
$$\approx 0.302 + 0.268 + 0.107 = 0.677.$$

3. 泊松分布与二项分布的关系

定理 1(泊松定理)　在 n 重伯努利试验中, 成功次数 X 服从二项分布, 假设每次试验成功的概率为 $p_n (0 < p_n < 1)$, 并且 $\lim\limits_{n \to \infty} n p_n = \lambda > 0$, 则

$$\lim_{n \to \infty} P\{X = k\} = \lim_{n \to \infty} \mathrm{C}_n^k p_n^k (1 - p_n)^{n-k} = \frac{\lambda^k}{k!} \mathrm{e}^{-\lambda} \quad (k = 0, 1, 2, \cdots, n).$$

据定理 1, 对于成功率为 p 的 n 重伯努利试验, 只要 n 充分大, 而 p 充分小, 则其成功次数 X 近似地服从参数为 $\lambda = np$ 的泊松分布, 即对于非负整数 k:

$0 \leqslant k \leqslant n$, 有

$$P\{X = k\} = \mathrm{C}_n^k p^k (1-p)^{n-k} \approx \frac{(np)^k}{k!} \mathrm{e}^{-np}.$$

实际应用中, $n \geqslant 100$, $p < 0.1$. 若 $n \geqslant 200$, 近似程度更好.

例 10 假如生三胞胎的概率为 10^{-4}, 求在 100000 次生育中至少有 4 次生三胞胎的概率.

解 此例可以看成 $n = 100000$, $p = 0.0001$ 时的 n 重伯努利试验, 生三胞胎的次数为 X, 则 $X \sim B(100000, 0.0001)$,

由于 $n = 100000$ 很大, $p = 0.0001$ 很小, $np = 10$, 故可用泊松分布 $P(10)$ 来近似计算.

$$P\{X \geqslant 4\} = 1 - P\{X \leqslant 3\} = 1 - \sum_{k=0}^{3} \frac{10^k}{k!} \mathrm{e}^{-10}$$
$$\approx 1 - 0.0103 = 0.9897.$$

2.3 随机变量的分布函数

对于非离散型随机变量 X, 由于其可取值不能一一列举出来, 无法写出其分布律. 因此我们转而研究随机变量取值落在一个区间内的概率.

定义 8 设 X 是一个随机变量, x 是任意实数, 则称函数

$$F(x) = P\{X \leqslant x\}, \quad x \in (-\infty, +\infty) \tag{2.10}$$

为随机变量 X 的**分布函数**.

注 定义中, "$X \leqslant x$" 表示随机变量 X 的取值落在 $(-\infty, x]$ 区间内, 作为一个随机事件它发生的概率的大小, 因 x 的变化而变化, 故是 x 的函数. 其定义域是整个数轴, 其函数值为随机事件 $\{X \leqslant x\}$ 的概率.

分布函数 $F(x)$ 具有下列性质:

(1) $F(x)$ 单调不减, 即若 $x_1 < x_2$, 则 $F(x_1) \leqslant F(x_2)$; $\tag{2.11}$

(2) $0 \leqslant F(x) \leqslant 1$, $x \in (-\infty, +\infty)$; $\tag{2.12}$

(3) $F(-\infty) = \lim\limits_{x \to -\infty} F(x) = 0$, $F(+\infty) = \lim\limits_{x \to +\infty} F(x) = 1$; $\tag{2.13}$

(4) $F(x)$ 最多有可列个间断点, 并且在其间断点处是右连续的, 即对任何实数 x_0,

$$F(x_0 + 0) = F(x_0); \tag{2.14}$$

(5) $P\{X = x\} = F(x) - F(x-0)$.

设 X 为离散型随机变量, $P\{X = x_n\} = p_n(n = 1, 2, \cdots)$, 由式 (2.10), 其分布函数为

$$F(x) = \sum_{x_n \leqslant x} p_n. \tag{2.15}$$

例 11　设随机变量 X 只取一个值 c, 即

$$P\{X = c\} = 1, \tag{2.16}$$

求 X 的分布函数 $F(x)$.

解　由式 (2.15), 有

$$F(x) = \begin{cases} 0, & x < c, \\ 1, & x \geqslant c. \end{cases}$$

$F(x)$ 的图形如图 2.1 所示.

显然, X 不再是随机的, 为了方便把它作为随机变量的退化情况, 称式 (2.16) 为**退化分布**.

例 12　设 X 服从参数为 p 的 (0-1) 分布, 求 X 的分布函数 $F(x)$, 并画出 $F(x)$ 的图形.

解　由 $P\{X = 0\} = q$, $P\{X = 1\} = p$, 有分布函数

$$F(x) = \begin{cases} 0, & x < 0, \\ q, & 0 \leqslant x < 1, \\ 1, & x \geqslant 1. \end{cases}$$

$F(x)$ 的图形如图 2.2 所示.

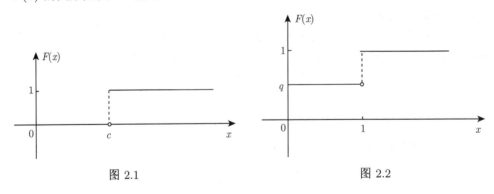

图 2.1　　　　　　　　　　　　　　　　　　图 2.2

例 13　设随机变量 X 的概率分布为表 2.2.

表 2.2

X	-1	0	1	3
P	0.2	0.2	0.3	0.3

求 X 的分布函数 $F(x)$, 并画出 $F(x)$ 的图形.

解   由式 (2.15), 有

$$F(x) = \begin{cases} 0, & x < -1, \\ 0.2, & -1 \leqslant x < 0, \\ 0.4, & 0 \leqslant x < 1, \\ 0.7, & 1 \leqslant x < 3, \\ 1, & x \geqslant 3. \end{cases}$$

$F(x)$ 的图形如图 2.3 所示.

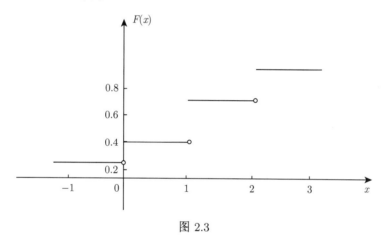

图 2.3

从前面的例子可以看到, 离散型随机变量 X 的分布函数 $F(x)$ 为分段函数, 其图形为 "阶梯" 曲线, 在 X 的任何一个可能值 $x_n(n = 1, 2, \cdots)$ 处跳跃, 其跃度为 $p_n = P\{X = x_n\}$. 由此, 当已知离散型随机变量的分布函数时, 不难写出它的概率分布.

例 14   设 X 的分布函数为

$$F(x) = \begin{cases} 0, & x < -1, \\ \dfrac{1}{4}, & -1 \leqslant x < 2, \\ \dfrac{3}{4}, & 2 \leqslant x < 3, \\ 1, & x \geqslant 3, \end{cases}$$

求 X 的概率分布.

解   根据分布函数的性质, 可以求得

$$P\{X = -1\} = F(-1) - F(-1 - 0) = \frac{1}{4} - 0 = \frac{1}{4};$$

$$P\{X = 2\} = F(2) - F(2 - 0) = \frac{3}{4} - \frac{1}{4} = \frac{1}{2};$$
$$P\{X = 3\} = F(3) - F(3 - 0) = 1 - \frac{3}{4} = \frac{1}{4}.$$

所以 X 的概率分布为表 2.3.

表 2.3

X	-1	2	3
P	0.25	0.5	0.25

2.4　连续型随机变量

2.4.1　连续型随机变量的概率密度

由于随机变量 X 的取值是在一个或若干个区间, 因而不能像离散型随机变量那样可以用概率分布来描述它. 为此引入下面的连续型随机变量的概念.

定义 9　对于随机变量 X, 如果存在非负可积函数 $f(x)$, $x \in (-\infty, +\infty)$, 使得对于任意两个实数 $a, b(a < b)$, 均有

$$P\{a < X < b\} = \int_a^b f(x)\mathrm{d}x, \tag{2.17}$$

则称 X 为**连续型随机变量**, 其中函数 $f(x)$ 称为 X 的概率密度函数 (或**分布密度函数**) 简称概率密度 (或分布密度), 可简记作 $X \sim f(x)$.

概率密度 $f(x)$ 具有下列性质:

(1) $f(x) \geqslant 0$, $x \in (-\infty, +\infty)$; $\displaystyle\int_{-\infty}^{+\infty} f(x)\mathrm{d}x = 1.$ \hfill (2.18)

(2) X 的分布函数为 $F(x) = \displaystyle\int_{-\infty}^x f(t)\mathrm{d}t$, $x \in (-\infty, +\infty)$. \hfill (2.19)

(3) 连续型随机变量 X 在任一指定数值 x_0 的概率为零, 即 $P\{X = x_0\} = 0$.

(4) 若 $F(x)$ 是随机变量 X 的分布函数, $f(x)$ 在 x 处连续, 则有

$$f(x) = F'(x). \tag{2.20}$$

例 15　已知连续型随机变量 X 的概率密度为

$$f(x) = \begin{cases} Ax, & 0 < x < 1, \\ 0, & \text{其他.} \end{cases}$$

求 (1) 常数 A 的值; (2) X 的分布函数.

解 (1) 由性质 $\int_{-\infty}^{+\infty} f(x)\mathrm{d}x = 1$, 有

$$1 = \int_{-\infty}^{0} 0\mathrm{d}x + \int_{0}^{1} Ax\mathrm{d}x + \int_{1}^{+\infty} 0\mathrm{d}x = \frac{A}{2},$$

从而 $A = 2$.

(2) 因为 $F(x) = \int_{-\infty}^{x} f(t)\mathrm{d}t$.

当 $x \leqslant 0$ 时, $F(x) = \int_{-\infty}^{x} 0\mathrm{d}t = 0$;

当 $0 < x < 1$ 时, $F(x) = \int_{-\infty}^{0} 0\mathrm{d}t + \int_{0}^{x} 2t\mathrm{d}t = x^2$;

当 $x \geqslant 1$ 时, $F(x) = \int_{-\infty}^{0} 0\mathrm{d}t + \int_{0}^{1} 2t\mathrm{d}t + \int_{1}^{x} 0\mathrm{d}t = 1$.

所以

$$F(x) = \begin{cases} 0, & x \leqslant 0, \\ x^2, & 0 < x < 1, \\ 1, & x \geqslant 1. \end{cases}$$

例 16 设连续型随机变量 X 的分布函数为

$$F(x) = \begin{cases} A\mathrm{e}^x, & x \leqslant 0, \\ B, & 0 \leqslant x < 1, \\ 1 - A\mathrm{e}^{-(x-1)}, & x \geqslant 1, \end{cases}$$

求 (1) 常数 A 和 B 的值; (2) 概率密度 $f(x)$; (3) $P\left\{X > \dfrac{1}{3}\right\}$.

解 (1) 由于 $F(x)$ 是连续函数, 考察 $F(x)$ 在 $x = 0, x = 1$ 两点的连续性, 有

$$\lim_{x \to 0^-} F(x) = \lim_{x \to 0^-} (A\mathrm{e}^x) = A,$$
$$\lim_{x \to 0^+} F(x) = \lim_{x \to 0^+} (B) = B, \quad 故 A = B.$$
$$\lim_{x \to 1^-} F(x) = \lim_{x \to 1^-} (B) = B,$$
$$\lim_{x \to 1^+} F(x) = \lim_{x \to 1^+} (1 - A\mathrm{e}^{-(x-1)}) = 1 - A, \quad 故 B = 1 - A.$$

所以 $A = B = \dfrac{1}{2}$. 因而

$$F(x) = \begin{cases} \dfrac{1}{2}\mathrm{e}^x, & x < 0, \\[2mm] \dfrac{1}{2}, & 0 \leqslant x < 1, \\[2mm] 1 - \dfrac{1}{2}\mathrm{e}^{-(x-1)}, & x \geqslant 1. \end{cases}$$

(2) 由 $f(x) = F'(x)$, 可得

$$f(x) = \begin{cases} \dfrac{1}{2}\mathrm{e}^x, & x < 0, \\[2mm] 0, & 0 \leqslant x < 1, \\[2mm] \dfrac{1}{2}\mathrm{e}^{-(x-1)}, & x \geqslant 1. \end{cases}$$

(3) $P\left\{X > \dfrac{1}{3}\right\} = 1 - P\left\{X \leqslant \dfrac{1}{3}\right\} = 1 - F\left(\dfrac{1}{3}\right) = 1 - \dfrac{1}{2} = \dfrac{1}{2}.$

2.4.2　几种重要的连续型随机变量

1. 均匀分布

定义 10　如果随机变量 X 的概率密度为

$$f(x) = \begin{cases} \dfrac{1}{b-a}, & a \leqslant x \leqslant b, \\[2mm] 0, & \text{其他}, \end{cases} \tag{2.21}$$

则称 X 服从区间 $[a, b]$ 上的**均匀分布**, 记作 $X \sim U[a, b]$.

服从 $U[a, b]$ 分布的随机变量 X 的分布函数 $F(x) = \displaystyle\int_{-\infty}^{x} f(t)\mathrm{d}t$,

当 $x < a$ 时, $F(x) = \displaystyle\int_{-\infty}^{x} 0\mathrm{d}x = 0$;

当 $a \leqslant x \leqslant b$ 时, $F(x) = \displaystyle\int_{a}^{x} \dfrac{\mathrm{d}t}{b-a} = \dfrac{x-a}{b-a}$;

当 $x > b$ 时, $F(x) = \displaystyle\int_{a}^{b} \dfrac{\mathrm{d}x}{b-a} = 1$.

所以

$$F(x) = \begin{cases} 0, & x < a, \\[2mm] \dfrac{x-a}{b-a}, & a \leqslant x \leqslant b, \\[2mm] 1, & x > b. \end{cases}$$

在 $[a,b]$ 上服从均匀分布的随机变量 X, 它落在 $[a,b]$ 中任意等长度的子区间上的概率是相同的. 这是因为对任意的 $[c,d] \subset [a,b]$, 有

$$P\{c < X < d\} = \int_c^d f(x)\mathrm{d}x = \frac{d-c}{b-a}.$$

例 17 在一公共汽车站有甲、乙、丙 3 人, 分别等 1,2,3 路车, 设每人等车时间 (分钟) 都服从 $[0,5]$ 上的均匀分布, 求 3 人中至少有 2 人等车时间不超过 2 分钟的概率.

解 设每人等车时间为 X, 则 X 的概率密度为

$$f(x) = \begin{cases} \dfrac{1}{5}, & 0 \leqslant x \leqslant 5, \\ 0, & \text{其他}. \end{cases}$$

3 人中每人 "等车不超过 2 分钟" 的概率为

$$P\{X \leqslant 2\} = \int_0^2 \frac{1}{5}\mathrm{d}x = \frac{2}{5},$$

3 人中等车不超过 2 分钟的人数 $Y \sim B\left(3, \dfrac{2}{5}\right)$, 故

$$P\{Y \geqslant 2\} = \mathrm{C}_3^2 \left(\frac{2}{5}\right)^2 \times \frac{3}{5} + \mathrm{C}_3^3 \left(\frac{2}{5}\right)^3 = 0.352.$$

2. 指数分布

定义 11 如果随机变量 X 的概率密度为

$$f(x) = \begin{cases} \lambda \mathrm{e}^{-\lambda x}, & x > 0, \\ 0, & x \leqslant 0 \end{cases} \quad (\lambda > 0), \tag{2.22}$$

则称 X 服从参数为 λ 的指数分布. 记为 $X \sim E(\lambda)$.

注 (1) 指数分布 X 的分布函数为

$$F(x) = \int_{-\infty}^x f(t)\mathrm{d}t = \begin{cases} \displaystyle\int_0^x \lambda \mathrm{e}^{-\lambda t}\mathrm{d}t, & x > 0, \\ 0, & x \leqslant 0. \end{cases}$$

$$= \begin{cases} 1 - \mathrm{e}^{-\lambda x}, & x > 0, \\ 0, & x \leqslant 0. \end{cases}$$

(2) 指数分布的无记忆性, 即对 $\forall s, t$, 有 $P\{X > s+t | X > t\} = P\{X > s\}$.

事实上

$$P\{X > s+t | X > t\} = \frac{P\{X > s+t \text{且} X > t\}}{P\{X > s\}} = \frac{P\{X > s+t\}}{P\{X > s\}}$$

$$= \frac{1 - F(s+t)}{1 - F(t)} = \frac{e^{-\lambda(s+t)}}{e^{-\lambda t}} = e^{-\lambda s} = 1 - (1 - e^{-\lambda s})$$

$$= 1 - F(s) = P\{X > s\}.$$

在实际应用中, 当随机变量 X 代表某种 "寿命"(如电子元件的寿命、生物的寿命、电话的通话时间等) 时, 则上式表明, 已知元件使用了 t 小时, 它总共能使用至少 $(s+t)$ 小时的条件概率, 与从开始使用时算起它至少使用 s 小时的概率相等, 换句话说, 元件对它已经使用过 t 小时没有记忆.

例 18　设一类电子元件使用的寿命 $X \sim E\left(\dfrac{1}{600}\right)$(以小时计), 求 (1) 该电子元件寿命超过 200 小时的概率; (2) 某仪器装有三只独立工作的同型号此类电子元件, 在仪器最初使用的 200 小时内, 至少有一只电子元件损坏的概率.

解　设由于 $X \sim E\left(\dfrac{1}{600}\right)$, 则 X 的概率密度为

$$f(x) = \begin{cases} \dfrac{1}{600} e^{-\frac{1}{600}x}, & x > 0, \\ 0, & x \leqslant 0. \end{cases}$$

(1) 所求概率

$$P\{X > 200\} = \int_{200}^{+\infty} f(x)\mathrm{d}x = \int_{200}^{+\infty} \frac{1}{600} e^{-\frac{x}{600}} \mathrm{d}x = e^{-\frac{200}{600}} = e^{-\frac{1}{3}}.$$

(2) 设 Y 表示 "三只电子元件中事件 $X < 200$ 发生的个数", 则

$$Y \sim B\left(3, 1 - e^{-\frac{1}{3}}\right),$$

$$P\{Y \geqslant 1\} = 1 - P\{Y = 0\} = 1 - \mathrm{C}_3^0 \left(1 - e^{-\frac{1}{3}}\right)^0 \left(e^{-\frac{1}{3}}\right)^3 = 1 - e^{-1}.$$

3. 正态分布

1) 一般正态分布

定义 12　如果随机变量 X 的概率密度为

$$f(x) = \frac{1}{\sqrt{2\pi}\sigma} e^{-\frac{(x-\mu)^2}{2\sigma^2}}, \quad -\infty < x < +\infty, \tag{2.23}$$

其中 μ, σ 是常数, 且 $\sigma > 0$, 则称 X 服从参数为 μ, σ 的正态分布, 记为 $X \sim N(\mu, \sigma^2)$.

(1) 一般正态分布的图形.

正态分布 $N(\mu, \sigma^2)$ 的概率密度函数 $f(x)$ 的图形呈钟形, σ 越小, 曲线越陡峭 (图 2.4(b)), 它以直线 $x = \mu$ 为其对称轴, 在 $x = \mu$ 处, $f(x)$ 取到最大值 $f(\mu) = (\sqrt{2\pi}\sigma)^{-1}$, 在 $x = \mu \pm \sigma$ 处有拐点, 且 $y = 0$ 是 $f(x)$ 的水平渐近线.

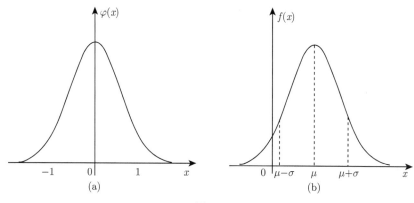

图 2.4

(2) 一般正态分布的分布函数为

$$F(x) = \frac{1}{\sqrt{2\pi}} \int_{-\infty}^{x} e^{-\frac{(t-\mu)^2}{2\sigma^2}} \, dt, \quad x \in (-\infty, +\infty).$$

2) 标准正态分布

当 $\mu = 0$, $\sigma = 1$ 时, 正态分布 $N(0, 1)$ 称为**标准正态分布**, 相应的概率密度和分布函数通常分别记为 $\varphi(x)$ 与 $\Phi(x)$, 即

$$\varphi(x) = \frac{1}{\sqrt{2\pi}} e^{-\frac{x^2}{2}}, \quad -\infty < x < +\infty,$$

$$\Phi(x) = \int_{-\infty}^{x} \frac{1}{\sqrt{2\pi}} e^{-\frac{t^2}{2}} \, dt, \quad -\infty < x < +\infty.$$

对于标准正态分布 (图 2.4(a)), 在 $x = 0$ 处, $\varphi(x)$ 有最大值 $\varphi(0) = \dfrac{1}{\sqrt{2\pi}}$; $\varphi(x)$ 的图形关于 $x = 0$ 对称, 若 $x > 0$, 则 $P\{x > x\} = P\{x < -x\}$, 用分布函数 $\Phi(x)$ 表示就是

$$\Phi(-x) = 1 - \Phi(x). \tag{2.24}$$

为了便于计算, 人们列出 $\Phi(x) = P\{X \leqslant x\}$ 的数值表 (见附表 2), 一般 $x > 0$ 给出, 当 $x < 0$ 时, 就不难用式 (2.25) 得到, 如 $\Phi(1.82) = 0.9656$(直接查表得到), 则

$$\Phi(-1.82) = 1 - 0.9656 = 0.0344.$$

3) 一般正态分布与标准正态分布的关系

定理 2　设随机变量 $X \sim N(\mu, \sigma^2)$, 随机变量 $Y \sim N(0,1)$, 则有

$$F(x) = \Phi\left(\frac{x-\mu}{\sigma}\right),$$

其中 $F(x)$ 与 $\Phi(x)$ 分别是 X 和 Y 的分布函数.

证明　$F(x) = P\{X \leqslant x\} = \int_{-\infty}^{x} \frac{1}{\sqrt{2\pi}\sigma} \mathrm{e}^{-\frac{(t-\mu)^2}{2\sigma^2}} \mathrm{d}t$, 令 $y = \frac{t-\mu}{\sigma}$, 有 $\mathrm{d}t = \sigma \mathrm{d}y$, 从而

$$F(x) = \int_{-\infty}^{\frac{x-\mu}{\sigma}} \frac{1}{\sqrt{2\pi}} \mathrm{e}^{-\frac{x^2}{2}} \mathrm{d}y = \Phi\left(\frac{x-\mu}{\sigma}\right).$$

定理 3　设随机变量 $X \sim N(\mu, \sigma^2)$, $Y = \frac{X-\mu}{\sigma}$, 则有 $Y \sim N(0,1)$.

证明　要证明 $Y \sim N(0,1)$, 只要证明 Y 的分布密度为 $\varphi(x)$ 或分布函数为 $\Phi(x)$ 即可, Y 的分布函数为

$$F(x) = P\{Y \leqslant x\} = P\left\{\frac{X-\mu}{\sigma} \leqslant x\right\} = P\{X \leqslant \sigma x + \mu\}$$
$$= \int_{-\infty}^{\sigma x + \mu} \frac{1}{\sqrt{2\pi}\sigma} \mathrm{e}^{-\frac{(t-\mu)^2}{2\sigma^2}} \mathrm{d}t,$$

令 $y = \frac{t-\mu}{\sigma}$, 有 $\mathrm{d}t = \sigma \mathrm{d}y$, 从而

$$F(x) = \int_{-\infty}^{x} \frac{1}{\sqrt{2\pi}} \mathrm{e}^{-\frac{y^2}{2}} \mathrm{d}y = \Phi(x).$$

由定理 3, 马上可以得到一些在实际生活中有用的计算公式. 若 $X \sim N(\mu, \sigma^2)$, 则

$$P\{X \leqslant c\} = \Phi\left(\frac{c-\mu}{\sigma}\right). \tag{2.25}$$

$$P\{a < X \leqslant b\} = \Phi\left(\frac{b-\mu}{\sigma}\right) - \Phi\left(\frac{a-\mu}{\sigma}\right). \tag{2.26}$$

4) 正态分布的计算

例 19　设 $X \sim N(0,1)$, 则

$$P\{X \leqslant 1.25\} = \Phi(1.25) = 0.8944;$$
$$P\{X > 0.8\} = 1 - P\{X \leqslant 0.8\} = 1 - \Phi(0.8) = 1 - 0.7881 = 0.2119;$$
$$P\{X < -1.3\} = 1 - \Phi(1.3) = 1 - 0.9032 = 0.0968;$$
$$P\{|X| < 0.35\} = P\{-0.35 < X < 0.35\}$$

$$= \Phi(0.35) - \Phi(-0.35) = \Phi(0.35) - [1 - \Phi(0.35)]$$

$$= 2\Phi(0.35) - 1 = 2 \times 0.6368 - 1 = 0.2736;$$

$$P\{|X| > 0.08\} = 2P\{X > 1.08\} = 2[1 - \Phi(1.08)]$$

$$= 2(1 - 0.8599) = 0.2802.$$

对于一般的正态分布概率的计算, 下面的两个例子给出了解决的办法.

例 20　设 $X \sim N(1,4)$, 则

$$P\{X \leqslant 2.1\} = P\left\{\frac{X-1}{2} \leqslant \frac{2.1-1}{2}\right\} = \Phi(0.55) = 0.7088;$$

$$P\{X \geqslant 1.5\} = 1 - P\{X \leqslant 1.5\} = 1 - P\left\{\frac{X-1}{2} \leqslant \frac{1.5-1}{2}\right\}$$

$$= 1 - \Phi(0.25) = 1 - 0.5987 = 0.4013;$$

$$P\{0.2 < X < 2\} = P\left\{\frac{0.2-1}{2} < \frac{X-1}{2} < \frac{2-1}{2}\right\} = \Phi(0.5) - \Phi(-0.4)$$

$$= 0.6915 - [1 - \Phi(0.4)]$$

$$= 0.6915 - 1 + 0.6554 = 0.3469;$$

$$P\{|X| < 1.7\} = P\{-1.7 < X < 1.7\}$$

$$= P\left\{\frac{-1.7-1}{2} < \frac{X-1}{2} < \frac{1.7-1}{2}\right\}$$

$$= \Phi(0.35) - \Phi(-1.35) = 0.6368 - 1 + \Phi(1.35)$$

$$= 0.6368 - 1 + 0.9115 = 0.5483;$$

$$P\{|X| > 1.21\} = P\{X > 1.21\} + P\{X < -1.21\}$$

$$= 1 - P\left\{\frac{X-1}{2} \leqslant \frac{1.21-1}{2}\right\} + P\left\{\frac{X-1}{2} \leqslant \frac{-1.21-1}{2}\right\}$$

$$= 1 - \Phi(0.105) + \Phi(-1.105)$$

$$= 1 - 0.5438 + 1 - 0.8665 = 0.5897.$$

例 21　设随机变量 $X \sim N(\mu, \sigma^2)$, 且 $P\{X \leqslant -1.6\} = 0.036$, $P\{X \leqslant 5.9\} = 0.758$, 求 μ, σ 和 $P(X > 0)$.

解　$P\{X \leqslant -1.6\} = F(-1.6) = \Phi\left(\dfrac{-1.6-\mu}{\sigma}\right) = 0.036$, 由式 (2.25), 有

$$\Phi\left(\frac{1.6+\mu}{\sigma}\right) = 1 - \Phi\left(\frac{-1.6-\mu}{\sigma}\right) = 0.964.$$

又已知 $P\{X \leqslant 5.9\} = F(5.9) = 0.758$, 即 $\Phi\left(\dfrac{5.9 - \mu}{\sigma}\right) = 0.758$, 查表可得

$$\begin{cases} \dfrac{1.6 + \mu}{\sigma} = 1.8, \\ \dfrac{5.9 - \mu}{\sigma} = 0.7. \end{cases}$$

解方程组, 得到 $\sigma = 3, \mu = 3.8$,

$$P\{X > 0\} = 1 - F(0) = 1 - \Phi\left(\dfrac{0 - 3.8}{3}\right)$$
$$= 1 - \Phi(-1.27) = \Phi(1.27) = 0.898.$$

在实践与理论两个方面, 正态分布都是概率分布中最重要的一种分布. 在实践方面, 如测量误差、作物产量、学生考试成绩等, 都近似服从正态分布, 原因是, 影响某一随机变量的因素很多, 每一个因素都不起决定性作用, 由于这些因素的综合作用, 所以使得这一随机变量服从正态分布. 在理论方面, 正态分布可以导出其他一些分布, 而这些分布在一定条件下又可用正态分布来近似.

2.5   随机变量函数的分布

设 X 是一个随机变量, $y = g(x)$ 是一个函数 (一般是连续函数), 则 $Y = g(X)$ 也是一个随机变量.

例如, $\cos X$, e^X, $\dfrac{1}{X^2 + 2X + 1}$ 等都是随机变量 X 的函数, 从而是随机变量. 我们关心的是能否用 X 的概率分布来描述随机变量函数 $Y = g(X)$ 的概率分布? 我们就分以下两种情形加以讨论.

2.5.1   离散型随机变量函数的分布

例 22   已知随机变量 X 的概率分布由表 2.4 确定, 并且随机变量 $Y_1 = 3X$, $Y_2 = (X - 1)^2$, 分别求 Y_1, Y_2 的概率分布.

表 2.4

X	-1	0	1	2
P	0.4	0.1	0.2	0.3

解   依题意, 随机变量 Y_1 可以取 $-3, 0, 3, 6$ 共 4 个值, 由于 $P\{Y = 3i\} = P\{X = i\} = p_i$, 所以有 Y_1 的分布律为

Y	-3	0	3	6
P	0.4	0.1	0.2	0.3

随机变量 Y_2 可以取 $0, 1, 4$ 共 3 个值, 并且有

$$P\{Y_2 = 0\} = P\{(X-1)^2 = 0\} = P\{X = 1\} = 0.2;$$

$$P\{Y_2 = 1\} = P\{(X-1)^2 = 1\} = P\{X = 0\} + P\{X = 2\} = 0.4;$$

$$P\{Y_2 = 4\} = P\{(X-1)^2 = 4\} = P\{X = -1\} = 0.4.$$

Y_2 的概率分布为

Y_2	0	1	4
P	0.2	0.4	0.4

2.5.2 连续型随机变量函数的分布

当 X 是连续型随机变量时, 函数 $Y = g(X)$, 我们如何根据 X 的概率密度, 求出 $Y = g(X)$ 的概率密度.

设 X 的概率密度为 $f_X(x)$, 且 Y 的概率密度为 $f_Y(y)$, 求 Y 的概率密度一般可分为三步: 第一步, 根据 X 的取值范围及函数 $Y = g(X)$, 确定随机变量 Y 的取值范围; 第二步, 根据已知的 X 的分布计算出 Y 的分布函数 $F_Y(y)$; 第三步, 对 $F_Y(y)$ 求导, 即 $f_Y(y) = \dfrac{\mathrm{d}}{\mathrm{d}y} F_Y(y)$. 此法称为**分布函数法**. 它是求连续型随机变量函数分布的基本方法.

对于连续型随机变量函数的分布, 有以下定理.

定理 4 设 X 为连续型随机变量, 其概率密度为 $f_X(x)(-\infty < x < +\infty)$, 且 $Y = kx + b(k \neq 0)$, 则随机变量 Y 的概率密度 $f_Y(y)$ 为

$$f_Y(y) = \frac{1}{|k|} f_X\left(\frac{y-b}{k}\right) \quad (-\infty < y < +\infty). \tag{2.27}$$

证明 设 $k < 0$,

$$F_Y(y) = P\{Y \leqslant y\} = P\{kX + b \leqslant y\} = P\left\{X \geqslant \frac{y-b}{k}\right\} = 1 - F_X\left(\frac{y-b}{k}\right),$$

$$f_Y(y) = F_Y'(y) = -\left[F_X\left(\frac{y-b}{k}\right)\right]_y' = -\frac{1}{k} f_X\left(\frac{y-b}{k}\right)$$

$$= \frac{1}{|k|} f_X\left(\frac{y-b}{k}\right) \quad (-\infty < y < +\infty).$$

类似可以证明 $k > 0$ 的情形.

例 23　设随机变量 $X \sim f(x), Y = 2X + 4$, 求随机变量 Y 的概率密度 $f_Y(y)$,
其中 $f_X(x) = \begin{cases} \dfrac{x}{2}, & x \in (0, 2), \\ 0, & \text{其他}. \end{cases}$

解　Y 取值是在区间 $(4, 8)$, 则

$$f_Y(y) = \frac{1}{2} f_X\left(\frac{y-4}{2}\right) = \begin{cases} \dfrac{y-4}{8}, & y \in (4, 8), \\ 0, & \text{其他}. \end{cases}$$

事实上, 对于 $g(x)$ 为任何一个有单值反函数的单调、可导函数的情况都有相应公式 (2.28) 的结果, 不加证明地给出下面结论.

定理 5　设 $X \sim f_X(x)(-\infty < x < +\infty)$, 若 $y = g(x)$ 严格单调, 其反函数 $x = h(y)$ 有连续导函数, 则 $Y = g(X)$ 是连续型随机变量, 其概率密度为

$$f_Y(y) = \begin{cases} f_X[h(y)] \cdot |h'(y)|, & \alpha < y < \beta, \\ 0, & \text{其他}, \end{cases} \tag{2.28}$$

其中

$$\alpha = \min\{g(-\infty), g(+\infty)\}, \quad \beta = \max\{g(-\infty), g(+\infty)\}.$$

例 24　已知 $X \sim f_X(x)$, 求 $Y = \mathrm{e}^X$ 的概率密度 $f_Y(y)$, 其中

$$f_X(x) = \begin{cases} \mathrm{e}^{-x}, & x > 0, \\ 0, & x \leqslant 0. \end{cases}$$

解　当 $x > 0$ 时, $y = \mathrm{e}^x$ 是单调函数, 其值域为 $\{y | y > 1\}$, 其反函数 $x = \ln y$ 可导且 $(\ln y)' = \dfrac{1}{y} > 0$, 所以

$$f_Y(y) = \begin{cases} \dfrac{1}{y^2}, & y > 1, \\ 0, & y \leqslant 1. \end{cases}$$

例 25　设 X 服从参数为 λ 的指数分布, 求 $Y = X^3$ 的概率密度 $f_Y(y)$.

解　X 的概率密度为

$$f_X(x) = \begin{cases} \lambda \mathrm{e}^{-\lambda x}, & x > 0, \\ 0, & x \leqslant 0. \end{cases}$$

$y = x^3$ 是严格递增函数, 其反函数为 $x = \sqrt[3]{y}$, 所以

$$f_Y(y) = \begin{cases} f_x(\sqrt[3]{y}) \times (\sqrt[3]{y})', & y > 0, \\ 0, & y \leqslant 0, \end{cases}$$

即

$$f_Y(y) = \begin{cases} \dfrac{1}{3}\lambda y^{-\frac{2}{3}}\mathrm{e}^{-\lambda\sqrt[3]{y}}, & y > 0, \\ 0, & y \leqslant 0. \end{cases}$$

*例 26 已知 $X \sim f_X(x)$, $-\infty < x < +\infty$, 求 $Y = X^2$ 的概率密度.

解 对于随机变量 Y, 由于 $y = x^2$ 不是单调函数. 我们用分布函数法求其概率密度. 由于 $Y = X^2 \geqslant 0$, 所以

当 $y \leqslant 0$ 时, 其分布函数 $F_y(y) = 0$;

当 $y > 0$ 时,

$$\begin{aligned} F_Y(y) &= P\{Y \leqslant y\} = P\{X^2 \leqslant y\} \\ &= P\{-\sqrt{y} \leqslant X \leqslant \sqrt{y}\} = \int_{-\sqrt{y}}^{\sqrt{y}} f_X(x)\mathrm{d}x. \end{aligned}$$

在将 $F_Y(y)$ 对变量 y 求导数时, 这是变限的定积分问题, 注意到复合函数的求导法则, 有

$$\begin{aligned} f_Y(y) &= F_Y'(y) = f_X(\sqrt{y})(\sqrt{y})' - f_X(-\sqrt{y})(-\sqrt{y})' \\ &= \frac{1}{2\sqrt{y}}[f_X(\sqrt{y}) + f_X(-\sqrt{y})], \end{aligned}$$

故 $Y = X^2$ 的概率密度为

$$f_Y(y) = \begin{cases} \dfrac{1}{2\sqrt{y}}[f_X(\sqrt{y}) + f_X(-\sqrt{y})], & y > 0, \\ 0, & y \leqslant 0. \end{cases}$$

习 题 二

1. 设某项试验的成功率是失败率的 2 倍, 试用一个随机变量描述该试验的结果.

2. 一批产品共 13 件, 其中有 10 件正品, 3 件次品, 有放回地抽取.

(1) 每次 1 件, 直到取得正品为止, 求抽取次数 X 的概率分布.

(2) 每次取出 1 件后, 总以 1 件正品放回去, 直到取得正品为止, 求抽取次数 X 的分布律.

3. 从设随机变量 X 的概率分布为 $P\{X = k\} = \dfrac{k}{15}(k = 1, 2, 3, 4, 5)$. 求: (1) $P\left\{\dfrac{1}{2} < X < \dfrac{5}{2}\right\}$; (2) $P\{1 \leqslant X \leqslant 3\}$; (3) $P\{X > 3\}$.

4. 一袋内有 5 张卡片, 其中标有数字 1 的卡片有 1 张, 标有数字 2 的卡片及数字 3 的卡片各有 2 张, 从袋内一次随机地抽取 3 张, 用 X 表示取到的 3 张卡片上的最大数字, 求 X 的概率分布.

5. 袋内有 5 个黑球, 3 个白球, 采取不放回抽取, 每次 1 个直到取得黑球为止, 求下列随机变量的概率分布.

(1) X 为抽取次数;   (2) Y 为取到白球的数目.

6. 已知随机变量 X 只取 $-1, 0, 1, 2$ 四个值, 其相应的概率依次是 $\dfrac{1}{2C}, \dfrac{3}{4C}, \dfrac{5}{8C}, \dfrac{2}{16C}$, 试求常数 C.

7. 袋中有标号为 1,2,3,4 的球若干个, 从中任去 1 个, 假设取到球的概率与球上的号码成反比, 求取到球上号码 X 这个随机变量的概率分布.

8. 设某射击选手每次打中目标的概率为 0.8, 现在他连续射击 4 次, X 记为失败次数, 求 X 的概率分布.

9. 设每次试验投篮的命中率 0.7, 求投篮 10 次恰有三次命中的概率; 至少命中三次的概率.

10. 同时投掷两颗骰子, 直到至少有一颗骰子出现 6 点为止, 试求投掷次数 X 的概率分布.

11. 某学校的学生下午上课迟到率为 0.0025, 该校有学生 800 人, 求下午恰好有 2 人迟到的概率.

12. 设某商店每月销售商品的数量服从参数为 7 的泊松分布, 问在月初进货时应进多少件此种商品, 才能保证当月此种商品不脱销的概率为 0.999?

13. 假设某人远距离进行射击, 每次命中率是 0.02, 独立射击 400 次, 求至少命中 2 次的概率.

14. 设随机变量 X 的分布律为

X	-1	0	1
P	$\dfrac{1}{3}$	$\dfrac{1}{6}$	$\dfrac{1}{2}$

求 X 的分布函数.

15. 设随机变量 X 的分布函数为

$$F(x) = \begin{cases} 0, & x < -1, \\ 0.4, & -1 \leqslant x < 1, \\ 0.8, & 1 \leqslant x < 3, \\ 1, & 3 \leqslant x. \end{cases}$$

求 X 的概率分布.

16. 某公共汽车站从上午 7 时起, 每隔 12 分钟有一辆汽车到达此站, 如果一乘客到达此站的时间 X 是 7:00 到 7:30 之间的均匀随机变量, 试求他候车时间少于 4 分钟的概率.

17.

$$f(x) = \begin{cases} 2x, & a < x < a+2, \\ 0, & \text{其他}. \end{cases}$$

问 $f(x)$ 是否为密度函数, 若是, 确定 a 的值; 若不是, 说明理由.

18. 设 X 是连续型随机变量, 概率密度为

$$f(x) = \begin{cases} ax + b, & 0 < x < 2, \\ 0, & 其他, \end{cases}$$

且 $P\{1 < X < 3\} = \dfrac{1}{4}$. 求常数 a, b.

19. 设随机变量 X 的分布函数为

$$F(x) = \begin{cases} a + b\mathrm{e}^{-\frac{x^2}{2}}, & x > 0, \\ 0, & 其他. \end{cases}$$

求 (1) 确定系数 a, b; (2) X 的概率密度.

20. 设 X 的概率密度为

$$f(x) = \begin{cases} \dfrac{A}{\sqrt{1 - x^2}}, & |x| < 1, \\ 0, & |x| \geqslant 1. \end{cases}$$

试求: (1) 确定常数 A; (2) 计算 $P\left\{ -\dfrac{1}{2} \leqslant X < \dfrac{1}{2} \right\}$; (3) X 的分布函数.

21. 设连续型随机变量 X 的分布函数 $F(x)$ 为

$$F(x) = \begin{cases} 0, & x < 0, \\ A\sqrt{x}, & 0 \leqslant x < 1, \\ 1, & x \geqslant 1. \end{cases}$$

确定系数 A; 计算 $P\{0 \leqslant X \leqslant 0.25\}$; 求概率密度 $f(x)$.

22. 设随机变量 X 的分布函数 $F(x)$ 为

$$F(x) = \begin{cases} 1 - \dfrac{A}{x^2}, & x > 2, \\ 0, & x \leqslant 2. \end{cases}$$

求常数 A 的值, 计算 $P\{0 \leqslant X \leqslant 4\}$.

23. 设 X 的分布函数为

$$F(x) = \begin{cases} A - \mathrm{e}^{-2x}, & x > 0, \\ 0, & x \leqslant 0. \end{cases}$$

求常数 $A, P\{|X| < 2\}$.

24. 设 X 的分布函数为

$$F(x) = A + B \arctan x, \quad -\infty < x < +\infty.$$

求: 常数 A, B; $P\{|X| < 1\}$; 概率密度 $f(x)$.

25. 随机变量 $X \sim f(x)$, $f(x) = \begin{cases} \lambda e^{-2x}, & x \geqslant 0, \\ 0, & \text{其他}, \end{cases}$ 确定 λ 的值; 求计算 $P\{X > a^2 + 2 | X > a^2\}$($a$ 为任意常数).

26. 设随机变量 X 服从 $[0, 5]$ 上的均匀分布, 求关于 t 的方程 $4t^2 + 4Xt + X + 2 = 0$ 有实根的概率.

27. 设 $X \sim N(0, 1)$, 求 $P\{|X| < 1\}$, $P\{|X| < 2\}$, $P\{|X| < 3\}$.

28. 设 $X \sim N(5, 4)$, 求:

(1) $P\{5 < X < 8\}$; 　　(2) $P\{X \leqslant 0\}$; 　　(3) $P\{|X - 5| < 2\}$;

29. 随机变量 $X \sim N(\mu, \sigma^2)$, 若 $P\{X < 9\} = 0.975$, $P\{X < 2\} = 0.062$, 计算 μ 和 σ^2 的值, 求 $P\{X > 6\}$.

30. 随机变量 X 服从参数为 0.7 的 (0-1) 分布, 求 X^2, $X^2 - 2X$ 的概率分布.

31. 设 X 的概率分布为

X	-1	0	1	5
P	0.1	0.2	0.3	0.4

求 $3X + 2$ 和 $2X^2 - 1$ 的概率分布.

32. 设随机变量 X 服从参数 $\lambda = 1$ 的指数分布, 求 $Y = \ln X$ 的概率密度.

33. 设随机变量 X 服从 $\left[-\dfrac{\pi}{2}, \dfrac{\pi}{2}\right]$ 上的均匀分布, 试求 $Y = \sin X$ 的概率密度.

34. 已知 $X \sim f_X(x)$, $f_X(x) = \begin{cases} \dfrac{1}{3}(4x + 1), & 0 < x < 1, \\ 0, & \text{其他}, \end{cases}$ $Y = \ln X$, 分别求随机变量 Y 的概率密度 $f_Y(y)$.

35. 已知随机变量 $X \sim N(\mu, \sigma^2)$, 计算 $Y = e^X$ 的概率密度 $f_Y(y)$.

选 做 题 二

1. 设随机变量 X 的概率密度为 $f(x)$ 是偶函数, 证明: 对任意实数 $a > 0$, 有

(1) $F(-a) = 1 - F(a)$;

(2) $P\{|x| \leqslant a\} = 2F(a) - 1$.

2. 设随机变量 $X \sim B(2, P)$, $Y \sim B(3, P)$, 且 $P\{X \geqslant 1\} = \dfrac{5}{9}$, 计算 $P\{Y \geqslant 1\}$.

3. 设随机变量 X 服从正态分布 $N(3, 2^2)$, 若 $P\{X > c\} = P\{X \leqslant c\}$, 求 c.

4. 设随机变量 X 的概率密度为 $f(x) = \begin{cases} 2x, & 0 < x < 1, \\ 0, & \text{其他}, \end{cases}$ 以 Y 表示对 X 进行三次独立重复观察中事件 $\left\{X \leqslant \dfrac{1}{2}\right\}$ 出现的次数, 求 $P\{Y = 2\}$.

5. 设随机变量 X 服从指数分布, $Y = \min\{X, 2\}$, 求设随机变量 Y 的分布函数.

6. 设随机变量 X 服从标准正态分布, $Y = 1 - 2|X|$, 试求 Y 的概率密度.

7. 将 3 封信逐封随机地投入编号为 1,2,3,4 的四个空邮筒, 设随机变量 X 表示不空邮筒中的最小号码 (例如, "$X = 3$" 表示第 1, 2 号邮筒中未投入信, 而第 3 号邮筒中至少投入了一封信). 试求: (1) X 的概率分布; (2) X 的概率分布函数.

8. 设随机变量 X 服从正态分布 $N(\mu, \sigma^2)$ $(\sigma > 0)$, 且二次方程 $y^2 + 4y + X = 0$ 无实根的概率为 $\frac{1}{2}$, 求 μ.

9. 设随机变量 X 的概率密度为 $f_X(x) = \dfrac{1}{\pi(1 + x^2)}$ $(x \in \mathbf{R})$, 求随机变量 $Y = 1 - \sqrt[3]{x}$ 的概率密度.

10. 设随机变量 X 的概率密度为

$$f_X(x) = \frac{2}{\pi(1 + x^2)} \quad (0 < x < +\infty),$$

证明随机变量 $Y = \dfrac{1}{X}$ 与 X 服从同一分布.

11. 设 $\Phi(x)$ 为标准正态分布的分布函数, 试证明当 $x \to +\infty$ 时, 对任意的实数 $a > 0$, 有 $\dfrac{1 - \Phi\left(x + \dfrac{a}{x}\right)}{1 - \Phi(x)} \to \mathrm{e}^{-a}$.

第 3 章   多维随机向量及其分布

随机变量的引入为研究随机现象提供了一个有力的工具. 实际生活中, 有很多随机试验的结果可以用一个随机变量来表示, 同时也有许多随机试验的结果用一个随机变量来描绘并不全面, 需用多个随机变量来表示. 例如, 射击时弹着点的坐标的描绘要用到横纵坐标两个指标量; 判断身高为 1.75m 的男生算不算标准体型, 那至少还应给出另一个指标量体重, 我们才能作出大致的判断等, 它们也都是一些随机变量. 这些随机变量之间可能不是孤立存在的, 往往有统计的相依关系, 因此有必要把它们当成一个整体来研究, 为了更好地处理这样的实际问题, 在本章中将引入多维随机向量的概念.

3.1   二维随机向量及其分布

3.1.1   二维随机向量的概念

定义 1   以样本空间 Ω 上的 n 个随机变量 $X_1, X_2, \cdots, X_n$ 为分量的向量 $X = (X_1, X_2, \cdots, X_n)$, 称为 n维(或 n元)随机向量 (或变量), 并称 n 元函数

$$F(x_1, x_2, \cdots, x_n) = P\{X_1 \leqslant x_1, X_2 \leqslant x_2, \cdots, X_n \leqslant x_n\}, \quad (x_1, x_2, \cdots, x_n) \in \mathbf{R}^n$$

为 n 维随机向量 $(X_1, X_2, \cdots, X_n)$ 的**分布函数**, 或称为 $X_1, X_2, \cdots, X_n$ 的**联合分布函数**.

据此定义, 第 2 章讨论的随机变量称为一维随机变量. 而当 $n = 2$ 时, 把以随机变量 X_1 和 X_2 为分量的向量 (X_1, X_2) 称为**二维随机向量**(或二维随机变量).

本章将重点研究二维随机向量, 它的分布函数与一维随机变量的情况类似. 记 X_1 与 X_2 的联合分布函数为

$$F(x_1, x_2) = P\{X_1 \leqslant x_1, X_2 \leqslant x_2\}, \quad (x_1, x_2) \in \mathbf{R}^2. \tag{3.1}$$

它表示事件 $\{X_1 \leqslant x_1\}$ 与事件 $\{X_2 \leqslant x_2\}$ 之积的概率.

不难证明二维随机向量的分布函数 $F(x_1, x_2)$ 具有如下基本性质:

(1) 非负性: $0 \leqslant F(x_1, x_2) \leqslant 1$;

(2) 单调性: $F(x_1, x_2)$ 分别对 x_1 和 x_2 都是单调不减函数;

(3) 有界性:

$$F(-\infty, x_2) = \lim_{x_1 \to -\infty} F(x_1, x_2) = 0,$$

$$F(x_1, -\infty) = \lim_{x_2 \to -\infty} F(x_1, x_2) = 0,$$

$$F(-\infty, -\infty) = \lim_{x_1, x_2 \to -\infty} F(x_1, x_2) = 0,$$

$$F(+\infty, +\infty) = \lim_{x_1, x_2 \to +\infty} F(x_1, x_2) = 1;$$

(4) 右连续性: $F(x_1, x_2)$ 分别对 x_1 和 x_2 都是右连续的, 即

$$F(x_1 + 0, x_2) = F(x_1, x_2), \quad F(x_1, x_2 + 0) = F(x_1, x_2).$$

基于与一维随机变量相同的理由, 也把二维随机向量按离散型和连续型两大类进行讨论. 此时分别用它们的概率分布或概率密度函数刻画它们的分布更直观和方便.

3.1.2 二维离散型随机向量的概率分布

定义 2 如果二维随机向量 (X, Y) 的全部取值为有限个数对或可列个数对, 则称 (X, Y) 为**二维离散型随机向量**.

若 (X, Y) 的取值集合记作 $E = \{(x_i, y_j), i, j = 1, 2, \cdots\}$, 相应地, 记

$$p_{ij} = P\{X = x_i, Y = y_j\}, \quad i, j = 1, 2, \cdots, \tag{3.2}$$

称式 (3.2) 为二维离散型随机向量 (X, Y) **的概率分布或概率分布律**, 也称为 X 与 Y 的**联合概率分布 (或联合概率分布律)**. 式 (3.2) 中的 p_{ij} 有下面两个性质:

(1) $p_{ij} \geqslant 0$, $i, j = 1, 2, \cdots$;

(2) $\sum\limits_i \sum\limits_j p_{ij} = 1$.

为了直观, 联合概率分布律见表 3.1.

表 3.1

X \\ Y	y_1	y_2	$\cdots$	y_j	$\cdots$
x_1	p_{11}	p_{12}	$\cdots$	p_{1j}	$\cdots$
x_2	p_{21}	p_{22}	$\cdots$	p_{2j}	$\cdots$
$\vdots$	$\vdots$	$\vdots$		$\vdots$	
x_i	p_{i1}	p_{i2}	$\cdots$	p_{ij}	$\cdots$
$\vdots$	$\vdots$	$\vdots$		$\vdots$	

对于集合 $E = \{(x_i, y_j), i, j = 1, 2, \cdots\}$, 事件 $\{(X, Y) \in E\}$ 的分布函数为

$$F(x, y) = P\{X \leqslant x, Y \leqslant y\} = \sum_{x_i \leqslant x} \sum_{y_j \leqslant y} p_{ij},$$

其中 $\sum\limits_{x_i\leqslant x}\sum\limits_{y_j\leqslant y}p_{ij}$ 表示关于不大于 x 的一切 x_i 同时关于不大于 y 的一切 y_j 所对应的所有 p_{ij} 求和.

任意 E 的子集 A, 事件 $\{(X,Y)\in A\}$ 的概率为

$$P\{(X,Y)\in A\}=\sum_{i}\sum_{\substack{j\\(x_i,y_j)\in A}}P_{ij}.$$

例 1　有 8 件产品, 其中有 3 件次品, 5 件正品, 每次任取 1 件, 连续取 2 次, 记

$$X=\begin{cases}1, & \text{第 1 次取到次品,}\\ 0, & \text{第 1 次取到正品,}\end{cases}$$

$$Y=\begin{cases}1, & \text{第 2 次取到次品,}\\ 0, & \text{第 2 次取到正品,}\end{cases}$$

分别对不放回抽取与有放回抽取两种情况, 写出随机向量 (X,Y) 的概率分布.

解　随机向量 (X,Y) 可能取 $(0,0),(0,1),(1,0),(1,1)$.

(1) 不放回抽取.

$$P\{X=0,Y=0\}=P\{X=0\}\cdot P\{Y=0|X=0\}=\frac{5}{8}\times\frac{4}{7}=\frac{5}{14},$$

同样方法, 可以计算出 $P\{X=i,Y=j\},i,j=0,1$. 其结果见表 3.2.

表 3.2　不放回抽取

X $\diagdown$ Y	0	1
0	$\dfrac{5}{14}$	$\dfrac{15}{56}$
1	$\dfrac{15}{56}$	$\dfrac{3}{28}$

(2) 有放回抽取.

由于事件 "$X=i$" 与 "$Y=j$" 相互独立, 所以有

$$P\{X=0,Y=0\}=P\{X=0\}\cdot P\{Y=0\}=\left(\frac{5}{8}\right)^2=\frac{25}{64},$$

$$P\{X=0,Y=1\}=P\{X=1,Y=0\}=\frac{5\times 3}{8\times 8}=\frac{15}{64},$$

$$P\{X=1,Y=1\}=\frac{3\times 3}{8\times 8}=\frac{9}{64}\quad\text{(见表 3.3)}.$$

表 3.3　有放回抽取

X \ Y	0	1
0	$\dfrac{25}{64}$	$\dfrac{15}{64}$
1	$\dfrac{15}{64}$	$\dfrac{9}{64}$

例 2　二维随机向量 (X, Y) 的概率分布律见表 3.4, 求 $F(0, 0)$ 及 $P\{X \geqslant 0, Y \leqslant -1\}$.

解

$$F(0, 0) = P\{X \leqslant 0, Y \leqslant 0\} = P\{X = -1, Y = -2\} + P\{X = -1, Y = 0\}$$
$$= 0.05 + 0.1 = 0.15,$$

$$P\{X \geqslant 0, Y \leqslant -1\} = P\{X = 1, Y = -2\} + P\{X = 2, Y = -2\}$$
$$= 0.3 + 0.2 = 0.5.$$

表 3.4

X \ Y	−2	0	1
−1	0.05	0.1	0.1
1	0.3	0.05	0
2	0.2	0	0.2

例 3　将两封信随意地投入 3 个邮筒中, 用 X, Y 分别表示第 1, 2 号邮筒中信的数目, 求 X 和 Y 的联合概率分布.

解　显然, X, Y 可能的取值均为 $0, 1, 2$.

$$P\{X = 0, Y = 0\} = \frac{1}{3^2} = \frac{1}{9}, \quad P\{X = 0, Y = 2\} = \frac{1}{3^2} = \frac{1}{9},$$

$$P\{X = 0, Y = 1\} = \frac{2}{3^2} = \frac{2}{9}, \quad P\{X = 1, Y = 0\} = \frac{2}{3^2} = \frac{2}{9},$$

$$P\{X = 1, Y = 1\} = \frac{2}{3^2} = \frac{2}{9}, \quad P\{X = 2, Y = 0\} = \frac{1}{3^2} = \frac{1}{9}.$$

于是, 所要求的联合概率分布为

X \ Y	0	1	2
0	$\frac{1}{9}$	$\frac{2}{9}$	$\frac{1}{9}$
1	$\frac{2}{9}$	$\frac{2}{9}$	0
2	$\frac{1}{9}$	0	0

本例题是按古典概率计算的, 也可用乘法公式计算.

3.1.3 二维连续型随机向量的概率密度

定义 3 对于二维随机向量 (X, Y), 如果存在非负可积函数 $f(x, y)(-\infty < x < +\infty, -\infty < y < +\infty)$, 使对于平面上的任意可度量的区域 D, 有

$$P\{(X, Y) \in D\} = \iint\limits_{D} f(x, y)\mathrm{d}x\mathrm{d}y, \tag{3.3}$$

则称随机向量 (X, Y) 为**二维连续型随机向量**, 并称 $f(x, y)$ 为 (X, Y)**的概率密度**, 也称为 X**与**Y**的联合概率密度函数 (或联合概率密度)**. 记为 $(X, Y) \sim f(x, y)$.

(X, Y) 的概率密度 $f(x, y)$ 满足下面两条性质:

(1) $f(x, y) \geqslant 0$;

(2) $\displaystyle\int_{-\infty}^{+\infty}\int_{-\infty}^{+\infty} f(x, y)\mathrm{d}x\mathrm{d}y = 1.$

对于连续型随机向量 (X, Y), 它的分布函数

$$F(x, y) = P\{X \leqslant x, Y \leqslant y\} = \int_{-\infty}^{x} \mathrm{d}u \int_{-\infty}^{y} f(u, v)\mathrm{d}v.$$

特别地, 对于连续型随机向量 (X, Y), 在 $\mathbf{R}^2$ 上任一条平面曲线 L, 有

$$P\{(X, Y) \in L\} = 0.$$

例 4 设二维随机向量 $(X, Y) \sim f(x, y)$,

$$f(x, y) = \begin{cases} \lambda, & (x, y) \in D, \\ 0, & (x, y) \notin D, \end{cases}$$

其中 D 为平面上一个可度量的有界区域, 确定 λ 的值.

解 由密度函数的性质有

$$\int_{-\infty}^{+\infty}\int_{-\infty}^{+\infty} f(x, y)\mathrm{d}x\mathrm{d}y = \iint\limits_{D} \lambda\mathrm{d}x\mathrm{d}y = \lambda S_D = 1,$$

因此, $\lambda = \dfrac{1}{S_D}$, 其中 S_D 为区域 D 的面积.

例如, 若 $D = \{(x,y), 0 \leqslant x \leqslant 2, 0 \leqslant y \leqslant 1\}$, 则 $S_D = 2, \lambda = \dfrac{1}{2}$; 若 $D = \{(x,y), x^2 + y^2 \leqslant 4\}$, 则 $S_D = 4\pi, \lambda = \dfrac{1}{4\pi}$; 若 $D = \left\{(x,y), \dfrac{x^2}{4} + \dfrac{y^2}{9} \leqslant 1\right\}$, 则 $S_D = 6\pi$, $\lambda = \dfrac{1}{6\pi}$.

定义 4 如果二维随机向量 (X,Y) 的概率密度 $f(x,y)$ 为

$$f(x,y) = \begin{cases} \dfrac{1}{S_D}, & (x,y) \in D, \\ 0, & (x,y) \notin D, \end{cases} \tag{3.4}$$

其中 D 为平面上一个可度量的有界区域, S_D 为区域 D 的面积, 则称 (X,Y) 服从区域 D 上的**均匀分布**.

例 5 设 (X,Y) 的概率密度为

$$f(x,y) = \begin{cases} \dfrac{a}{x^2 y^3}, & x > \dfrac{1}{2}, y > \dfrac{1}{2}, \\ 0, & \text{其他}. \end{cases}$$

(1) 求常数 a; (2) 求 $P(0 < X < 1, 0 < Y < 1)$.

解 (1) 因 $\displaystyle\int_{-\infty}^{+\infty}\int_{-\infty}^{+\infty} f(x,y)\mathrm{d}x\mathrm{d}y = 1$, 故

$$1 = \int_{\frac{1}{2}}^{+\infty}\int_{\frac{1}{2}}^{+\infty} \frac{a}{x^2 y^3}\mathrm{d}x\mathrm{d}y = a\int_{\frac{1}{2}}^{+\infty} x^{-2}\mathrm{d}x \int_{\frac{1}{2}}^{+\infty} y^{-3}\mathrm{d}y = 4a,$$

于是 $a = \dfrac{1}{4}$.

(2) 记 $D = \{(x,y) | 0 < x < 1, 0 < y < 1\}$, 则有

$$P\{0 < X < 1, 0 < Y < 1\} = P\{(X,Y) \in D\} = \iint\limits_{D} f(x,y)\mathrm{d}x\mathrm{d}y$$

$$= \int_{\frac{1}{2}}^{1} \mathrm{d}x \int_{\frac{1}{2}}^{1} \frac{1}{4x^2 y^3}\mathrm{d}y = \frac{1}{4}\int_{\frac{1}{2}}^{1} x^{-2}\mathrm{d}x \int_{\frac{1}{2}}^{1} y^{-3}\mathrm{d}y = \frac{3}{8}.$$

例 6 设二维随机向量 $(X,Y) \sim f(x,y)$,

$$f(x,y) = \begin{cases} A\mathrm{e}^{-(x+2y)}, & x, y > 0, \\ 0, & \text{其他}, \end{cases}$$

(1) 求系数 A;

(2) 求联合分布函数 $F(x,y)$;

(3) 计算 $P\{(X,Y) \in D\}$, 其中 D 是直线 $x+y=1$ 与 x 轴及 y 轴围成的区域 (图 3.1).

解　(1) 由密度函数的性质得

$$\int_0^{+\infty} \int_0^{+\infty} Ae^{-(x+2y)}\mathrm{d}x\mathrm{d}y = 1,$$

有 $A\int_0^{+\infty} e^{-x}\mathrm{d}x \int_0^{+\infty} e^{-2y}\mathrm{d}y = 1$, 得 $A = 2$.

(2) $F(x,y) = P\{X \leqslant x, Y \leqslant y\} = \int_{-\infty}^x \mathrm{d}u \int_{-\infty}^y f(u,v)\mathrm{d}v.$

显然, 在 $x > 0, y \leqslant 0; x \leqslant 0, y > 0; x \leqslant 0, y \leqslant 0$ 三种情况下, 有 $F(x,y) = 0.$

当 $x > 0, y > 0$ 时,

$$F(x,y) = \int_0^x \mathrm{d}u \int_0^y f(u,v)\mathrm{d}v = \int_0^x e^{-u}\mathrm{d}u \int_0^y 2e^{-2v}\mathrm{d}v = (1 - e^{-x})(1 - e^{-2y}).$$

因此, $F(x,y) = \begin{cases} (1 - e^{-x})(1 - e^{-2y}), & x > 0, y > 0, \\ 0, & \text{其他}. \end{cases}$

(3) $P\{(X,Y) \in D\} = \iint\limits_D f(x,y)\mathrm{d}x\mathrm{d}y$

$$= \int_0^1 \mathrm{d}x \int_0^{1-x} 2e^{-(x+2y)}\mathrm{d}y$$

$$= \int_0^1 e^{-x}\left[1 - e^{-2(1-x)}\right]\mathrm{d}x = 1 - 2e^{-1} + e^{-2}.$$

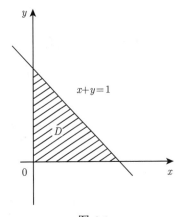

图 3.1

3.2 边缘分布

对于二维随机向量 (X,Y), 它的每个分量的分布称为 (X,Y) 的**边缘分布**, 即二维随机向量 (X,Y) 中分量 X 的分布称为关于 X 的边缘分布, 分量 Y 的分布称为关于 Y 的边缘分布.

3.2.1 离散型随机向量的边缘概率分布

若 (X,Y) 的概率分布为

$$p_{ij} = P\{X = x_i, Y = y_j\}, \quad i, j = 1, 2, \cdots,$$

则关于 X, Y 的边缘概率分布分别为

$$p_{i\cdot} = P\{x = x_i\} = \sum_j p_{ij}, \quad i = 1, 2, \cdots, \tag{3.5}$$

$$p_{\cdot j} = P\{y = y_j\} = \sum_i p_{ij}, \quad j = 1, 2, \cdots. \tag{3.6}$$

证明 对于式 (3.5),

$$p_{i\cdot} = P\{X = x_i\} = P\left\{(X = x_i) \cap \left[\sum_j (Y = y_j)\right]\right\}$$
$$= \sum_j P\{X = x_i, Y = y_j\} = \sum_j p_{ij},$$

并且 $p_{i\cdot} \geqslant 0, \sum_i p_{i\cdot} = \sum_i \sum_j p_{ij} = 1.$ 因此 $\{p_{i\cdot}, i = 1, 2, \cdots\}$ 是概率分布, 类似地可以证明式 (3.6).

X \ Y	y_1	y_2	$\cdots$	y_j	$\cdots$	$P\{X = x_i\}$
x_1	p_{11}	p_{12}	$\cdots$	p_{1j}	$\cdots$	$p_{1\cdot}$
x_2	p_{21}	p_{22}	$\cdots$	p_{2j}	$\cdots$	$p_{2\cdot}$
$\vdots$	$\vdots$	$\vdots$		$\vdots$		$\vdots$
x_i	p_{i1}	p_{i2}	$\cdots$	p_{ij}	$\cdots$	$p_{i\cdot}$
$\vdots$	$\vdots$	$\vdots$		$\vdots$		$\vdots$
$P\{Y = y_j\}$	$p_{\cdot 1}$	$p_{\cdot 2}$	$\cdots$	$p_{\cdot j}$	$\cdots$	

例 7 二维随机向量 (X,Y) 的概率分布由表 3.2 给出, 求关于 X 的边缘概率分布, 并计算条件概率 $P\{Y = 0 | X = 0\}$ 及 $P\{Y = 1 | X = 0\}$.

解　由表 3.2 知, X 只取 0 及 1 两个值.

$$P\{X = 0\} = P\{X = 0, Y = 0\} + P\{X = 0, Y = 1\}$$
$$= \frac{5}{14} + \frac{15}{56} = \frac{5}{8},$$
$$P\{X = 1\} = P\{X = 1, Y = 0\} + P\{X = 1, Y = 1\}$$
$$= \frac{15}{56} + \frac{3}{28} = \frac{3}{8}.$$

实际上, 关于 X 的边缘概率分布分别是表 3.2 中每一行概率的和. 类似地, 对表 3.2 各列概率求和, 可以得出 Y 的边缘概率分布.

$$P\{Y = 0 | X = 0\} = \frac{P\{X = 0, Y = 0\}}{P\{X = 0\}} = \frac{4}{7},$$
$$P\{Y = 1 | X = 0\} = \frac{3}{7}.$$

例 8　已知 (X, Y) 的概率分布由表 3.5 给出, 求关于 X 和 Y 的边缘概率分布.

表 3.5

X ＼ Y	-1	0	1
-2	0.3	0.1	0.2
2	0.1	0.2	0.1

解　分别将表 3.5 的右边和下边增加一列和一行, 表示得到的 X 和 Y 的边缘概率分布 (表 3.6).

表 3.6

X ＼ Y	-1	0	1	$P\{X = x_i\}$
-2	0.3	0.1	0.2	0.6
2	0.1	0.2	0.1	0.4
$P\{Y = y_j\}$	0.4	0.3	0.3	

即有边缘分布律

X	-2	2
P	0.6	0.4

Y	-1	0	1
P	0.4	0.3	0.3

3.2.2　连续型随机向量的边缘概率密度

定义 5　对于二维随机向量 (X, Y) 中 X(或 Y) 的概率密度 $f_X(x)$(或 $f_Y(y)$) 称为 (X, Y) 关于 X(或 Y) 的**边缘概率密度**, 简称边缘密度.

当 X, Y 的联合概率密度 $f(x, y)$ 已知时, 则关于 X, Y 的边缘分布函数分别为

$$F_X(x) = P\{X \leqslant x\} = P\{X \leqslant x, Y < +\infty\} = F(x, +\infty)$$
$$= \int_{-\infty}^{x} \mathrm{d}u \int_{-\infty}^{+\infty} f(u, v)\mathrm{d}v = \int_{-\infty}^{x} \left[\int_{-\infty}^{+\infty} f(u, v)\mathrm{d}v\right] \mathrm{d}u.$$

同理有

$$F_Y(y) = F(+\infty, y) = \int_{-\infty}^{y} \left[\int_{-\infty}^{+\infty} f(u, v)\mathrm{d}u\right] \mathrm{d}v.$$

这表明 X 和 Y 的边缘密度分别为

$$f_1(x) = f_X(x) = \int_{-\infty}^{+\infty} f(x, y)\mathrm{d}y, \tag{3.7}$$

$$f_2(y) = f_Y(y) = \int_{-\infty}^{+\infty} f(x, y)\mathrm{d}x. \tag{3.8}$$

例 9 设 (X, Y) 服从区域 D 上的均匀分布, 求关于 X 的边缘概率密度 $f_X(x)$, 其中 $D = \{(x, y), -2 \leqslant x, y \leqslant 2\}$.

解 (X, Y) 的概率密度为

$$f(x, y) = \begin{cases} \dfrac{1}{16}, & -2 \leqslant x, y \leqslant 2, \\ 0, & \text{其他}. \end{cases}$$

当 $|x| > 2$ 时, $f_X(x) = 0$.

当 $|x| \leqslant 2$ 时, $f_X(x) = \displaystyle\int_{-2}^{2} \dfrac{1}{16}\mathrm{d}y = \dfrac{1}{4}$.

因此,

$$f_X(x) = \begin{cases} \dfrac{1}{4}, & -2 \leqslant x \leqslant 2, \\ 0, & \text{其他}. \end{cases}$$

类似地

$$f_Y(y) = \begin{cases} \dfrac{1}{4}, & -2 \leqslant y \leqslant 2, \\ 0, & \text{其他}. \end{cases}$$

本例表明, X, Y 都服从区间 $[-2, 2]$ 上的均匀分布.

例 10 设 (X, Y) 服从单位圆域 $D = \{(x, y), x^2 + y^2 \leqslant 4\}$ 上的均匀分布, 求关于 X 和 Y 的边缘概率密度.

解 (X, Y) 的概率密度为

$$f(x, y) = \begin{cases} \dfrac{1}{4\pi}, & x^2 + y^2 \leqslant 4, \\ 0, & \text{其他}. \end{cases}$$

当 $|x| > 2$ 时, $f(x, y) = 0$, 从而 $f_X(x) = 0$.

当 $|x| \leqslant 2$ 时, $f_X(x) = \int_{-\infty}^{+\infty} f(x, y) \mathrm{d}y = \int_{-\sqrt{4-x^2}}^{\sqrt{4-x^2}} \frac{1}{4\pi} \mathrm{d}y = \frac{1}{2\pi}\sqrt{4-x^2}$.

因此, X 的边缘概率密度

$$f_X(x) = \begin{cases} \dfrac{1}{2\pi}\sqrt{4-x^2}, & -2 \leqslant x \leqslant 2, \\ 0, & \text{其他}. \end{cases}$$

类似地

$$f_Y(y) = \begin{cases} \dfrac{1}{2\pi}\sqrt{4-y^2}, & -2 \leqslant y \leqslant 2, \\ 0, & \text{其他}. \end{cases}$$

本例表明, 一个服从均匀分布的二维随机向量, 它的边缘分布不一定是均匀分布.

*3.3   条 件 分 布

一般来说, 随机向量 (X, Y) 中的两个分量 X 和 Y 之间相互是有影响的, 为了进一步地研究它们之间的关系, 本节引入条件分布. 第 1 章介绍了事件的条件概率, 知道 B 事件发生 $(P(B) > 0)$ 的条件下, A 事件发生的概率

$$P(A|B) = \frac{P(AB)}{P(B)}.$$

下面以此为基础来定义随机向量的条件分布.

3.3.1 离散型随机向量的条件概率分布

定义 6   设二维离散型随机向量为 (X, Y), 其概率分布律为

$$p_{ij} = P\{X = x_i, Y = y_j\}, \quad i = 1, 2, \cdots; \ j = 1, 2, \cdots.$$

对某个 y_j, 考虑事件 $\{Y = y_j\}$ 发生的条件下 (即 $P\{Y = y_j\} > 0$), 事件 $\{X = x_i\}$ 发生的概率, 称

$$P\{X = x_i | Y = y_j\} = \frac{P\{X = x_i, Y = y_j\}}{P\{Y = y_j\}} = \frac{p_{ij}}{p_{\cdot j}} \ (i = 1, 2, \cdots) \tag{3.9}$$

为在 $Y = y_j$ **条件下** X **的条件概率分布**.

同理, 考虑事件 $\{X = x_i\}$ 发生的条件下 (即 $P\{X = x_i\} > 0$), 事件 $\{Y = y_j\}$ 发生的概率, 称

$$P\{Y = y_j | X = x_i\} = \frac{P\{X = x_i, Y = y_j\}}{P\{X = x_i\}} = \frac{p_{ij}}{p_{i\cdot}} \ (j = 1, 2, \cdots) \tag{3.10}$$

为在 $X = x_i$ **条件下** Y **的条件概率分布**.

容易看出, 上述条件概率具有如下两条性质:

(1) $P\{X = x_i | Y = y_j\} \geqslant 0$;

(2) $\sum\limits_{i=1}^{\infty} P\{X = x_i | Y = y_j\} = \sum\limits_{i=1}^{\infty} \dfrac{p_{ij}}{p_{\cdot j}} = \dfrac{\sum\limits_{i=1}^{\infty} p_{ij}}{p_{\cdot j}} = \dfrac{p_{\cdot j}}{p_{\cdot j}} = 1.$

类似地, 可讨论 $P\{Y = y_j | X = x_i\}$.

例 11 已知 (X, Y) 的概率分布见下表, 求 $X = 0$ 时 Y 的条件概率分布.

X \ Y	0	1	2
0	0	0.2	0.3
1	0.1	0.2	0.2

解 由 (X, Y) 的概率分布知 X 的边缘分布为

X	0	1
P	0.5	0.5

根据条件分布的定义有

$$P\{Y = 0 | X = 0\} = 0, \quad P\{Y = 1 | X = 0\} = \frac{0.2}{0.5} = \frac{2}{5},$$

$$P\{Y = 2 | X = 0\} = \frac{0.3}{0.5} = \frac{3}{5}.$$

3.3.2 连续型随机向量的条件概率密度

定义 7 设 (X, Y) 为二维连续型随机向量, 它的概率密度为 $f(x, y)$, 关于 Y 的边缘密度 $f_Y(y) = \displaystyle\int_{-\infty}^{+\infty} f(x, y) \mathrm{d}x > 0$, 则称

$$f_{X|Y}(x|y) = \frac{f(x, y)}{f_Y(y)} \tag{3.11}$$

为在 $Y = y$ **条件下随机变量** X **的条件概率密度函数**.

同理关于 X 的边缘密度 $f_X(x) = \displaystyle\int_{-\infty}^{+\infty} f(x, y) \mathrm{d}y > 0$, 则称

$$f_{Y|X}(y|x) = \frac{f(x, y)}{f_X(x)} \tag{3.12}$$

为在 $X = x$ **条件下随机变量** Y **的条件概率密度函数**.

例 12　(X, Y) 的概率密度为

$$f(x,y) = \begin{cases} 8xy^2, & 0 < x < \sqrt{y} < 1, \\ 0, & \text{其他}. \end{cases}$$

试求给定 $Y = y$ 的条件下 X 的条件概率密度 $f_{X|Y}(x|y)$.

解　由 (X, Y) 的概率密度可求得 X 和 Y 的边缘概率密度

$$f_X(x) = \int_{-\infty}^{+\infty} f(x,y)\mathrm{d}y = \begin{cases} \displaystyle\int_{x^2}^{1} 8xy^2 \mathrm{d}y, & 0 < x < 1, \\ 0, & \text{其他} \end{cases}$$

$$= \begin{cases} \dfrac{8}{3}(x - x^7), & 0 < x < 1, \\ 0, & \text{其他}; \end{cases}$$

$$f_Y(y) = \int_{-\infty}^{+\infty} f(x,y)\mathrm{d}x = \begin{cases} \displaystyle\int_{0}^{\sqrt{y}} 8xy^2 \mathrm{d}x, & 0 < y < 1, \\ 0, & \text{其他} \end{cases}$$

$$= \begin{cases} 4y^3, & 0 < y < 1, \\ 0, & \text{其他}. \end{cases}$$

所以有

$$f_{X|Y}(x|y) = \frac{f(x,y)}{f_Y(y)} = \begin{cases} \dfrac{2x}{y}, & 0 < x < \sqrt{y} < 1, \\ 0, & \text{其他}. \end{cases}$$

3.4　随机变量的独立性

第 1 章介绍了事件的独立性. 若有两个事件 A 和 B 满足等式 $P(AB) = P(A)P(B)$, 则事件 A 和事件 B 相互独立. 特别地, 假定有 $A = \{a < X < b\}$, $B = \{c < Y < d\}$, 那么便可以得到随机变量独立性的定义.

定义 8　设二维随机向量 (X, Y), 如果对于任意的 $a < b, c < d$ 有

$$P\{a < X < b, c < Y < d\} = P\{a < X < b\} \cdot P\{c < Y < d\}, \tag{3.13}$$

则称随机变量 X 与 Y 是**相互独立**的.

定理 1　设二维离散型随机向量 (X, Y) 的概率分布和边缘分布分别为

$$p_{ij} = P\{X = x_i, Y = y_j\}, \quad i = 1, 2, \cdots; \ j = 1, 2, \cdots;$$

$$p_{i\cdot} = P\{X = x_i\}, \quad i = 1, 2, \cdots; \quad p_{\cdot j} = P\{Y = y_j\}, \quad j = 1, 2, \cdots,$$

则 X 与 Y 相互独立的充分必要条件是: 对一切 i, j 都有

$$P\{X = x_i, Y = y_j\} = P\{X = x_i\} \cdot P\{Y = y_j\}, \tag{3.14}$$

即 $p_{ij} = p_{i\cdot} \cdot p_{\cdot j}$.

定理 2 设二维连续型随机向量 (X, Y) 的概率密度和边缘密度分别为 $f(x, y)$, $f_X(x)$ 和 $f_Y(y)$, 则 X 与 Y 相互独立的充分必要条件是对于任何 $(x, y) \in \mathbf{R}^2$, 有

$$f(x, y) = f_X(x) f_Y(y). \tag{3.15}$$

证明 充分性: 对任何 $a < b, c < d$, 有

$$
\begin{aligned}
P\{a < X < b, c < Y < d\} &= \iint\limits_{\substack{a < x < b \\ c < y < d}} f(x, y) \mathrm{d}x \mathrm{d}y \\
&= \int_a^b \mathrm{d}x \int_c^d f_X(x) f_Y(y) \mathrm{d}y \\
&= \int_a^b f_X(x) \mathrm{d}x \int_c^d f_Y(y) \mathrm{d}y \\
&= P\{a < X < b\} \cdot P\{c < Y < d\},
\end{aligned}
$$

由独立性定义知, X 与 Y 相互独立.

必要性: 设 X 与 Y 相互独立, 令 $D = \{(x, y) | a < x < b, c < y < d\}$, 则

$$
\begin{aligned}
P\{(x, y) \in D\} &= P\{a < X < b, c < Y < d\} \\
&= P\{a < X < b\} \cdot P\{c < Y < d\} \\
&= \int_a^b f_X(x) \mathrm{d}x \cdot \int_c^d f_Y(y) \mathrm{d}y \\
&= \iint\limits_D f_X(x) f_Y(y) \mathrm{d}x \mathrm{d}y,
\end{aligned}
$$

则函数 $f_X(x) f_Y(y)$ 是 (X, Y) 的概率密度 $f(x, y)$, 定理得证.

对于离散型的情况留给读者自己练习证明.

可以证明, 如果 X 与 Y 相互独立, 它们的连续函数 $g(X)$ 与 $h(Y)$ 也一定独立. 特别地, 两个独立随机变量的线性函数 $aX + b$ 与 $cY + d(ac \neq 0)$ 也是独立的. 这个结论今后将经常用到.

随机变量独立性的定义可以推广到多个随机变量独立的情况.

定义 9 设 $(X_1, X_2, \cdots, X_n)$ 是 n 维随机变量, 如果对于任意的 $a_i < b_i$, $i = 1, 2, \cdots, n$, 有

$$P\{a_1 < X_1 < b_1, a_2 < X_2 < b_2, \cdots, a_n < X_n < b_n\}$$

$$=P\{a_1 < X_1 < b_1\}P\{a_2 < X_2 < b_2\}\cdots P\{a_n < X_n < b_n\},$$

则称这 n 个随机变量 $X_1, X_2, \cdots, X_n$ 是相互独立的.

(1) 离散型随机变量 $X_1, X_2, \cdots, X_n$ 相互独立的充分必要条件是, 对于任何 $x_1, x_2, \cdots, x_n$, 有

$$P\{X_1 = x_1, X_2 = x_2, \cdots, X_n = x_n\}$$
$$=P\{X_1 = x_1\}P\{X_2 = x_2\}\cdots P\{X_n = x_n\}. \tag{3.16}$$

(2) 连续型随机变量 $X_1, X_2, \cdots, X_n$ 相互独立的充分必要条件是它们的联合概率密度等于边缘概率密度的乘积, 即对于任何 $x_1, x_2, \cdots, x_n$, 有

$$f(x_1, x_2, \cdots, x_n) = f_{X_1}(x_1)f_{X_2}(x_2)\cdots f_{X_n}(x_n). \tag{3.17}$$

不难证明, **如果随机变量**$X_1, X_2, \cdots, X_n$**相互独立, 则它们中的任意**m**个**$(1 < m \leqslant n)$**随机变量**$X_{i_1}, X_{i_2}, \cdots, X_{i_m}$**也是相互独立的.**

定义 10　如果随机变量序列 $X_1, X_2, \cdots, X_n, \cdots$ 中任意 $n(n = 2, 3, \cdots)$ 个随机变量都是相互独立的, 则称该**随机变量序列**$X_1, X_2, \cdots, X_n, \cdots$**是相互独立的.** 进一步, 若所有 X_i 的分布都相同, 则称 $X_1, X_2, \cdots, X_n, \cdots$ **是独立同分布的随机变量序列.**

例 13　设 (X_1, X_2) 的概率分布为

X_1 \ X_2	2	3
2	0.1	0.3
3	0.5	0.1

试判断 X_1 与 X_2 是否独立?

解　先求边缘概率分布:

$$P\{X_1 = 2\} = 0.1 + 0.3 = 0.4,$$

类似地,

$$P\{X_1 = 3\} = 0.6, \quad P\{X_2 = 2\} = 0.6, \quad P\{X_2 = 3\} = 0.4.$$

由于

$$P\{X_1 = 2\}P\{X_2 = 2\} = 0.4 \times 0.6 = 0.24,$$

而

$$P\{X_1 = 2, X_2 = 2\} = 0.1,$$

$$P\{X_1 = 2, X_2 = 2\} \neq P\{X_1 = 2\}P\{X_2 = 2\}.$$

因此, X_1 与 X_2 不是独立的.

例 14 设 X 与 Y 相互独立, 其概率分布分别为

X	-1	0	1
P	0.1	0.4	0.5

Y	1	3	5
P	0.2	0.3	0.5

求 (X, Y) 的概率分布.

解 由 X 与 Y 相互独立, 知对所有的 i, j 有

$$P\{X = x_i, Y = y_j\} = P\{X = x_i\} \cdot P\{Y = y_j\},$$

$$P\{X = -1, Y = 1\} = P\{X = -1\} \cdot P\{Y = 1\} = 0.1 \times 0.2 = 0.02,$$

$$P\{X = -1, Y = 3\} = P\{X = -1\} \cdot P\{Y = 3\} = 0.1 \times 0.3 = 0.03,$$

$$P\{X = -1, Y = 5\} = P\{X = -1\} \cdot P\{Y = 5\} = 0.1 \times 0.5 = 0.05,$$

$$P\{X = 0, Y = 1\} = P\{X = 0\} \cdot P\{Y = 1\} = 0.4 \times 0.2 = 0.08,$$

$$P\{X = 0, Y = 3\} = P\{X = 0\} \cdot P\{Y = 3\} = 0.4 \times 0.3 = 0.12,$$

$$P\{X = 0, Y = 5\} = P\{X = 0\} \cdot P\{Y = 5\} = 0.4 \times 0.5 = 0.2,$$

$$P\{X = 1, Y = 1\} = P\{X = 1\} \cdot P\{Y = 1\} = 0.5 \times 0.2 = 0.1,$$

$$P\{X = 1, Y = 3\} = P\{X = 1\} \cdot P\{Y = 3\} = 0.5 \times 0.3 = 0.15,$$

$$P\{X = 1, Y = 5\} = P\{X = 1\} \cdot P\{Y = 5\} = 0.5 \times 0.5 = 0.25.$$

于是, 得到 (X, Y) 的概率分布为

X \ Y	1	3	5
-1	0.02	0.03	0.05
0	0.08	0.12	0.2
1	0.1	0.15	0.25

例 15 设二维随机向量 (X, Y) 服从区域 D 上的均匀分布, 判断 X 与 Y 是否独立, 其中

(1) $D = \{(x, y), |x| \leqslant 2, |y| \leqslant 2\}$;

(2) $D = \{(x,y), x^2 + y^2 \leqslant 4\}$.

解　对于 (1), 由例 9 计算结果, X, Y 的边缘概率密度分别是

$$f_X(x) = \begin{cases} \dfrac{1}{4}, & |x| \leqslant 2, \\ 0, & \text{其他}; \end{cases} \qquad f_Y(y) = \begin{cases} \dfrac{1}{4}, & |y| \leqslant 2, \\ 0, & \text{其他}. \end{cases}$$

而 (X, Y) 的概率密度为 $f(x,y) = \begin{cases} \dfrac{1}{16}, & |x| \leqslant 2, |y| \leqslant 2, \\ 0, & \text{其他}, \end{cases}$ 可见, 对于任何 x, y, 有

$$f(x,y) = f_X(x) f_Y(y),$$

因此, X 与 Y 独立.

对于 (2), 由例 10 计算结果知, $f(x,y) = \begin{cases} \dfrac{1}{4\pi}, & x^2 + y^2 \leqslant 4, \\ 0, & \text{其他}. \end{cases}$

X, Y 的边缘概率密度分别是

$$f_X(x) = \begin{cases} \dfrac{1}{2\pi}\sqrt{4 - x^2}, & -2 \leqslant x \leqslant 2, \\ 0, & \text{其他}, \end{cases}$$

$$f_Y(y) = \begin{cases} \dfrac{1}{2\pi}\sqrt{4 - y^2}, & -2 \leqslant y \leqslant 2, \\ 0, & \text{其他}. \end{cases}$$

显然, 当 $x = 0, y = 0$ 时, $f(x,y) \neq f_X(x) f_Y(y)$, 因此 X 与 Y 不独立.

例 16　若 X, Y 的联合概率密度为

$$f(x,y) = \begin{cases} x + y, & 0 \leqslant x, y \leqslant 1, \\ 0, & \text{其他}. \end{cases}$$

问 X 与 Y 是否独立?

解　为判断 X 与 Y 是否独立, 只需看边缘概率密度 $f_X(x)$ 与 $f_Y(y)$ 的乘积是否等于联合概率密度, 为此先求边缘概率密度.

当 $x < 0$ 或 $x > 1$ 时, $f_X(x) = 0$.

而当 $0 \leqslant x \leqslant 1$ 时, 有

$$f_X(x) = \int_0^1 (x + y)\mathrm{d}y = x + \frac{1}{2}.$$

因此

$$f_X(x) = \begin{cases} x + \dfrac{1}{2}, & 0 \leqslant x \leqslant 1, \\ 0, & \text{其他}. \end{cases}$$

同样地, 当 $y < 0$ 或 $y > 1$ 时, $f_Y(y) = 0$. 而当 $0 \leqslant y \leqslant 1$ 时, 有

$$f_Y(y) = \int_0^1 (x + y)\mathrm{d}x = y + \frac{1}{2}.$$

因此

$$f_Y(y) = \begin{cases} y + \dfrac{1}{2}, & 0 \leqslant y \leqslant 1, \\ 0, & \text{其他.} \end{cases}$$

由此得 $f(x, y) \neq f_X(x)f_Y(y)$, 所以 X 与 Y 不独立.

3.5 多维随机向量函数的分布

之前已经讨论了二维随机向量 (X, Y) 的分布, 并能够利用分布去求解其边缘分布. 那么能不能进一步求以分量 X 和 Y 为自变量的函数的分布呢? 本节将研究已知 X 和 Y 联合分布时怎样计算其分量的函数 $Z = g(X, Y)$ 的分布问题. 下面通过例题分别对离散型、连续型两种情形进行讨论.

3.5.1 二维离散型随机向量函数的分布

对于二维离散型随机向量函数的分布, 这里仅举例说明其求法.

例 17 设随机向量 (X, Y) 的概率分布如下

X \ Y	-1	0	1
-1	0.5	0.1	0.1
2	0.2	0	0.1

求二维随机向量函数 Z 的分布:

(1) $Z = X + Y$;

(2) $Z = XY$.

解 由 (X, Y) 的概率分布可知.

(1) $Z = X + Y$ 的所有可能取值为 $-2, -1, 0, 1, 3$, 把 Z 值相同项对应的概率值合并, 则其概率分布为

Z	-2	-1	0	1	3
P	0.5	0.1	0.1	0.2	0.1

(2) $Z = XY$ 的所有可能取值为 $-2, -1, 0, 1, 2$, 则其概率分布为

Z	-2	-1	0	1	2
P	0.2	0.1	0.1	0.5	0.1

3.5.2　二维连续型随机向量函数的分布

相对于离散型情形, 连续型随机向量的函数的求法就比较复杂.

例 18(随机变量和的分布)　设二维随机向量 (X, Y) 的概率密度函数为 $f(x, y)$, 求 $Z = X + Y$ 的概率密度函数.

解　由于对于任何 $a < b$, 都有

$$
\begin{aligned}
P\{a < Z < b\} &= \int_{a<z<b} f_Z(z)\mathrm{d}z = P\{a < X + Y < b\} \\
&= \iint_{a<x+y<b} f(x, y)\mathrm{d}x\mathrm{d}y \\
&= \int_{-\infty}^{+\infty} \mathrm{d}y \int_{a-y}^{b-y} f(x, y)\mathrm{d}x \\
&\xlongequal{\diamondsuit z=x+y} \int_{-\infty}^{+\infty} \left[\int_a^b f(z - y, y)\mathrm{d}z \right] \mathrm{d}y \\
&= \int_a^b \left[\int_{-\infty}^{+\infty} f(z - y, y)\mathrm{d}y \right] \mathrm{d}z,
\end{aligned}
$$

则 Z 的概率密度 $f_Z(z)$ 为

$$
f_Z(z) = \int_{-\infty}^{+\infty} f(z - y, y)\mathrm{d}y, \tag{3.18}
$$

类似可得

$$
f_Z(z) = \int_{-\infty}^{+\infty} f(x, z - x)\mathrm{d}x. \tag{3.19}
$$

特别地, 如果 X 与 Y 相互独立, 则有

$$
f_Z(z) = \int_{-\infty}^{+\infty} f_X(z - y)f_Y(y)\mathrm{d}y, \tag{3.20}
$$

$$
f_Z(z) = \int_{-\infty}^{+\infty} f_X(x)f_Y(z - x)\mathrm{d}x. \tag{3.21}
$$

以上叙述表明, 两个连续型随机变量之和仍是连续型随机变量, 其概率密度可计算. 其中式 (3.20) 和式 (3.21) 这两个公式称为**卷积公式**.

下面的定理 3 是卷积公式的一个重要应用.

定理 3　设随机变量 X 与 Y 相互独立, 且 $X \sim N(\mu_1, \sigma_1^2)$, $Y \sim N(\mu_2, \sigma_2^2)$, 则

$$
Z = X + Y \sim N(\mu_1 + \mu_2, \sigma_1^2 + \sigma_2^2). \tag{3.22}
$$

证明 首先指出 $Z = X + Y$ 在 $(-\infty, +\infty)$ 上取值, 利用卷积公式 (3.20) 可得

$$f_Z(z) = \frac{1}{2\pi\sigma_1\sigma_2} \int_{-\infty}^{+\infty} \exp\left\{-\frac{1}{2}\left[\frac{(z-y-\mu_1)^2}{\sigma_1^2} + \frac{(y-\mu_2)^2}{\sigma_2^2}\right]\right\}\mathrm{d}y,$$

对上式被积函数中的指数部分按 y 的幂次展开, 再合并同类项, 不难得到

$$\frac{(z-y-\mu_1)^2}{\sigma_1^2} + \frac{(y-\mu_2)^2}{\sigma_2^2} = A\left(y - \frac{B}{A}\right)^2 + \frac{(y-\mu_1-\mu_2)^2}{\sigma_1^2+\sigma_2^2},$$

其中

$$A = \frac{1}{\sigma_1^2} + \frac{1}{\sigma_2^2}, \quad B = \frac{z-\mu_1}{\sigma_1^2} + \frac{\mu_2}{\sigma_2^2},$$

代回原式, 可得

$$f_Z(z) = \frac{1}{2\pi\sigma_1\sigma_2} \exp\left\{-\frac{1}{2}\frac{(z-\mu_1-\mu_2)^2}{\sigma_1^2+\sigma_2^2}\right\} \cdot \int_{-\infty}^{+\infty} \exp\left\{-\frac{A}{2}\left(y - \frac{B}{A}\right)^2\right\}\mathrm{d}y.$$

利用正态概率密度的性质, 上式中的积分应为 $\dfrac{\sqrt{2\pi}}{\sqrt{A}}$, 于是

$$f_Z(z) = \frac{1}{\sqrt{2\pi(\sigma_1^2+\sigma_2^2)}} \exp\left\{-\frac{1}{2}\frac{(z-\mu_1-\mu_2)^2}{\sigma_1^2+\sigma_2^2}\right\},$$

这正是参数为 $\mu_1 + \mu_2$, $\sigma_1^2 + \sigma_2^2$ 的正态概率密度.

在定理 3 基础上, 用数学归纳法, 可得如下推论.

推论 1 有限个相互独立且均服从正态分布的随机变量, 其和也服从正态分布. 换句话说, 如果随机变量 $X_i \sim N(\mu_i, \sigma_i^2)$, $i = 1, 2, \cdots, n$, 且 $X_1, X_2, \cdots, X_n$ 相互独立, 则有

$$X_1 + X_2 + \cdots + X_n \sim N(\mu_1 + \mu_2 + \cdots + \mu_n, \sigma_1^2 + \sigma_2^2 + \cdots + \sigma_n^2). \tag{3.23}$$

其实, 还有更一般的结论.

推论 2 有限个相互独立且均服从正态分布的随机变量, 其任何线性组合也服从正态分布. 换句话说, 如果随机变量 $X_i \sim N(\mu_i, \sigma_i^2)$, $i = 1, 2, \cdots, n$, 且 $X_1, X_2, \cdots, X_n$ 相互独立, 任意常数 $a_1, a_2, \cdots, a_n$ 不全为零, 则有

$$\sum_{i=1}^{n} a_i X_i \sim N\left(\sum_{i=1}^{n} a_i\mu_i, \sum_{i=1}^{n} a_i^2\sigma_i^2\right). \tag{3.24}$$

例 19 设随机变量 $X_1 \sim N(0, 1)$, $X_2 \sim N(1, 4)$ 且 X_1, X_2 相互独立. 求 $Z = X_1 + X_2$ 的分布.

解　由推论 1 得 $Z = X_1 + X_2 \sim N(1,5)$.

这是正态分布的一个重要性质: 正态分布对于独立和运算具有封闭性.

例 20　设随机变量 X 与 Y 相互独立, $X \sim U(0,1)$, $Y \sim U(0,2)$, 求 $Z = \max\{X,Y\}$ 的分布.

解　由题设, 有

$$f_X(x) = \begin{cases} 1, & 0 < x < 1, \\ 0, & \text{其他}, \end{cases} \qquad F_X(x) = \begin{cases} 0, & x \leqslant 0, \\ x, & 0 < x < 1, \\ 1, & x \geqslant 1; \end{cases}$$

$$f_Y(y) = \begin{cases} 1/2, & 0 < y < 2, \\ 0, & \text{其他}, \end{cases} \qquad F_Y(y) = \begin{cases} 0, & y \leqslant 0, \\ y/2, & 0 < y < 2, \\ 1, & y \geqslant 2. \end{cases}$$

因为 $F_Z(z) = P\{Z \leqslant z\} = P\{\max\{X,Y\} \leqslant z\} = P\{X \leqslant z, Y \leqslant z\}$, X 与 Y 相互独立, 所以有

$$F_Z(z) = P\{X \leqslant z\}P\{Y \leqslant z\} = F_X(z) \cdot F_Y(z).$$

等式两边对 z 求导得

$$f_Z(z) = f_X(z) \cdot F_Y(z) + F_X(z) \cdot f_Y(z).$$

因此, $Z = \max\{X,Y\}$ 的密度函数为

$$f_Z(z) = \begin{cases} z, & 0 < z < 1, \\ 1/2, & 1 \leqslant z < 2, \\ 0, & \text{其他}. \end{cases}$$

习　题　三

1. 将两个乒乓球随机地放入三个盒子中, 设 X, Y 表示投入 1 号盒和 2 号盒中的球的数目, 求 X 和 Y 的联合概率分布及边缘概率分布.

2. 设 (X, Y) 的概率分布由下表给出

X ＼ Y	-1	0	2
0	0.1	0.2	0
1	0.3	0.05	0.1
2	0.15	0	0.1

求 (1) $P\{X \neq 0, Y = 0\}$;　(2) $P\{X \leqslant 0, Y \leqslant 0\}$;　(3) $P\{XY = 0\}$;　(4) $P\{X = Y\}$;
(5) $P\{|X| = |Y| = 0\}$.

3. 一个袋中有 5 个球, 其中有白球 2 个, 黑球 3 个, 从中任取 4 个球, 记 X 表示取到的黑球数目, Y 表示取到的白球数目, 求 (X, Y) 的概率分布及 X 与 Y 的边缘概率分布.

4. 将一颗骰子连续掷两次, 令 X 为第一次掷出的点数, Y 为两次掷出的最大点数, 求 (X, Y) 的概率分布和边缘分布.

5. 第 3 题中袋内球的组成不变, 但是改为有放回抽取, 一次抽取一球抽 4 次,

$$X_i = \begin{cases} 0, & \text{第}i\text{次取到白球}, \\ 1, & \text{第}i\text{次取到黑球}, \end{cases}$$

求 (X_1, X_2) 的概率分布.

6. 设二维随机向量 (X, Y) 具有密度函数

$$f(x, y) = \begin{cases} C \cdot \mathrm{e}^{-2(x+y)}, & 0 < x < +\infty, 0 < y < +\infty, \\ 0, & \text{其他}, \end{cases}$$

试求 (1) 常数 C;

(2) 分布函数 $F(x, y)$;

(3) 边缘密度 $f_X(x)$ 和 $f_Y(y)$;

(4) 求 (X, Y) 落在直线 $x + y = 1$ 与 x 轴、y 轴围成的区域 G 内的概率.

7. 已知随机变量 X 与 Y 的联合概率分布为

X ＼ Y	1	$\dfrac{3}{2}$	2
0	0.2	0.2	0.1
1	0.2	0.1	0.2

完成下表, 使之成为在 $X = 0$ 条件下随机变量 Y 的条件概率分布表.

Y	1	$\dfrac{3}{2}$	—
p	—	0.4	—

8. 求第 4 题中随机变量 Y 在 $X = x_i$ 下的条件概率分布.

*9. 设随机向量 (X, Y) 的概率密度为

$$f(x, y) = \begin{cases} 4xy, & 0 \leqslant x \leqslant 1, 0 \leqslant y \leqslant 1, \\ 0, & \text{其他}. \end{cases}$$

求条件概率密度 $f_{X|Y}(x|y)$ 及 $f_{Y|X}(y|x)$.

10. 设 (X, Y) 的概率分布为

X＼Y	-1	0	2
0	0.1	0.05	0.1
1	0.1	0.05	0.1
2	0.2	0.1	0.2

证明 X 与 Y 相互独立.

11. 已知 X, Y 相互独立, 且 X, Y 的概率分布分别为

X	0	1	2
P	0.25	0.25	0.5

Y	-1	0	2
P	0.4	0.2	0.4

试求 (X, Y) 的概率分布.

12. 设二维随机向量 $(X, Y) \sim f(x, y)$, 并且

$$f(x, y) = \begin{cases} 6e^{-(2x+3y)}, & x \geqslant 0, y \geqslant 0, \\ 0, & \text{其他}. \end{cases}$$

求分布函数 $F(x, y)$, 并计算概率 $P\{(X, Y) \in D\}$, 其中 D 是由 $2x + 3y = 6$ 和 x 轴及 y 轴所围成的部分.

13. 随机向量 (X, Y) 服从区域 D 上的均匀分布, 求概率密度 $f(x, y)$, 其中 D 为下面给定的区域:

(1) $D = \{(x, y), 0 \leqslant x \leqslant 1, 2 \leqslant y \leqslant 4\}$;

(2) $D = \left\{(x, y), \dfrac{x^2}{9} + \dfrac{y^2}{4} \leqslant 1\right\}$;

(3) $D = \{(x, y), x^2 + y^2 \leqslant 2y\}$.

14. 求上题中关于 X 及关于 Y 的边缘概率密度.

15. 分别判断第 4, 6, 13 各题中的随机变量 X 与 Y 是否独立?

16. 设随机向量 (X, Y) 的概率密度为

$$f(x, y) = \begin{cases} axy^2, & 0 \leqslant x \leqslant 2, 0 \leqslant y \leqslant 1, \\ 0, & \text{其他}. \end{cases}$$

(1) 求参数 a;

(2) 证明 X 与 Y 相互独立.

17. 随机向量 (X, Y) 的概率密度

$$f(x, y) = \begin{cases} c(1 - \sqrt{x^2 + y^2}), & x^2 + y^2 < 1, \\ 0, & x^2 + y^2 \geqslant 1. \end{cases}$$

求 (1) 参数 c; (2) 随机向量落在圆 $x^2 + y^2 \leqslant r^2 (r < 1)$ 内的概率.

18. 设随机变量 X_1 与 X_2 独立, 其概率分布如下表所示, 令 $Y = X_1 \cdot X_2, Z = X_1 + X_2$, 求随机向量 (X_1, X_2) 的概率分布及 Y, Z 的概率分布.

X_1	0	1
P	0.6	0.4

X_2	1	2	3
P	0.5	0.3	0.2

*19. 设随机变量 X_1 与 X_2 独立, 且 $X_i \sim B(2, 0.8)$, $i = 1, 2$. 令 $X = X_1 + X_2$, $Y = X_1 \cdot X_2$, 求 X 和 Y 的概率分布.

20. 随机变量 X 与 Y 独立, 且 X 与 Y 都服从 $\lambda = 2$ 的指数分布, 写出随机变量 $X + Y$ 的概率密度.

21. 随机变量 X 与 Y 独立, 且 (X, Y) 服从区域 D 上的均匀分布, 其中 $D = \{0 \leqslant x \leqslant 1, 0 \leqslant y \leqslant 2\}$, 写出随机向量 (X, Y) 的概率密度, 求 $Z_1 = XY$ 和 $Z_2 = \min\{X, Y\}$ 的概率密度.

22. 设 X 与 Y 是两个相互独立的随机变量, 其概率密度分别为

$$f_X(x) = \begin{cases} 1, & 0 \leqslant x \leqslant 1, \\ 0, & \text{其他}, \end{cases}$$

$$f_Y(y) = \begin{cases} \mathrm{e}^{-y}, & y \geqslant 0, \\ 0, & y \leqslant 0. \end{cases}$$

求 $T = X + Y$ 的概率密度.

*23. 设 X 与 Y 相互独立, 概率密度为

$$f_X(x) = f_Y(y) = \begin{cases} 0, & x \leqslant 0, \\ a\mathrm{e}^{-ax}, & x > 0, a > 0. \end{cases}$$

试求 $Z = \dfrac{X}{Y}$ 的概率密度 $f_Z(z)$.

选 做 题 三

1. 设随机向量 (X, Y) 服从二维正态分布, 且 X 与 Y 独立, $f_X(x)$ 和 $f_Y(y)$ 分别表示 X, Y 的概率密度, 则在 $Y = y$ 的条件下, X 的概率密度 $f_{X|Y}(x|y)$ 为 (   ).

(A) $f_X(x)$ \qquad (B) $f_X(y)$ \qquad (C) $f_X(x)f_Y(y)$ \qquad (D) $\dfrac{f_X(x)}{f_Y(y)}$

2. 设随机变量 X 与 Y 独立同分布, 且 X 的分布函数为 $F(x)$, 则 $Z = \max\{X, Y\}$ 的分布函数为 (   ).

(A) $F^2(x)$ \qquad (B) $F(x)F(y)$ \qquad (C) $1 - [1 - F(x)]^2$ \qquad (D) $\dfrac{f_X(x)}{f_Y(y)}$

3. 设随机向量 X 与 Y 相互独立, 且 X 服从标准正态分布 $N(0,1)$, Y 的概率分布为 $P\{Y = 0\} = P\{Y = 1\} = \dfrac{1}{2}$, 记 $F_Z(z)$ 为随机向量 $Z = XY$ 的分布函数, 则函数 $F_Z(z)$ 的间断点个数为 (　　).

(A) 0 　　　　　　　(B) 1 　　　　　　　(C) 2 　　　　　　　(D) 3

4. 设随机变量 X 与 Y 相互独立, 且分别服从参数为 1 和参数为 4 的指数分布, 则 $P\{X < Y\} = ($　　$)$.

(A) $\dfrac{1}{5}$ 　　　　　(B) $\dfrac{1}{3}$ 　　　　　(C) $\dfrac{2}{5}$ 　　　　　(D) $\dfrac{4}{5}$

5. 设二维随机向量 (X, Y) 的概率密度为

$$f(x, y) = \begin{cases} 2 - x - y, & 0 < x < 1, 0 < y < 1, \\ 0, & 其他. \end{cases}$$

求 (1) $P\{X > 2Y\}$;

(2) $Z = X + Y$ 的概率密度 $f_Z(z)$.

6. 设随机变量 X 与 Y 相互独立, 且 X 的概率分布为 $P\{X = i\} = \dfrac{1}{3}(i = -1, 0, 1)$, Y 的概率密度为 $f_Y(y) = \begin{cases} 1, & 0 < y < 1, \\ 0, & 其他. \end{cases}$ 记 $Z = X + Y$,

(1) 求 $P\left\{Z \leqslant \dfrac{1}{2} \middle| X = 0\right\}$;

(2) 求 Z 的概率密度 $f_Z(z)$.

7. 袋中有 1 个红球, 2 个黑球, 3 个白球, 现有放回地抽取两次, 每次取一个球, 以 X, Y, Z 分别表示两次中取到的红球、黑球和白球的数目.

(1) 求 $P\{X = 1 | Z = 0\}$;

(2) 求二维随机向量 (X, Y) 的概率分布.

8. 设二维随机向量 (X, Y) 的概率密度为

$$f(x, y) = \begin{cases} \mathrm{e}^x, & 0 < y < x, \\ 0, & 其他. \end{cases}$$

(1) 求条件概率密度 $f_{Y|X}(y|x)$;

(2) 求条件概率 $P\{X \leqslant 1 | Y \leqslant 1\}$.

9. 设二维随机变量 (X, Y) 的概率密度为

$$f(x, y) = A\mathrm{e}^{-2x + 2xy - y^2} \ (-\infty < x, y < +\infty).$$

求 A 及条件概率密度 $f_{Y|X}(y|x)$.

10. 箱内有 6 个球, 其中红球、白球、黑球的个数分别为 1, 2, 3. 现从箱中随机地取出 2 个球, 记 X 为取出的红球个数, Y 为取出的白球个数, 求二维随机向量 (X, Y) 的概率分布.

11. 设 X 与 Y 的概率分布分别为

X	0	1
P	$\dfrac{1}{3}$	$\dfrac{2}{3}$

Y	-1	0	1
P	$\dfrac{1}{3}$	$\dfrac{1}{3}$	$\dfrac{1}{3}$

且 $P\{X^2 = Y^2\} = 1$ (1) 求 (X, Y) 的概率分布; (2) 求 $Z = XY$ 的概率分布.

12. 设 (X, Y) 在 G 上服从均匀分布, G 由 $x - y = 0, x + y = 2$ 与 $y = 0$ 围成. (1) 求边缘概率密度 $f_X(x)$; (2) 求 $f_{X|Y}(x|y)$.

13. 设二维随机向量 (X, Y) 的概率分布为

X $\diagdown$ Y	0	1	2
0	$\dfrac{1}{4}$	0	$\dfrac{1}{4}$
1	0	$\dfrac{1}{3}$	0
2	$\dfrac{1}{12}$	0	$\dfrac{1}{12}$

求 $P\{X = 2Y\}$.

14. 已知随机变量 X, Y 以及 XY 的概率分布见下表.

X	0	1	2
P	$\dfrac{1}{2}$	$\dfrac{1}{3}$	$\dfrac{1}{6}$

Y	0	1	2
P	$\dfrac{1}{3}$	$\dfrac{1}{3}$	$\dfrac{1}{3}$

XY	0	1	2	4
P	$\dfrac{7}{12}$	$\dfrac{1}{3}$	0	$\dfrac{1}{12}$

求 $P\{X = 2Y\}$.

15. 设随机变量 X 和 Y 独立, 且都服从参数为 1 的指数分布, 其中 $V = \min\{X, Y\}$. 求 V 的概率密度.

第4章 随机变量的数字特征

前面我们讨论的随机变量的分布函数, 能够完整地描述随机变量的统计规律性, 但是在许多实际问题中, 人们并不需要去全面考察随机变量的变化情况, 而只要知道它的某些特征即可.

例如, 评定射击运动员的射击水平时, 常感兴趣的是他命中的环数的平均值, 以及命中点的集中程度. 命中环数的平均值越大, 说明运动员的水平越高; 命中点越集中, 说明运动员水平越稳定. 这些与随机变量有关的数值, 我们称为随机变量的数字特征, 这些数字特征在概率论与数理统计中起着重要的作用. 本章主要介绍随机变量的数学期望和方差、随机变量的矩以及两个随机变量的协方差和相关系数.

4.1 随机变量的数学期望

4.1.1 离散型随机变量的数学期望

平均值是日常生活中最重要的数字特征之一, 已经广泛应用于社会生活和生产实践的各个领域, 它对评判事物、作出决策等具有重要作用.

例如, 在某次教师技能大奖赛上, 七位评委为某选手打出的分数如下

$$9.5, \quad 8.9, \quad 9.5, \quad 9.8, \quad 9.6, \quad 9.5, \quad 9.7,$$

去掉一个最高分和一个最低分后, 该教师的平均分是多少?

如果用随机变量 X 表示有效分数, 则 X 的概率分布为

X	9.5	9.6	9.7
P	0.6	0.2	0.2

这时该选手的平均分为

$$\frac{3 \times 9.5 + 1 \times 9.6 + 1 \times 9.7}{5} = 0.6 \times 9.5 + 0.2 \times 9.6 + 0.2 \times 9.7 = 9.56.$$

以上平均分数称为随机变量的数学期望, 不难看出, 它等于随机变量的取值与对应概率乘积的和, 下面我们把这个现象用分析的语言描述出来.

定义 1 设离散型随机变量 X 的概率分布为

X	x_1	x_2	$\cdots$	x_n	$\cdots$
P	p_1	p_2	$\cdots$	p_n	$\cdots$

即 $P\{X = x_i\} = p_i, i = 1, 2, \cdots$, 若级数 $\sum\limits_{i=1}^{\infty} x_i p_i = x_1 p_1 + x_2 p_2 + \cdots + x_n p_n + \cdots$

绝对收敛 $\left(\text{即} \sum\limits_{i=1}^{\infty} |x_i p_i| < +\infty\right)$, 则称其和为 X 的**数学期望**, 简称**期望**, 也称为**均值**, 记作 EX, 即

$$EX = \sum_{i=1}^{\infty} x_i p_i. \tag{4.1}$$

否则, 称 X 的数学期望不存在.

例 1 设随机变量 X 服从参数为 p 的 (0-1) 分布, 求 EX.

解 由题设知, X 的概率分布为

X	0	1
P	$1-p$	p

于是 $EX = 0 \cdot (1-p) + 1 \cdot p = p$.

例 2 一批产品中有一、二、三等品及废品四种, 相对应的比例分别为 60%, $20\%, 10\%$ 和 10%, 若各等级产品对应的产值分别为 6 元, 4.8 元, 4 元和 0 元, 求产品的平均产值.

解 设产品的产值为 X 元, 根据题意 X 的概率分布为

X	0	4	4.8	6
P	0.1	0.1	0.2	0.6

于是

$$EX = 4 \times 0.1 + 4.8 \times 0.2 + 6 \times 0.6 = 4.96 \ (\text{元}).$$

例 3 设随机变量 $X \sim B(n, p)$, 求 EX.

解 因为 $X \sim B(n, p)$, 所以 X 的概率分布为

$$P\{X = k\} = C_n^k p^k (1-p)^{n-k}, \quad k = 0, 1, 2, \cdots, n.$$

于是

$$EX = \sum_{k=0}^{n} k C_n^k p^k (1-p)^{n-k} = \sum_{k=0}^{n} \frac{kn!}{k!(n-k)!} p^k (1-p)^{n-k}$$

$$= \sum_{k=1}^{n} \frac{np(n-1)! p^{k-1} (1-p)^{(n-1)-(k-1)}}{(k-1)![(n-1)-(k-1)]!}$$

$$= np[p + (1-p)]^{n-1} = np.$$

例 4   设随机变量 X 服从参数为 λ 的泊松分布, 求 EX.

解   根据题意, X 的概率分布为

$$P\{X = m\} = \frac{\lambda^m \mathrm{e}^{-\lambda}}{m!}, \quad m = 0, 1, 2, \cdots, n.$$

于是

$$EX = \sum_{m=0}^{\infty} m \frac{\lambda^m \mathrm{e}^{-\lambda}}{m!} = \lambda \mathrm{e}^{-\lambda} \sum_{m=1}^{\infty} \frac{\lambda^{m-1}}{(m-1)!} = \lambda \mathrm{e}^{-\lambda} \mathrm{e}^{\lambda} = \lambda.$$

4.1.2   连续型随机变量的数学期望

定义 2   设连续型随机变量 X 的概率密度为 $f(x)$, 若 $\int_{-\infty}^{+\infty} xf(x)\mathrm{d}x$ 绝对收敛 $\left(\text{即} \int_{-\infty}^{+\infty} |xf(x)|\,\mathrm{d}x < +\infty\right)$, 则称 $\int_{-\infty}^{+\infty} xf(x)\mathrm{d}x$ 为 X 的**数学期望**, 记作 EX, 即

$$EX = \int_{-\infty}^{+\infty} xf(x)\mathrm{d}x. \tag{4.2}$$

否则, 称 X 数学期望不存在.

例 5   设随机变量 X 服从区间 $[a, b]$ 上的均匀分布, 求 EX.

解   根据题意得

$$X \sim f(x) = \begin{cases} \dfrac{1}{b-a}, & a \leqslant x \leqslant b, \\ 0, & \text{其他}, \end{cases}$$

于是

$$\begin{aligned}
EX &= \int_{-\infty}^{+\infty} xf(x)\mathrm{d}x = \int_a^b x \cdot \frac{1}{b-a}\mathrm{d}x \\
&= \frac{1}{b-a} \left.\frac{x^2}{2}\right|_a^b = \frac{a+b}{2}.
\end{aligned}$$

该例表明, 一维均匀分布的期望为该随机变量取值区间的中点.

例 6   设随机变量 X 服从参数 $\lambda(\lambda > 0)$ 的指数分布, 求 EX.

解   根据题意得 $X \sim f(x) = \begin{cases} \lambda \mathrm{e}^{-\lambda x}, & x > 0, \\ 0, & \text{其他}, \end{cases}$ 于是

$$\begin{aligned}
EX &= \int_{-\infty}^{+\infty} xf(x)\mathrm{d}x = \int_0^{+\infty} \lambda x \mathrm{e}^{-\lambda x}\mathrm{d}x \\
&= -\left. x\mathrm{e}^{-\lambda x}\right|_0^{+\infty} + \int_0^{+\infty} \mathrm{e}^{-\lambda x}\mathrm{d}x \\
&= -\frac{1}{\lambda}\left. \mathrm{e}^{-\lambda x}\right|_0^{+\infty} = \frac{1}{\lambda}.
\end{aligned}$$

例 7 已知连续型随机变量 X 的分布函数

$$F(x) = \begin{cases} 0, & x \leqslant 0, \\ \dfrac{1}{2}x, & 0 < x \leqslant 2, \\ 1, & x > 2, \end{cases}$$

求 EX.

解 根据题意随机变量 X 的密度函数为

$$f(x) = F'(x) = \begin{cases} \dfrac{1}{2}, & 0 < x \leqslant 2, \\ 0, & \text{其他,} \end{cases}$$

所以

$$EX = \int_{-\infty}^{+\infty} xf(x)\mathrm{d}x = \int_0^2 x \cdot \frac{1}{2}\mathrm{d}x = \left.\frac{x^2}{4}\right|_0^2 = 1.$$

例 8 已知随机变量 X 的概率密度为

$$f(x) = \begin{cases} ax + b, & 0 \leqslant x \leqslant 1, \\ 0, & \text{其他,} \end{cases}$$

且 $EX = \dfrac{7}{12}$, 求 a 与 b 的值.

解 根据题意

$$\int_{-\infty}^{+\infty} f(x)\mathrm{d}x = \int_0^1 (ax+b)\mathrm{d}x = \frac{a}{2} + b = 1,$$

$$EX = \int_{-\infty}^{+\infty} xf(x)\mathrm{d}x = \int_0^1 (ax^2 + bx)\mathrm{d}x = \frac{a}{3} + \frac{b}{2} = \frac{7}{12},$$

解关于 a 与 b 的方程组得 $a = 1, b = \dfrac{1}{2}$.

定义 3 在考虑 n 维随机向量 $(X_1, X_2, \cdots, X_n)^{\mathrm{T}}$ 时, 若每个 $EX_i(i = 1, 2, \cdots, n)$ 都存在, 则称 $(EX_1, EX_2, \cdots, EX_n)^{\mathrm{T}}$ 为 n 维随机向量 $(X_1, X_2, \cdots, X_n)^{\mathrm{T}}$ 的数学期望或均值.

4.1.3 随机变量函数的数学期望

设 X 是随机变量, $g(x)$ 是实函数, 则 $Y = g(X)$ 也是随机变量. 理论上, 可以通过 X 的分布求出 $Y = g(X)$ 的分布, 再按定义求出数学期望 $E[g(X)]$, 但是这种求法一般比较复杂, 下面的定理给出了一种直接求解方法.

定理 1 设 X 是随机变量, Y 是随机变量 X 的函数, $Y = g(X)$, 其中 $y = g(x)$ 是一元连续函数.

(1) 若 X 为离散型随机变量, 其概率分布为

$$P\{X = x_i\} = p_i, \quad i = 1, 2, \cdots,$$

如果无穷级数 $\sum\limits_{i=1}^{\infty} g(x_i) p_i$ 绝对收敛, 即 $\sum\limits_{i=1}^{\infty} |g(x_i)| p_i < +\infty$, 则 Y 的数学期望为

$$EY = E[g(X)] = \sum_{i=1}^{\infty} g(x_i) p_i. \tag{4.3}$$

(2) 若 X 为连续型随机变量, 其概率密度为 $f(x)$, 如果广义积分 $\displaystyle\int_{-\infty}^{+\infty} g(x) f(x) \mathrm{d}x$ 绝对收敛, 即 $\displaystyle\int_{-\infty}^{+\infty} |g(x)| f(x) \mathrm{d}x < +\infty$, 则 Y 的数学期望为

$$EY = E[g(X)] = \int_{-\infty}^{+\infty} g(x) f(x) \mathrm{d}x. \tag{4.4}$$

根据定理 1, 求随机变量 $Y = g(X)$ 的数学期望时, 只需知道 X 的分布, 无须求 Y 的分布, 这给计算提供了极大的方便.

定理 1 可以推广到二元或二元以上随机向量函数的情形.

定理 2 设 (X, Y) 是二维随机变量, Z 是关于随机变量 X 和 Y 的函数, $Z = g(X, Y)$, 其中 $z = g(x, y)$ 是二元连续函数.

(1) 若 (X, Y) 是二维离散型随机向量, 其概率分布为

$$P\{X = x_i, Y = y_j\} = p_{ij}, \quad i, j = 1, 2, \cdots,$$

并且 $\sum\limits_{i=1}^{\infty} \sum\limits_{j=1}^{\infty} |g(x_i, y_j)| p_{ij} < +\infty$, 则

$$EZ = E[g(X, Y)] = \sum_{i=1}^{\infty} \sum_{j=1}^{\infty} g(x_i, y_j) p_{ij}. \tag{4.5}$$

(2) 若 (X, Y) 是二维连续型随机向量, 其概率密度为 $f(x, y)$, 并且

$$\int_{-\infty}^{+\infty} \int_{-\infty}^{+\infty} |g(x, y)| f(x, y) \mathrm{d}x\mathrm{d}y < +\infty,$$

则

$$EZ = E[g(X, Y)] = \int_{-\infty}^{+\infty} \int_{-\infty}^{+\infty} g(x, y) f(x, y) \mathrm{d}x\mathrm{d}y. \tag{4.6}$$

定理 1 和定理 2 的证明超出本书范围, 这里略.

例 9　设 (X,Y) 的概率分布为

X \ Y	0	1	2	3
1	0	$\frac{3}{8}$	$\frac{3}{8}$	0
3	$\frac{1}{8}$	0	0	$\frac{1}{8}$

求 EX, EY, EX^2 和 $E(XY)$.

解　关于 X 和 Y 的边缘分布为

X	1	3
$p_{i\cdot}$	$\frac{3}{4}$	$\frac{1}{4}$

Y	0	1	2	3
$p_{\cdot j}$	$\frac{1}{8}$	$\frac{3}{8}$	$\frac{3}{8}$	$\frac{1}{8}$

于是

$$EX = 1 \times \frac{3}{4} + 3 \times \frac{1}{4} = \frac{3}{2}, \quad EY = 0 \times \frac{1}{8} + 1 \times \frac{3}{8} + 2 \times \frac{3}{8} + 3 \times \frac{1}{8} = \frac{3}{2},$$

$$EX^2 = 1^2 \times \frac{3}{4} + 3^2 \times \frac{1}{4} = 3,$$

$$E(XY) = (1 \times 0) \times 0 + (1 \times 1) \times \frac{3}{8} + (1 \times 2) \times \frac{3}{8} + (1 \times 3) \times 0 + (3 \times 0) \times \frac{1}{8}$$

$$+ (3 \times 1) \times 0 + (3 \times 2) \times 0 + (3 \times 3) \times \frac{1}{8} = \frac{9}{4}.$$

例 10　随机变量 X 服从区间 $[0,\pi]$ 上的均匀分布, 求 $EX, EX^2, E(\sin X)$ 及 $E[X - E(X)]^2$.

解　$EX = \displaystyle\int_{-\infty}^{+\infty} x f(x)\mathrm{d}x = \int_0^\pi x \cdot \frac{1}{\pi}\mathrm{d}x = \frac{\pi}{2},$

$$EX^2 = \int_{-\infty}^{+\infty} x^2 f(x)\mathrm{d}x = \int_0^\pi x^2 \cdot \frac{1}{\pi}\mathrm{d}x = \frac{\pi^2}{3},$$

$$E(\sin X) = \int_{-\infty}^{+\infty} \sin x \, f(x)\mathrm{d}x = \int_0^\pi \sin x \cdot \frac{1}{\pi}\mathrm{d}x = \frac{1}{\pi}(-\cos x)\Big|_0^\pi = \frac{2}{\pi},$$

$$E[X - E(X)]^2 = E\left(X - \frac{\pi}{2}\right)^2 = \int_0^\pi \left(X - \frac{\pi}{2}\right)^2 \cdot \frac{1}{\pi}\mathrm{d}x = \frac{\pi^2}{12}.$$

例 11　假定国际市场对我国某种商品的需求量是随机变量 X(单位: 吨), 它服从区间 $[2000, 4000]$ 上的均匀分布, 每销售出一吨该商品, 可为国家赚取外汇 3 万元, 若销售不出去, 则每吨商品需储存费 1 万元, 问如何计划年出口量, 能使国家年收益最大?

解　设计划年出口量为 t 吨, 国家年收益 Y 万元, 根据题意 $2000 \leqslant t \leqslant 4000$, 且有

$$X \sim f(x) = \begin{cases} \dfrac{1}{2000}, & 2000 \leqslant x \leqslant 4000, \\ 0, & \text{其他}, \end{cases} \qquad Y = g(X) = \begin{cases} 3t, & X \geqslant t, \\ 4X - t, & X < t, \end{cases}$$

于是由式 (4.4) 有

$$EY = \int_{-\infty}^{+\infty} g(x)f(x)\mathrm{d}x = \int_{2000}^{4000} \frac{1}{2000} g(x)\mathrm{d}x$$

$$= \frac{1}{2000}\left[\int_{2000}^{t}(4x-t)\mathrm{d}x = \int_{t}^{4000} 3t\mathrm{d}x\right]$$

$$= \frac{1}{1000}\left(-t^2 + 7000t - 4 \times 10^6\right),$$

易得当 $t = 3500$ 时, EY 达到最大, 所以计划年出口量为 3500 吨时, 国家年收益最大.

例 12　已知随机变量 X 表示某电子元件的使用寿命 (单位: 小时), 并且服从参数为 0.001 的指数分布, 若规定使用寿命 X 在 500 小时以下为废品, 产值为 0 元; 在 500 小时到 1000 小时之间为次品, 产值为 10 元; 在 1000 小时到 1500 小时之间为二等品, 产值为 30 元; 在 1500 小时以上者为一等品, 产值为 40 元, 求该电子元件的平均产值.

解　设该电子元件的产值为 Y 元, 由题设知

$$X \sim f(x) = \begin{cases} 0.001\mathrm{e}^{-0.001x}, & x > 0, \\ 0, & x \leqslant 0, \end{cases}$$

$$Y = g(X) = \begin{cases} 0, & X < 500, \\ 10, & 500 \leqslant X < 1000, \\ 30, & 1000 \leqslant X < 1500, \\ 40, & X \geqslant 1500. \end{cases}$$

于是由式 (4.4) 有

$$EY = \int_{-\infty}^{+\infty} g(x)f(x)\mathrm{d}x$$

$$= \int_{0}^{500} 0 \cdot (0.001\mathrm{e}^{-0.001x})\mathrm{d}x + \int_{500}^{1000} 10 \cdot (0.001\mathrm{e}^{-0.001x})\mathrm{d}x$$

$$+ \int_{1000}^{1500} 30 \cdot (0.001\mathrm{e}^{-0.001x})\mathrm{d}x + \int_{1500}^{+\infty} 40 \cdot (0.001\mathrm{e}^{-0.001x})\mathrm{d}x$$

$$\approx 15.65 \,(\text{元}).$$

该例表明, 在利用定理 1 求 $E[g(X)]$ 时, 允许函数 $y = g(x)$ 不连续.

例 13 设 $(X,Y) \sim f(x,y) = \begin{cases} x+y, & 0 \leqslant x \leqslant 1, 0 \leqslant y \leqslant 1, \\ 0, & \text{其他,} \end{cases}$ 求 EX^2, $E(X+Y)$ 及 $E(XY)$.

解 由式 (4.6), 有

$$EX^2 = \int_{-\infty}^{+\infty} \int_{-\infty}^{+\infty} x^2 f(x,y) \mathrm{d}x\mathrm{d}y = \int_0^1 \int_0^1 x^2(x+y)\mathrm{d}x\mathrm{d}y = \frac{5}{12},$$

$$E(X+Y) = \int_{-\infty}^{+\infty} \int_{-\infty}^{+\infty} (x+y)f(x,y)\mathrm{d}x\mathrm{d}y = \int_0^1 \int_0^1 (x+y)^2\mathrm{d}x\mathrm{d}y = \frac{7}{6},$$

$$E(XY) = \int_{-\infty}^{+\infty} \int_{-\infty}^{+\infty} xyf(x,y)\mathrm{d}x\mathrm{d}y = \int_0^1 \int_0^1 xy(x+y)\mathrm{d}x\mathrm{d}y = \frac{1}{3}.$$

4.1.4 数学期望的性质

设 a,b,c 为常数, X 和 Y 是随机变量, 且 EX 和 EY 都存在, 则数学期望有下列性质.

性质 1 $Ec = c.$ (4.7)

性质 2 $E(aX+b) = aEX + b.$ (4.8)

性质 1 请读者自己证明, 下面给出性质 2 的证明.

证明 令 $Y = aX + b$, 因为 $y = ax + b$ 是单调的, 所以 X 与 Y 都是离散型随机变量或者 X 与 Y 都是连续型随机变量.

(1) 当 X 为离散型随机变量时, 设 X 的概率分布为

$$P\{X = x_i\} = p_i, \quad i = 1, 2, \cdots,$$

则 Y 的概率分布为 $P\{Y = ax_i + b\} = p_i$, $i = 1, 2, \cdots$.

于是

$$\begin{aligned} EY &= E(aX+b) = \sum_{i=1}^{\infty} (ax_i + b)p_i \\ &= a\sum_{i=1}^{\infty} x_i p_i + b\sum_{i=1}^{\infty} p_i = aEX + b. \end{aligned}$$

(2) 当 X 为连续型随机变量时, 设 $X \sim f_X(x)$, 并且不失一般性地假设 $a \neq 0$(显然 $Eb = b$), 则 $Y \sim f_Y(y) = \dfrac{1}{a} f_X\left(\dfrac{y-b}{a}\right).$

于是

$$EY = E(aX+b) = \int_{-\infty}^{+\infty} yf_Y(y)\mathrm{d}y = \int_{-\infty}^{+\infty} y\left[\frac{1}{a}f_X\left(\frac{y-b}{a}\right)\right]\mathrm{d}y$$

$$\xrightarrow{\text{令} y=ax+b} \int_{-\infty}^{+\infty} (ax+b) f_X(x) \mathrm{d}x = a \int_{-\infty}^{+\infty} x f_X(x) \mathrm{d}x + b \int_{-\infty}^{+\infty} f_X(x) \mathrm{d}x$$
$$= aEX + b.$$

性质 3　$E(X \pm Y) = EX \pm EY.$ \hfill (4.9)

性质 3 可以推广到任意有限个随机变量的情况, 即

$$E(X_1 \pm X_2 \pm \cdots \pm X_n) = E(X_1) \pm E(X_2) \pm \cdots \pm E(X_n). \tag{4.10}$$

性质 4　设 X 与 Y 相互独立, 则

$$E(XY) = EX \cdot EY. \tag{4.11}$$

性质 4 可以推广到任意有限个相互独立的随机变量的情况, 即设 $X_1, X_2, \cdots, X_n$ 相互独立, 则

$$E(X_1 X_2 \cdots X_n) = E(X_1) E(X_2) \cdots E(X_n). \tag{4.12}$$

下面来证明性质 3 和性质 4.

证明　仅就 (X, Y) 为二维连续型随机向量的情形加以证明.

设二维连续型随机向量 (X, Y) 的概率密度为 $f(x, y)$, 其关于 X 和关于 Y 的边缘概率密度分别为 $f_X(x)$ 和 $f_Y(y)$, 则

$$\begin{aligned}
E(X \pm Y) &= \int_{-\infty}^{+\infty} \int_{-\infty}^{+\infty} (x \pm y) f(x, y) \mathrm{d}x \mathrm{d}y \\
&= \int_{-\infty}^{+\infty} \int_{-\infty}^{+\infty} x f(x, y) \mathrm{d}x \mathrm{d}y \pm \int_{-\infty}^{+\infty} \int_{-\infty}^{+\infty} y f(x, y) \mathrm{d}x \mathrm{d}y \\
&= EX \pm EY.
\end{aligned}$$

性质 3 得证.

又若 X 与 Y 相互独立, 此时 $f(x, y) = f_X(x) \cdot f_Y(y).$

于是

$$\begin{aligned}
E(XY) &= \int_{-\infty}^{+\infty} \int_{-\infty}^{+\infty} xy f(x, y) \mathrm{d}x \mathrm{d}y \\
&= \int_{-\infty}^{+\infty} x f_X(x) \mathrm{d}x \cdot \int_{-\infty}^{+\infty} y f_Y(y) \mathrm{d}y = EX \cdot EY.
\end{aligned}$$

性质 4 得证.

注　只要将证明中的 "积分" 用 "和式" 代替, 就能得到 (X, Y) 为二维离散型随机向量情形的证明.

性质 4 的逆命题不成立, 即由 $E(XY) = EX \cdot EY$ 不能得到 X 与 Y 一定独立. 例如, 在例 9 中, 已经计算得

$$E(XY) = EX \cdot EY = \frac{9}{4},$$

但

$$P\{X = 1, Y = 0\} = 0, \quad P\{X = 1\} = \frac{3}{4}, \quad P\{Y = 0\} = \frac{1}{8},$$

显然 $P\{X = 1, Y = 0\} \neq P\{X = 1\} \cdot P\{Y = 0\}$, 故 X 与 Y 不独立.

例 14 已知 X 与 Y 的概率分布分别为

X	1	2	3
P	0.3	0.5	0.2

Y	6	a
P	0.4	0.6

并且 $E(X + Y) = 8.5$, 求 $(1)EX, E(2X), EY; (2)E(2Y^2 + 3)$.

解 (1) $EX = 1 \times 0.3 + 2 \times 0.5 + 3 \times 0.2 = 1.9$. 由式 (4.8) 及式 (4.9), 有

$$E(2X) = 2EX = 2 \times 1.9 = 3.8,$$

$$EY = E(X + Y) - EX = 8.5 - 1.9 = 6.6.$$

(2) 由于 $EY = 6 \times 0.4 + a \times 0.6 = 6.6$, 故 $a = 7$. 由式 (4.3), 有

$$E(2Y^2 + 3) = (2 \times 6^2 + 3) \times 0.4 + (2 \times 7^2 + 3) \times 0.6 = 90.6.$$

这里我们也可以利用定义 1 计算 $E(2X)$ 和 $E(2Y^2 + 3)$, 只需先求出 $2X$ 和 $2Y^2 + 3$ 的概率分布.

例 15 设 (X, Y) 等可能地取 $(-1, 0), (0, -1), (1, 0)$ 和 $(0, 1)$, 试判断 $(1)E(XY)$ 与 $EX \cdot EY$ 是否相等; $(2)X$ 与 Y 是否独立.

解 (1) 由题设知 (X, Y) 的概率分布为

X \\ Y	-1	0	1
-1	0	$\frac{1}{4}$	0
0	$\frac{1}{4}$	0	$\frac{1}{4}$
1	0	$\frac{1}{4}$	0

$$\begin{aligned} E(XY) = &(-1) \times (-1) \times 0 + (-1) \times 0 \times \frac{1}{4} + (-1) \times 1 \times 0 + 0 \times (-1) \times \frac{1}{4} + 0 \times 0 \times 0 \\ &+ 0 \times 1 \times \frac{1}{4} + 1 \times (-1) \times 0 + 1 \times 0 \times \frac{1}{4} + 1 \times 1 \times 0 = 0, \end{aligned}$$

$$EX = EY = (-1) \times 0 + (-1) \times \frac{1}{4} + (-1) \times 0 + 0 \times \frac{1}{4} + 0 \times 0 + 0 \times \frac{1}{4} + 1 \times 0$$
$$+ 1 \times \frac{1}{4} + 1 \times 0 = 0,$$

于是 $E(XY) = EX \cdot EY$.

(2) 由于 $P\{X = 0, Y = 0\} = 0$, 并且 $P\{X = 0\} = P\{Y = 0\} = \frac{1}{4} + 0 + \frac{1}{4} = \frac{1}{2}$, 于是 $P\{X = 0, Y = 0\} \neq P\{X = 0\} \cdot P\{Y = 0\}$, 故 X 与 Y 不独立.

这里已知 (X, Y) 的概率分布, 也可以利用期望的定义 1 计算 $E(XY)$, EX 和 EY.

4.2   随机变量的方差

在 4.1 节介绍了随机变量的数学期望, 它主要用来描述随机变量的平均特征, 但是在许多实际问题中, 仅仅知道平均值是不够的, 为此本节我们引入方差的概念, 用它来描述随机变量取值的离散程度.

4.2.1   方差的概念

先看一个例子.

设甲、乙两位射击运动员打中靶的环数分别为 X_1, X_2, 其概率分布为

X_1	7	8	9	10
P	0.4	0.3	0.2	0.1

X_2	0	5	6	10
P	0.04	0.16	0.2	0.6

计算两位运动员打中靶的环数的期望为

$$EX_1 = 7 \times 0.4 + 8 \times 0.3 + 9 \times 0.2 + 10 \times 0.1 = 8,$$
$$EX_2 = 0 \times 0.04 + 5 \times 0.16 + 6 \times 0.2 + 10 \times 0.6 = 8.$$

虽然两位运动员打中靶环数的期望相同, 但是比较两组数据可知甲射手比乙射手技术稳定, 因此甲打中靶的环数比较集中.

可见在实际问题中, 仅仅靠期望来描述随机变量的分布特征还不够完善, 还需要进一步研究其离散程度, 通常人们关心的是随机变量 X 对均值 EX 的离散程度.

定义 4   如果随机变量 X 的数学期望 EX 存在, 则称 $X - EX$ 为随机变量 X 的**离差**.

显然, 随机变量 X 离差的期望为零, 即

$$E(X - EX) = 0. \tag{4.13}$$

这样, 如果用 $E(X - EX)$ 来度量 X 与 EX 的偏差, 结果是正负偏差相互抵消, 为了消除离差 $X - EX$ 的符号, 通常用 $E(X - EX)^2$ 来度量 X 与 EX 的偏差.

定义 5 设 X 是一个随机变量, 若 $E(X - EX)^2$ 存在, 则称其为 X 的**方差**, 记作 DX 或 $\mathrm{Var}X$, 即

$$DX = E(X - EX)^2. \tag{4.14}$$

称 $\sqrt{DX}$ 为 X 的**标准差**或**均方差**.

由定义 5 知, 方差实际上就是随机变量函数 $(X - EX)^2$ 的数学期望, 所以可以用求随机变量函数 $(X - EX)^2$ 的数学期望的方法来求随机变量 X 的方差.

(1) 设 X 为离散型随机变量, 其概率分布为 $P\{X = x_i\} = p_i$, $i = 1, 2, \cdots$, 若 $\sum\limits_{i=1}^{+\infty} (x_i - EX)^2 p_i < +\infty$, 则

$$DX = \sum_{i=1}^{+\infty} (x_i - EX)^2 p_i. \tag{4.15}$$

(2) 设 X 为连续型随机变量, 其概率密度为 $f(x)$, 若 $\displaystyle\int_{-\infty}^{+\infty} (x - EX)^2 f(x)\mathrm{d}x < +\infty$, 则

$$DX = \int_{-\infty}^{+\infty} (x - EX)^2 f(x)\mathrm{d}x. \tag{4.16}$$

可见, 随机变量的方差是一个非负数. 当 X 的可能值密集在它的期望值 EX 附近时, 方差较小, 反之则方差较大. 因此, 方差刻画了随机变量取值的离散程度.

由方差的定义式容易得到下面的常用计算式

$$DX = EX^2 - (EX)^2. \tag{4.17}$$

证明
$$DX = E(X - EX)^2$$
$$= E[X^2 - 2X \cdot EX + (EX)^2]$$
$$= EX^2 - 2EX \cdot EX + (EX)^2$$
$$= EX^2 - (EX)^2.$$

式 (4.17) 表明 EX^2 不小于 $(EX)^2$, 而且提供了一种计算方差的主要方法, 即它把方差的计算归结为计算两个容易求得的期望 EX 和 EX^2.

例 16 设随机变量 X 服从参数为 p 的 (0-1) 分布, 求 DX.

解 由题设知, X 的概率分布为

X	0	1
P	$1-p$	p

由例 1 知, $EX = p$, 再由式 $(4.3)EX^2 = 0^2 \cdot (1-p) + 1^2 \cdot p = p$, 于是 $DX = EX^2 - (EX)^2 = p - p^2 = p(1-p)$.

例 17   在本节开始所举甲、乙两位射击运动员射击这一例中, 求 DX_1 及 DX_2.

解   前面已经计算过 $EX_1 = EX_2 = 8$, 又

$$EX_1^2 = 7^2 \times 0.4 + 8^2 \times 0.3 + 9^2 \times 0.2 + 10^2 \times 0.1 = 65,$$

$$EX_2^2 = 0^2 \times 0.04 + 5^2 \times 0.16 + 6^2 \times 0.2 + 10^2 \times 0.6 = 71.2,$$

所以

$$DX_1 = EX_1^2 - (EX_1)^2 = 1, \quad DX_2 = EX_2^2 - (EX_2)^2 = 7.2.$$

例 18   设 X 服从区间 $[a,b]$ 上的均匀分布, 求 DX.

解   由题设知

$$X \sim f(x) = \begin{cases} \dfrac{1}{b-a}, & a \leqslant x \leqslant b, \\ 0, & \text{其他}. \end{cases}$$

由式 (4.4), 有

$$EX^2 = \int_{-\infty}^{+\infty} x^2 f(x)\mathrm{d}x = \int_a^b x^2 \cdot \frac{1}{b-a}\mathrm{d}x = \frac{a^2+ab+b^2}{3},$$

由例 5 知, $EX = \dfrac{a+b}{2}$, 于是

$$DX = EX^2 - (EX)^2 = \frac{a^2+ab+b^2}{3} - \left(\frac{a+b}{2}\right)^2 = \frac{(b-a)^2}{12}.$$

* 例 19   设随机变量 $X \sim P(\lambda)$, 其中 $\lambda > 0$, 求 DX.

解 X 的概率分布为 $P\{X = m\} = \dfrac{\lambda^m}{m!}\mathrm{e}^{-\lambda}(m = 0, 1, 2, \cdots)$. 由例 4 可知 $EX = \lambda$, 根据式 (4.3)

$$EX^2 = \sum_{m=0}^{\infty} m^2 \frac{\lambda^m}{m!}\mathrm{e}^{-\lambda} = \sum_{m=0}^{\infty} (m-1+1) \frac{\lambda^m}{(m-1)!}\mathrm{e}^{-\lambda}$$

$$=\mathrm{e}^{-\lambda} \sum_{m=2}^{\infty} \frac{\lambda^m}{(m-2)!} + \mathrm{e}^{-\lambda} \sum_{m=1}^{\infty} \frac{\lambda^m}{(m-1)!}$$

$$=\lambda^2 \mathrm{e}^{-\lambda} \sum_{m-2=0}^{\infty} \frac{\lambda^{m-2}}{(m-2)!} + \lambda \mathrm{e}^{-\lambda} \sum_{m-1=0}^{\infty} \frac{\lambda^{m-1}}{(m-1)!}$$

$$= \lambda^2 + \lambda.$$

因此利用式 (4.17) 有

$$DX = EX^2 - (EX)^2 = (\lambda^2 + \lambda) - \lambda^2 = \lambda,$$

即 $EX = DX = \lambda$.

例 20 设 X 服从参数为 λ 的指数分布, 即 X 的概率密度为

$$f(x) = \begin{cases} \lambda e^{-\lambda x}, & x > 0, \\ 0, & 其他, \end{cases}$$

其中 $\lambda > 0$, 求 DX.

解 由例 6 可知 $EX = \dfrac{1}{\lambda}$, 再由式 (4.4), 有

$$\begin{aligned} EX^2 &= \int_{-\infty}^{+\infty} x^2 f(x)\mathrm{d}x = \int_0^{+\infty} \lambda x^2 e^{-\lambda x}\mathrm{d}x \\ &= -x^2 e^{-\lambda x}\Big|_0^{+\infty} + 2\int_0^{+\infty} x e^{-\lambda x}\mathrm{d}x \\ &= \frac{2}{\lambda^2}. \end{aligned}$$

因此, 利用式 (4.17) 有

$$DX = EX^2 - (EX)^2 = \frac{1}{\lambda^2}.$$

*例 21 设随机变量 $X \sim N(\mu, \sigma^2)$, 即 X 的概率密度为

$$f(x) = \frac{1}{\sqrt{2\pi}\sigma} e^{-\frac{(x-\mu)^2}{2\sigma^2}} \quad (-\infty < x < +\infty),$$

其中 μ, σ 为实数, 并且 $\sigma > 0$, 求 EX, DX.

解 根据题意得

$$EX = \int_{-\infty}^{+\infty} xf(x)\mathrm{d}x = \int_{-\infty}^{+\infty} \frac{x}{\sqrt{2\pi}\sigma} e^{-\frac{(x-\mu)^2}{2\sigma^2}}\mathrm{d}x,$$

令 $y = \dfrac{x-\mu}{\sigma}$, 则 $\mathrm{d}y = \dfrac{\mathrm{d}x}{\sigma}$, 由泊松积分 $\displaystyle\int_{-\infty}^{+\infty} \frac{1}{\sqrt{2\pi}} e^{-\frac{y^2}{2}}\mathrm{d}y = 1$, 有

$$\begin{aligned} EX &= \int_{-\infty}^{+\infty} \frac{\sigma y + \mu}{\sqrt{2\pi}} e^{-\frac{y^2}{2}}\mathrm{d}y \\ &= \frac{\sigma}{\sqrt{2\pi}} \int_{-\infty}^{+\infty} y e^{-\frac{y^2}{2}}\mathrm{d}y + \mu \int_{-\infty}^{+\infty} \frac{1}{\sqrt{2\pi}} e^{-\frac{y^2}{2}}\mathrm{d}y \\ &= \mu. \end{aligned}$$

由式 (4.16), 有

$$
\begin{aligned}
DX &= \int_{-\infty}^{+\infty} (x - EX)^2 f(x)\mathrm{d}x \\
&= \int_{-\infty}^{+\infty} \frac{(x-\mu)^2}{\sqrt{2\pi}\sigma} \mathrm{e}^{-\frac{(x-\mu)^2}{2\sigma^2}} \mathrm{d}x \\
&= \int_{-\infty}^{+\infty} \frac{\sigma^2}{\sqrt{2\pi}} y^2 \mathrm{e}^{-\frac{y^2}{2}} \mathrm{d}y \\
&= -\sigma^2 \int_{-\infty}^{+\infty} \frac{y}{\sqrt{2\pi}} \mathrm{d}\mathrm{e}^{-\frac{y^2}{2}} \\
&= -\frac{\sigma^2}{\sqrt{2\pi}} y\mathrm{e}^{-\frac{y^2}{2}} \Big|_{-\infty}^{+\infty} + \sigma^2 \int_{-\infty}^{+\infty} \frac{1}{\sqrt{2\pi}} \mathrm{e}^{-\frac{y^2}{2}} \mathrm{d}y \\
&= \sigma^2.
\end{aligned}
$$

特别地, 若 $X \sim N(0,1)$, 则 $EX = 0$, $DX = 1$.

定义 6　设 n 维随机向量 $(X_1, X_2, \cdots, X_n)^{\mathrm{T}}$, 若每个 $DX_i (i = 1, 2, \cdots, n)$ 都存在, 则称 $(DX_1, DX_2, \cdots, DX_n)^{\mathrm{T}}$ 为 n 维随机向量 $(X_1, X_2, \cdots, X_n)^{\mathrm{T}}$ 的**方差**.

4.2.2　方差的性质

关于方差, 有下面几个重要性质.

设 X, Y 是随机变量, a, b, c 是实值常数, 则有如下性质.

性质 1　$Dc = 0$. 　　　　　　　　　　　　　　　　　　　　　　　　　　　(4.18)

性质 2　$D(aX) = a^2 DX$. 　　　　　　　　　　　　　　　　　　　　　　(4.19)

性质 3　$D(X + b) = DX$. 　　　　　　　　　　　　　　　　　　　　　　(4.20)

性质 1 到性质 3 的证明留给读者自己完成.

性质 4　$D(aX + b) = a^2 DX$. 　　　　　　　　　　　　　　　　　　　　(4.21)

证明　$D(aX + b) = E[(aX + b) - E(aX + b)]^2 = E[a^2(X - EX)^2]$

$$
= a^2 E(X - EX)^2 = a^2 DX.
$$

性质 5　若 X 与 Y 相互独立, 则

$$
D(X \pm Y) = DX + DY. \tag{4.22}
$$

证明　由式 (4.17), 有

$$
\begin{aligned}
D(X \pm Y) &= E(X \pm Y)^2 - [E(X \pm Y)]^2 \\
&= E(X^2 \pm 2XY + Y^2) - [(EX)^2 \pm 2EX \cdot EY + (EY)^2]
\end{aligned}
$$

$$=[EX^2 \pm 2E(XY) + EY^2] - [(EX)^2 \pm 2EX \cdot EY + (EY)^2]$$

$$=[EX^2 - (EX)^2] + [EY^2 - (EY)^2] \pm 2[E(XY) - EX \cdot EY]$$

$$=DX + DY \pm 2[E(XY) - EX \cdot EY].$$

由 X 与 Y 独立, 有 $E(XY) = EX \cdot EY$. 于是 $D(X \pm Y) = DX + DY$.

性质 5 的逆命题不成立, 即由 $D(X \pm Y) = DX + DY$, 不能得到 X 与 Y 相互独立. 但是它可以推广到任意有限个相互独立的随机变量的情形, 即若 $X_1, X_2, \cdots, X_n$ 相互独立, 则

$$D\left(\sum_{i=1}^{n} X_i\right) = \sum_{i=1}^{n} DX_i. \tag{4.23}$$

例 22 设随机变量 $X \sim B(n, p)$, 求 DX.

解 根据题意 $P\{X = i\} = C_n^i p^i q^{n-i} (i = 0, 1, \cdots, n)$, 则 X 可以理解为 n 重伯努利试验中 "成功" 的次数.

若令 $X_i = \begin{cases} 1, & \text{第 } i \text{ 次成功}, \\ 0, & \text{第 } i \text{ 次失败}, \end{cases}$ $i = 1, 2, \cdots, n$, 则 $X = X_1 + X_2 + \cdots + X_n$,

并且 $X_i (i = 1, 2, \cdots, n)$ 相互独立同服从参数为 p 的 (0-1) 分布, 于是 $EX_i = p$, $DX_i = pq (i = 1, 2, \cdots, n)$.

由式 (4.10) 及式 (4.23), 有

$$EX = E\left(\sum_{i=1}^{n} X_i\right) = \sum_{i=1}^{n} EX_i = np,$$

$$DX = D\left(\sum_{i=1}^{n} X_i\right) = \sum_{i=1}^{n} DX_i = npq.$$

例 23 设随机变量 X 与 Y 相互独立, 并且 $EX = EY = 0$, $DX = DY = \sigma^2$, 求 $E(X - Y)^2$.

解 由式 (4.9), 有

$$E(X - Y) = EX - EY = 0,$$

由 X 与 Y 独立, 得

$$D(X - Y) = DX + DY = \sigma^2 + \sigma^2 = 2\sigma^2,$$

于是

$$E(X - Y)^2 = D(X - Y) + [E(X - Y)]^2 = 2\sigma^2 + 0 = 2\sigma^2.$$

4.3　常用分布及其数学期望与方差表

为了方便今后查询, 现将七种常用分布的期望与方差总结为表 4.1.

表 4.1　常用分布及其数学期望与方差总结表

名称	概率分布或 概率密度	期望	方差	参数取值范围
两点分布	$P\{X = i\} = p^i q^{1-i}$ $(i = 0, 1)$	p	pq	$0 < p < 1$ $q = 1 - p$
二项分布	$P\{X = i\} = \mathrm{C}_n^i p^i q^{n-i}$ $(i = 0, 1, \cdots, n)$	np	npq	$0 < p < 1, q = 1 - p$ n 为正整数
超几何分布	$P\{X = i\} = \dfrac{\mathrm{C}_{N_1}^i \mathrm{C}_{N_2}^{n-i}}{\mathrm{C}_N^n}$ $(i = 0, 1, \cdots, \min\{n, N_1\})$	$n\dfrac{N_1}{N}$	$n\dfrac{N_1}{N}\dfrac{N_2}{N}\dfrac{N-n}{N-1}$	n, N_1, N 为正整数 $N_1 + N_2 = N$ $N_1, n \leqslant N$
泊松分布	$P\{X = i\} = \dfrac{\lambda^i}{i!}\mathrm{e}^{-\lambda}$ $(i = 0, 1, \cdots)$	λ	λ	$\lambda > 0$
均匀分布	$f(x) = \begin{cases} \dfrac{1}{b-a}, & a \leqslant x \leqslant b, \\ 0, & \text{其他} \end{cases}$	$\dfrac{a+b}{2}$	$\dfrac{(b-a)^2}{12}$	$a \in \mathbf{R}$ $b \in \mathbf{R}$
指数分布	$f(x) = \begin{cases} \lambda\mathrm{e}^{-\lambda x}, & x > 0, \\ 0 & \text{其他} \end{cases}$	$\dfrac{1}{\lambda}$	$\dfrac{1}{\lambda^2}$	$\lambda > 0$
正态分布	$f(x) = \dfrac{1}{\sqrt{2\pi}\sigma}\mathrm{e}^{-\frac{(x-\mu)^2}{2\sigma^2}}$ $(-\infty < x < +\infty)$	μ	σ^2	$\mu \in \mathbf{R}$ $\sigma > 0$

4.4　协方差与相关系数

前面介绍了随机变量的数学期望和方差, 本节将讨论反映多维随机变量的两个分量之间关系的强弱的数字特征.

4.4.1　协方差

在证明方差的性质时, 我们已经知道, 在 X 与 Y 相互独立的条件下, 有 $E[(X - EX)(Y - EY)] = 0$, 可知, 当 $E[(X - EX)(Y - EY)] \neq 0$ 时, X 与 Y 一定不独立. 这说明 $E[(X - EX)(Y - EY)]$ 在一定程度上反映了随机变量 X 与 Y 之间的关系.

定义 7　设 (X, Y) 为二维随机向量, EX 和 EY 均存在, 若数学期望 $E[(X - EX)(Y - EY)]$ 存在, 则称数值 $E[(X - EX)(Y - EY)]$ 为 X 与 Y 的**协方差**, 记作 $\mathrm{cov}(X, Y)$, 即

$$\mathrm{cov}(X, Y) = E[(X - EX)(Y - EY)]. \tag{4.24}$$

显然,

$$\text{cov}(X, X) = DX. \tag{4.25}$$

由定义 7 知, X 与 Y 的协方差实际上就是二元随机变量函数 $(X - EX)(Y - EY)$ 的数学期望, 因此由定理 2 有下面的结论.

(1) 设 (X, Y) 是二维离散型随机向量, 其概率分布为

$$P\{X = x_i, Y = y_j\} = p_{ij}, \quad i, j = 1, 2, \cdots,$$

并且 $\sum\limits_i \sum\limits_j |(x_i - EX)(y_j - EY)|p_{ij} < +\infty$, 则

$$\text{cov}(X, Y) = \sum_i \sum_j (x_i - EX)(y_j - EY)p_{ij}. \tag{4.26}$$

(2) 设 (X, Y) 是二维连续型随机向量, 其概率密度为 $f(x, y)$, 并且

$$\int_{-\infty}^{+\infty} \int_{-\infty}^{+\infty} |(x - EX)(y - EY)|f(x, y)\mathrm{d}x\mathrm{d}y < +\infty,$$

则

$$\text{cov}(X, Y) = \int_{-\infty}^{+\infty} \int_{-\infty}^{+\infty} (x - EX)(y - EY)f(x, y)\mathrm{d}x\mathrm{d}y. \tag{4.27}$$

此外, 协方差还有下面常用性质:

(1) $\text{cov}(X, Y) = E(XY) - EX \cdot EY$. \hfill (4.28)

证明 $\quad \text{cov}(X, Y) = E[(X - EX)(Y - EY)]$

$$= E(XY - XEY - YEX + EX \cdot EY)$$

$$= E(XY) - EX \cdot EY.$$

公式 (4.28) 提供了一种计算协方差的主要方法, 即它将协方差的计算归结为计算三个数学期望 EX, EY 和 $E(XY)$.

(2) $\text{cov}(C, X) = 0, C$ 为任意常数.

(3) $\text{cov}(X, X) = DX$.

(4) 设 X 与 Y 独立, 则 $\text{cov}(X, Y) = 0$.

(5) $D(X \pm Y) = DX + DY \pm 2\text{cov}(X, Y)$. \hfill (4.29)

(6) 对称性: $\text{cov}(X, Y) = \text{cov}(Y, X)$. \hfill (4.30)

(7) 齐次性: $\text{cov}(aX, bY) = ab\text{cov}(X, Y)$. \hfill (4.31)

(8) 可加性: $\text{cov}(X \pm Y, Z) = \text{cov}(X, Z) \pm \text{cov}(Y, Z)$. \hfill (4.32)

性质 2 至性质 8 的证明留给读者自行完成.

4.4.2   相关系数和相关性

协方差在一定程度上反映了随机变量 X 与 Y 相互之间的关系, 但它还受 X 与 Y 本身度量单位的影响. 例如, kX 和 kY 之间的统计关系与 X 和 Y 之间的统计关系应该是一样的, 但协方差却扩大了 k^2 倍, 即

$$\mathrm{cov}(kX, kY) = k^2 \mathrm{cov}(X, Y).$$

为了克服这一缺点, 可将每个随机变量标准化, 即取

$$X^* = \frac{X - EX}{\sqrt{DX}}, \quad Y^* = \frac{Y - EY}{\sqrt{DY}},$$

并将 $\mathrm{cov}(X^*, Y^*)$ 作为 X 和 Y 之间相互关系的一种度量, 而

$$
\begin{aligned}
\mathrm{cov}(X^*, Y^*) &= E(X^* Y^*) - E(X^*) E(Y^*) = E(X^* Y^*) \\
&= E\left(\frac{X - EX}{\sqrt{DX}} \frac{Y - EY}{\sqrt{DY}} \right) \\
&= \frac{E(X - EX) E(Y - EY)}{\sqrt{DX}\sqrt{DY}} = \frac{\mathrm{cov}(X, Y)}{\sqrt{DX}\sqrt{DY}},
\end{aligned}
$$

此结果表明, 可利用标准差对协方差进行修正, 从而得到一个新的数字特征 ——**相关系数**.

定义 8   设 (X, Y) 为二维随机向量, $DX > 0$, $DY > 0$, 则称 $\dfrac{\mathrm{cov}(X, Y)}{\sqrt{DX}\sqrt{DY}}$ 为 X 与 Y 的**相关系数**, 记作 ρ_{XY}, 也可简记为 ρ, 即

$$\rho_{XY} = \frac{\mathrm{cov}(X, Y)}{\sqrt{DX}\sqrt{DY}} = \frac{E(XY) - EX \cdot EY}{\sqrt{DX}\sqrt{DY}}. \tag{4.33}$$

显然, ρ_{XY} 为标准化随机变量 $\dfrac{X - EX}{\sqrt{DX}}$ 与 $\dfrac{Y - EY}{\sqrt{DY}}$ 的协方差.

定理 3   设 X 与 Y 是两个随机变量, 并且 ρ_{XY} 存在, 则有 $|\rho_{XY}| \leqslant 1$.

证明   由定义 8 知, 只需证明 $\mathrm{cov}^2(X, Y) \leqslant DX \cdot DY$. 由于任何随机变量的方差都是一个非负实数, 所以对任意实数 k, 恒有

$$
\begin{aligned}
D(Y - kX) &= E(Y - kX - EY + kEX)^2 \\
&= E[(Y - EY)^2 - 2k(Y - EY)(X - EX) + k^2(X - EX)^2] \geqslant 0,
\end{aligned}
$$

即 $DY - 2k\mathrm{cov}(X, Y) + k^2 DX \geqslant 0$.

上面不等式的左边是一个关于 k 的一元二次函数, 因此该不等式成立的充分必要条件为判别式 $\Delta \leqslant 0$, 即

$$\Delta = [-2\mathrm{cov}(X, Y)]^2 - 4DX \cdot DY \leqslant 0,$$

于是 $\text{cov}^2(X,Y) \leqslant DX \cdot DY$.

定理 4 设 Y 是随机变量 X 的线性函数: $Y = aX + b$, 则当 $a > 0$ 时, $\rho_{XY} = 1$; 当 $a < 0$ 时, $\rho_{XY} = -1$.

证明 由定义 7 知

$$
\begin{aligned}
\text{cov}(X,Y) &= E[(X - EX)(Y - EY)] \\
&= E\{(X - EX)[(aX + b) - E(aX + b)]\} \\
&= aE(X - EX)^2 = aDX.
\end{aligned}
$$

因为 $DY = D(aX + b) = a^2 DX$, 所以

$$
\rho_{XY} = \frac{\text{cov}(X,Y)}{\sqrt{DX}\sqrt{DY}} = \frac{aDX}{|a|DX} = \frac{a}{|a|},
$$

即当 $a > 0$ 时, $\rho_{XY} = 1$; 当 $a < 0$ 时, $\rho_{XY} = -1$.

以上两个定理表明, 当 $Y = aX + b$ 时, ρ_{XY} 的绝对值达到最大值 1. 事实上, 还可以证明定理 4 的逆命题也是成立的. 因此, X 与 Y 的相关系数 ρ_{XY} 反映了 X 与 Y 线性关系的密切程度.

定义 9 设 ρ_{XY} 为 X 与 Y 的相关系数.

(1) 如果 $\rho_{XY} \neq 0$, 则称 X 与 Y 是**相关**的 (实为一定程度的**线性相关**). 其中当 $|\rho_{XY}| = 1$ 时, 称 X 与 Y 是**完全相关**的; 当 $\rho_{XY} > 0$ 时, 称 X 与 Y **正相关**; 当 $\rho_{XY} < 0$ 时, 称 X 与 Y **负相关**.

(2) 如果 $\rho_{XY} = 0$, 则称 X 与 Y **不相关** (实为**线性无关**).

显然, 若 X 与 Y 相互独立, 则 $\rho_{XY} = 0$.

例 24 设 (X,Y) 的概率分布为

X \ Y	1	2	3
-1	0.1	0.2	0.1
0	0	0.2	0.1
1	0.2	0.1	0

求 X 与 Y 的协方差及相关系数.

解 根据题意, 关于 X 和关于 Y 的边缘概率分布为

X	-1	0	1
P	0.4	0.3	0.3

Y	1	2	3
P	0.3	0.5	0.2

于是

$$
EX = (-1) \times 0.4 + 0 \times 0.3 + 1 \times 0.3 = -0.1,
$$

$$EY = 1 \times 0.3 + 2 \times 0.5 + 3 \times 0.2 = 1.9.$$

由式 (4.3) 及式 (4.5), 有

$$EX^2 = (-1)^2 \times 0.4 + 1^2 \times 0.3 = 0.7,$$
$$EY^2 = 1^2 \times 0.3 + 2^2 \times 0.5 + 3^2 \times 0.2 = 4.1,$$
$$E(XY) = (-1) \times 1 \times 0.1 + (-1) \times 2 \times 0.2 + (-1) \times 3 \times 0.1 + 0 \times 1 \times 0$$
$$\qquad + 0 \times 2 \times 0.2 + 0 \times 3 \times 0.1 + 1 \times 1 \times 0.2 + 1 \times 2 \times 0.1 + 1 \times 3 \times 0 = -0.4.$$

于是

$$DX = EX^2 - (EX)^2 = 0.7 - (-0.1)^2 = 0.69,$$
$$DY = EY^2 - (EY)^2 = 4.1 - 1.9^2 = 0.49,$$
$$\mathrm{cov}(X, Y) = E(XY) - EX \cdot EY = -0.4 + 0.1 \times 1.9 = -0.21,$$
$$\rho_{XY} = \frac{\mathrm{cov}(X, Y)}{\sqrt{DX}\sqrt{DY}} = \frac{-0.21}{0.83 \times 0.7} = -0.36.$$

例 25　已知随机变量 X 服从区间 $[0, 2\pi]$ 上的均匀分布, 并且 $Y = \sin X$, $Z = \sin(X + k)$, k 为常数, 求 Y 与 Z 的相关系数 ρ_{YZ}.

解　由题设知

$$X \sim f_X(x) = \begin{cases} \dfrac{1}{2\pi}, & x \in [0, 2\pi], \\ 0, & \text{其他}. \end{cases}$$

由式 (4.4) 及式 (4.6), 有

$$EY = E(\sin X) = \int_0^{2\pi} \frac{1}{2\pi} \sin x \mathrm{d}x = 0,$$
$$EZ = E[\sin(X + k)] = \int_0^{2\pi} \frac{1}{2\pi} \sin(x + k)\mathrm{d}x = 0,$$
$$EY^2 = E(\sin^2 X) = \int_0^{2\pi} \frac{1}{2\pi} \sin^2 x \mathrm{d}x = 0.5,$$
$$EZ^2 = E[\sin^2(X + k)] = \int_0^{2\pi} \frac{1}{2\pi} \sin^2(x + k)\mathrm{d}x = 0.5,$$
$$E(YZ) = E[\sin X \sin(X + k)]$$
$$\qquad = \int_0^{2\pi} \frac{1}{2\pi} \sin x \sin(x + k)\mathrm{d}x$$
$$\qquad = \frac{1}{4\pi} \int_0^{2\pi} [\cos k - \cos(2x + k)]\mathrm{d}x$$

$$= \frac{1}{2}\cos k.$$

于是

$$DY = EY^2 - (EY)^2 = 0.5,$$

$$DZ = EZ^2 - (EZ)^2 = 0.5,$$

$$\mathrm{cov}(Y, Z) = E(YZ) - EY \cdot EZ = \frac{1}{2}\cos k,$$

$$\rho_{YZ} = \frac{\mathrm{cov}(Y, Z)}{\sqrt{DY}\sqrt{DZ}} = \frac{\frac{1}{2}\cos k}{\sqrt{0.5}\sqrt{0.5}} = \cos k.$$

若 $k = \dfrac{\pi}{2}$, 则 $\rho_{YZ} = 0$, 此时 $Y^2 + Z^2 = 1$.

但由于 Y 与 Z 满足关系 $Y^2 + Z^2 = 1$, 所以 Y 与 Z 不独立.

例 26 对于二维随机向量 (X, Y), 设 X 服从 $[-1, 1]$ 上的均匀分布, 并且 $Y = X^2$, 证明 $\rho_{XY} = 0$.

证明 由题设知

$$X \sim f_X(x) = \begin{cases} \dfrac{1}{2}, & x \in [-1, 1], \\ 0, & \text{其他}. \end{cases}$$

于是 $EX = 0$.

由式 (4.4) 及式 (4.28), 有

$$E(X^3) = \int_{-1}^{1} \frac{1}{2} x^3 \mathrm{d}x = 0,$$

$$\mathrm{cov}(X, Y) = E(XY) - EX \cdot EY = E(X^3) = 0,$$

因此 $\rho_{XY} = 0$.

但由于 X 与 Y 满足关系 $Y = X^2$, 所以 X 与 Y 不独立.

例 25 和例 26 表明, X 与 Y 不相关, 但它们不独立. 因此, 由 X 与 Y 不相关不能得到 X 与 Y 相互独立. 事实上, X 与 Y 不相关是指没有线性关系, 但并不排除存在其他关系, 如平方关系.

*例 27 设二维随机向量 $(X, Y) \sim N(\mu_1, \mu_2, \sigma_1, \sigma_2, \rho)$, 求 X 与 Y 的相关系数 ρ_{XY}.

解 根据二维正态分布的边缘概率密度知

$$EX = \mu_1, \quad EY = \mu_2, \quad DX = \sigma_1^2, \quad DY = \sigma_2^2,$$

而

$$\text{cov}(X,Y) = \int_{-\infty}^{+\infty} \int_{-\infty}^{+\infty} (x - \mu_1)(y - \mu_2) f(x,y) \mathrm{d}x\mathrm{d}y$$

$$= \frac{1}{2\pi\sigma_1\sigma_2\sqrt{1-\rho^2}} \int_{-\infty}^{+\infty} \int_{-\infty}^{+\infty} (x - \mu_1)(y - \mu_2)$$

$$\times \exp\left[\frac{-1}{2\sqrt{1-\rho^2}}\left(\frac{y-\mu_2}{\sigma_2} - \rho\frac{x-\mu_1}{\sigma_1}\right)^2 - \frac{(x-\mu_1)^2}{2\sigma_1^2}\right] \mathrm{d}x\mathrm{d}y.$$

令 $t = \dfrac{1}{\sqrt{1-\rho^2}}\left(\dfrac{y-\mu_2}{\sigma_2} - \rho\dfrac{x-\mu_1}{\sigma_1}\right), u = \dfrac{x-\mu_1}{\sigma_1}$, 则有

$$\text{cov}(X,Y) = \frac{1}{2\pi} \int_{-\infty}^{+\infty} \int_{-\infty}^{+\infty} (\sigma_1\sigma_2\sqrt{1-\rho^2}\,tu + \rho\sigma_1\sigma_2 u^2) \mathrm{e}^{-(u^2+t^2)/2} \mathrm{d}t\mathrm{d}u$$

$$= \frac{\rho\sigma_1\sigma_2}{2\pi}\left(\int_{-\infty}^{+\infty} u^2 \mathrm{e}^{-\frac{u^2}{2}} \mathrm{d}u\right)\left(\int_{-\infty}^{+\infty} \mathrm{e}^{-\frac{t^2}{2}} \mathrm{d}t\right)$$

$$+ \frac{\sigma_1\sigma_2\sqrt{1-\rho^2}}{2\pi}\left(\int_{-\infty}^{+\infty} u\mathrm{e}^{-\frac{u^2}{2}} \mathrm{d}u\right)\left(\int_{-\infty}^{+\infty} t\mathrm{e}^{-\frac{t^2}{2}} \mathrm{d}t\right)$$

$$= \frac{\rho\sigma_1\sigma_2}{2\pi}\sqrt{2\pi}\cdot\sqrt{2\pi} = \rho\sigma_1\sigma_2,$$

于是

$$\rho_{XY} = \frac{\text{cov}(X,Y)}{\sqrt{DX}\sqrt{DY}} = \rho.$$

注　(1) 二维正态分布随机向量 (X,Y) 的概率密度中的参数 ρ 是 X 与 Y 的相关系数, X 和 Y 的各自的数学期望、方差及它们的相关系数可以确定二维正态随机向量的分布;

(2) 第 3 章已经讲过, 若 (X,Y) 服从二维正态分布, 则 X 和 Y 相互独立的充分必要条件为 $\rho = 0$. 现知 $\rho = \rho_{XY}$, 故对于二维正态随机向量 (X,Y) 来讲, X 和 Y 不相关与 X 和 Y 相互独立是等价的.

4.5　矩、协方差矩阵与相关矩阵

本节在推广随机变量的期望、方差和两个随机变量的协方差、相关系数等数字特征基础上, 引入矩、协方差矩阵和相关矩阵这些概念.

4.5.1　矩

定义 10　设 X 为随机变量, 若

$$EX^k, \quad k = 1, 2, \cdots$$

存在, 则称其为 X 的 k 阶原点矩 (简称 k 阶矩), 也记作 V_k.

若

$$E(X - EX)^k, \quad k = 2, 3, \cdots$$

存在, 则称其为 X 的 k 阶中心矩, 也记作 μ_k.

若

$$E|X - EX|^k, \quad k = 2, 3, \cdots$$

存在, 称其为 X 的 k 阶绝对中心矩.

对于二维随机向量 (X, Y), 若

$$E(X^k Y^l), \quad k, l = 1, 2, \cdots$$

存在, 则称其为 X 和 Y 的 $k + l$ 阶混合矩.

若

$$E[(X - EX)^k (Y - EY)^l], \quad k, l = 1, 2, \cdots$$

存在, 则称其为 X 和 Y 的 $k + l$ 阶混合中心矩.

注 (1) 随机变量 X 的数学期望 EX 是 X 的一阶原点矩;

(2) 随机变量 X 的方差 DX 是 X 的二阶中心矩.

4.5.2 协方差矩阵与相关矩阵

定义 11 设 $(X_1, X_2, \cdots, X_n)$ 是 n 维随机向量, 并且 $DX_i(i = 1, 2, \cdots, n)$ 存在, 则以 $\mathrm{cov}(X_i, X_j)$ 为元素的 n 阶矩阵

$$V = \begin{bmatrix} v_{11} & v_{12} & \cdots & v_{1n} \\ v_{21} & v_{22} & \cdots & v_{2n} \\ \vdots & \vdots & & \vdots \\ v_{n1} & v_{n2} & \cdots & v_{nn} \end{bmatrix}, \quad v_{ii} = DX_i, \quad v_{ij} = \mathrm{cov}(X_i, X_j), \quad i, j = 1, 2, \cdots, n$$

称为该 n 维随机向量的**协方差矩阵**, 记作 V.

显然, 协方差矩阵 V 是对称矩阵, 即 $v_{ij} = v_{ji}, i, j = 1, 2, \cdots, n$.

定义 12 设 $(X_1, X_2, \cdots, X_n)$ 是 n 维随机向量, 其任意两个分量 X_i 与 X_j 的相关系数 $\rho_{ij}(i, j = 1, 2, \cdots, n)$ 都存在, 则以 ρ_{ij} 为元素的 n 阶矩阵

$$R = \begin{bmatrix} \rho_{11} & \rho_{12} & \cdots & \rho_{1n} \\ \rho_{21} & \rho_{22} & \cdots & \rho_{2n} \\ \vdots & \vdots & & \vdots \\ \rho_{n1} & \rho_{n2} & \cdots & \rho_{nn} \end{bmatrix}$$

称为该 n 维随机向量的**相关矩阵**, 记作 R.

由于 $\mathrm{cov}(X_i, X_i) = DX_i, i = 1, 2, \cdots, n$, 因此

$$\rho_{ii} = \frac{\mathrm{cov}(X_i, X_i)}{\sqrt{DX_i}\sqrt{DX_i}} = 1 \ (i = 1, 2, \cdots, n),$$

$$\rho_{ij} = \frac{\mathrm{cov}(X_i, X_j)}{\sqrt{DX_i}\sqrt{DX_j}} = \frac{v_{ij}}{\sqrt{v_{ii}}\sqrt{v_{jj}}} \ (i, j = 1, 2, \cdots, n).$$

对于协方差矩阵和相关矩阵, 主要讨论 $n = 2$ 的情况.

例 28　已知二维随机向量 (X, Y) 的协方差矩阵为

$$V = \begin{bmatrix} 25 & a \\ 12 & 36 \end{bmatrix},$$

求参数 a 以及相关矩阵 R.

解　根据题意知

$$\rho_{11} = \rho_{22} = 1, \quad \rho_{12} = \rho_{21} = \frac{v_{12}}{\sqrt{v_{11}}\sqrt{v_{22}}} = \frac{12}{5 \times 6} = 0.4.$$

又由对称性知 $a = 12$,

因此

$$R = \begin{bmatrix} 1 & 0.4 \\ 0.4 & 1 \end{bmatrix}.$$

例 29　已知随机变量 X 的方差 $DX = \sigma^2$, 并且 $Y = 3 - 2X$, 求 (X, Y) 的协方差矩阵及相关矩阵.

解　$v_{11} = DX = \sigma^2, \quad v_{22} = DY = D(3 - 2X) = 4\sigma^2.$

由于 $Y = 3 - 2X$ 为线性函数, 所以 $\rho_{XY} = -1$, 即 $\rho_{12} = \rho_{21} = -1$. 于是

$$v_{12} = v_{21} = \mathrm{cov}(X, Y) = \rho_{XY}\sqrt{DX}\sqrt{DY} = \rho_{12}\sqrt{v_{11}}\sqrt{v_{22}} = -2\sigma^2.$$

因此

$$V = \begin{bmatrix} \sigma^2 & -2\sigma^2 \\ -2\sigma^2 & 4\sigma^2 \end{bmatrix} = \sigma^2 \begin{bmatrix} 1 & -2 \\ -2 & 4 \end{bmatrix}, \quad R = \begin{bmatrix} 1 & -1 \\ -1 & 1 \end{bmatrix}.$$

例 30　计算例 24 中 (X, Y) 的协方差矩阵 V.

解　由于 $v_{11} = DX = 0.69, v_{22} = DY = 0.49, v_{12} = V_{21} = \mathrm{cov}(X, Y) = -0.21$, 所以

$$V = \begin{bmatrix} 0.69 & -0.21 \\ -0.21 & 0.49 \end{bmatrix}.$$

例 31　设 (X, Y) 的概率密度为

$$f(x, y) = \begin{cases} \dfrac{1}{\pi}, & x^2 + y^2 \leqslant 1, \\ 0, & \text{其他}, \end{cases}$$

求 (X, Y) 的相关矩阵 R.

解　由式 (4.6), 有

$$E(XY) = \int_{-1}^{1} \left(\int_{-\sqrt{1-x^2}}^{\sqrt{1-x^2}} \frac{xy}{\pi} \mathrm{d}x \right) \mathrm{d}y = 0,$$

$$EX = EY = \int_{-1}^{1} \left(\int_{-\sqrt{1-y^2}}^{\sqrt{1-y^2}} \frac{y}{\pi} \mathrm{d}x \right) \mathrm{d}y = 0.$$

于是

$$\mathrm{cov}(X, Y) = E(XY) - EX \cdot EY = 0.$$

显然 $DX = DY > 0$, 所以

$$\rho_{12} = \frac{\mathrm{cov}(X, Y)}{\sqrt{DX}\sqrt{DY}} = 0,$$

于是 $R = \begin{bmatrix} 1 & 0 \\ 0 & 1 \end{bmatrix}$.

习　题　四

1. 盒中有 5 个球, 其中有 3 个白球、2 个黑球, 从中一次任取 2 个球, 求取得白球数 X 的数学期望与方差.

2. 设随机变量 X 的概率分布为 $P\{X = k\} = \dfrac{1}{10}(k = 2, 4, \cdots, 18, 20)$, 求 EX.

3. 袋中有 5 个乒乓球, 编号为 1, 2, 3, 4, 5, 现从中一次任取 3 个, 用 X 表示取出的 3 个球中最大编号, 求 EX.

4. 设随机变量 X 的概率分布为

X	-2	0	2
P	0.4	0.3	0.3

求 EX, EX^2 和 $E(3X^2 + 5)$.

5. 连续型随机变量 X 的概率密度为

$$f(x) = \begin{cases} kx^{\alpha}, & 0 < x < 1, \\ 0, & \text{其他} \end{cases} \quad (k, \alpha > 0),$$

且 $EX = 0.75$, 求 $(1)k, \alpha$; $(2)DX$.

6. 一个螺丝钉的重量是随机变量, 平均重 10 克, 标准差为 1 克, 求 100 个同型号螺丝钉重量的数学期望和方差.

7. 设随机变量 X 的概率密度为

$$f(x) = \begin{cases} 1 + x, & -1 \leqslant x < 0, \\ 1 - x, & 0 \leqslant x < 1, \\ 0, & \text{其他}, \end{cases}$$

求 EX 和 DX.

8. 设随机变量 $X \sim f(x) = \begin{cases} \dfrac{1}{\pi\sqrt{1-x^2}}, & |x| < 1, \\ 0, & \text{其他}, \end{cases}$ 求 EX 和 DX.

9. 设随机变量 X 的概率密度为 $f(x) = \begin{cases} \mathrm{e}^{-x}, & x \geqslant 0, \\ 0, & x < 0, \end{cases}$ 求: $(1)Y = 2X$ 的数学期望; $(2)Y = \mathrm{e}^{-2X}$ 的数学期望.

10. 设随机变量 X 与 Y 相互独立, 概率密度分别为

$$f_X(x) = \begin{cases} 2x, & 0 \leqslant x \leqslant 1, \\ 0, & \text{其他} \end{cases} \quad \text{和} \quad f_Y(y) = \begin{cases} \mathrm{e}^{5-y}, & y > 5, \\ 0, & y \leqslant 5, \end{cases}$$

求 $E(XY)$.

11. 设随机变量 X 与 Y 相互独立, 概率密度分别为

$$f_X(x) = \begin{cases} 1, & 0 \leqslant x \leqslant 1, \\ 0, & \text{其他} \end{cases} \quad \text{和} \quad f_Y(y) = \begin{cases} \mathrm{e}^{-y}, & y > 0, \\ 0, & y \leqslant 0, \end{cases}$$

求 $E(X + Y)$.

12. 设随机变量 X 服从柯西分布, 即其概率密度为 $f(x) = \dfrac{1}{\pi(1 + x^2)} (-\infty < x < +\infty)$, 试证明 X 的数学期望不存在.

13. 设随机变量 X 的分布函数为 $F(x) = \begin{cases} 1 - \mathrm{e}^{-\lambda x}, & x > 0, \\ 0, & \text{其他}, \end{cases}$ 求 EX 和 DX.

14. 一台实验仪器中有 3 个元件, 各元件发生故障是相互独立的, 其概率分别为 0.2, 0.3, 0.4, 求发生故障的元件数的数学期望及方差.

15. 同时掷 2 颗骰子, 设随机变量 X 表示出现点数的最大值, 求 EX 和 DX.

16. 把 4 只球随机地投入 4 个盒子中, 设 X 表示空盒子的个数, 求 EX 和 DX.

17. 一批零件中有 9 个合格品和 3 个废品, 在安装机器时, 从这批零件中任取 1 个, 如果取出的是废品就不再放回去. 求在取得合格品之前, 已经取出废品数的数学期望和方差.

18. 调查结果表明: 某地区的科技人员年龄 X 具有如下概率密度

$$f(x) = \begin{cases} k(x - 24)(84 - x)^4, & 24 \leqslant x \leqslant 84, \\ 0, & \text{其他}, \end{cases}$$

(1) 求常数 k 的值; (2) 计算该地区科技人员的平均年龄.

19. 设随机变量 X 服从参数为 λ 的指数分布, 并且 $Y = \sqrt{X}$, 求 Y 的数学期望与方差.

20. 设随机变量 X 服从区间 $[0, 2]$ 上的均匀分布, 并且 $Y = |X - 1|$, 求 EY 和 DY.

21. 对某一目标进行射击, 每次射击相互独立并且击中概率为 p,

(1) 若直到击中为止, 求射击次数的数学期望与方差;

(2) 若直到击中 k 次为止, 求射击次数的数学期望与方差.

22. 设 X 服从参数为 2 的泊松分布, $Y = 3X - 2$, 试求 $EY, DY, \text{cov}(X, Y)$ 及 ρ_{XY}.

23. 设随机向量 (X, Y) 的概率密度为

$$f(x, y) = \begin{cases} \dfrac{1}{8}(x + y), & 0 \leqslant x \leqslant 2, 0 \leqslant y \leqslant 2, \\ 0, & \text{其他}, \end{cases}$$

试求 $EX, EY, \text{cov}(X, Y), \rho_{XY}, D(X + Y)$.

24. 设随机向量 (X, Y) 的概率密度为

$$f(x, y) = \begin{cases} \mathrm{e}^{-(x+y)}, & 0 < x < +\infty, 0 < y < +\infty, \\ 0, & \text{其他}, \end{cases}$$

求 $\text{cov}(X, Y)$.

25. 设随机变量 X 的方差 $DX = 16$, 随机变量 Y 的方差 $DY = 25$, 又 X 与 Y 的相关系数 $\rho_{XY} = 0.5$, 求 $D(X + Y)$ 与 $D(X - Y)$.

26. 设随机向量 (X, Y) 服从单位圆域 $\{(x, y) | x^2 + y^2 \leqslant 1\}$ 上的均匀分布, 试证明 X, Y 不相关.

27. 将 3 个球随机地放入 4 个盒子, 记 $X_i(i = 1, 2)$ 表示第 i 个盒子内球的个数, 求随机向量 (X_1, X_2) 的协方差矩阵.

28. 设随机变量 X 的概率密度为 $f(x) = \begin{cases} 0.5x, & 0 < x < 2, \\ 0, & \text{其他}, \end{cases}$ 求随机变量 X 的一阶至四阶的原点矩和中心距.

29. 设随机变量 X 服从拉普拉斯分布, 即其概率密度为 $f(x) = \dfrac{1}{2\lambda}\mathrm{e}^{-\frac{|x|}{\lambda}}, -\infty < x < +\infty$, 其中 $\lambda > 0$ 为常数, 求 X 的 k 阶中心距.

30. 设随机向量 $(X, Y) \sim f(x, y) = \begin{cases} 1.5xy^2, & 0 \leqslant x \leqslant 2, 0 \leqslant y \leqslant 1, \\ 0, & \text{其他}, \end{cases}$ 求随机向量 (X, Y) 的均值和协方差矩阵.

31. 设随机向量 $(X, Y) \sim f(x, y) = A\mathrm{e}^{-[(x+5)^2 + 8(x+5)(y-3) + 25(y-3)^2]}$, 试确定 A 的值, 并求 X 与 Y 的相关矩阵.

32. 设二维随机向量 (X, Y) 的概率密度为

$$f(x, y) = \begin{cases} A\sin(x + y), & (x, y) \in D, \\ 0, & \text{其他}, \end{cases}$$

其中 D 为矩形区域 $\left\{(x, y) \Big| 0 \leqslant x \leqslant \dfrac{\pi}{2}, 0 \leqslant y \leqslant \dfrac{\pi}{2}\right\}$.

(1) 求系数 A;

(2) 求 EX, EY, DX 及 DY;

(3) 求 $\text{cov}(X, Y)$ 及 ρ_{XY};

(4) 求协方差矩阵 C 及相关系数矩阵 R.

选 做 题 四

1. 某流水生产线上每个产品不合格的概率为 $p(0 < p < 1)$, 各产品合格与否相互独立, 当出现一个不合格产品时即停机检修. 设开机后第一次停机时已生产了的产品个数为 X, 求 X 的数学期望 EX 和方差 DX.

2. 已知甲、乙两箱中装有同种产品, 其中甲箱中装有 3 件合格产品和 3 件次品, 乙箱中仅装有 3 件合格品. 从甲箱中任取 3 件产品放入乙箱后, 求:

(1) 乙箱中次品件数 X 的数学期望;

(2) 从乙箱中任取一件产品是次品的概率.

3. 设随机变量 X 的概率密度函数为 $f(x) = \begin{cases} \dfrac{1}{2}\cos\dfrac{x}{2}, & 0 \leqslant x \leqslant \pi, \\ 0, & \text{其他}, \end{cases}$ 对 X 独立地重复观察 4 次, 用 Y 表示观察值大于 $\dfrac{\pi}{3}$ 的次数, 求 Y^2 的数学期望.

4. 设两个随机变量 X, Y 相互独立, 且都服从均值为 0, 方差为 $\dfrac{1}{2}$ 的正态分布, 求随机变量 $|X - Y|$ 的方差.

5. 假设二维随机向量 (X, Y) 在矩形 $G = \{(x, y) \,|\, 0 \leqslant x \leqslant 2, 0 \leqslant y \leqslant 1\}$ 上服从均匀分布, 记

$$U = \begin{cases} 0, & X \leqslant Y, \\ 1, & X > Y, \end{cases} \qquad V = \begin{cases} 0, & X \leqslant 2Y, \\ 1, & X > 2Y. \end{cases}$$

(1) 求 U 和 V 的联合分布函数; (2) 求 U 和 V 的相关系数 ρ.

6. 箱中装有 6 个球, 其中红球、白球、黑球个数分别为 1, 2, 3, 现从箱中随机地取出 2 个球, 记 X 为取出红球的个数, Y 为取出白球的个数.

(1) 求随机向量 (X, Y) 的概率分布; (2) 求 $\text{cov}(X, Y)$.

7. 设二维离散型随机向量 (X, Y) 的概率分布为

X \\ Y	0	1	2
0	$\dfrac{1}{4}$	0	$\dfrac{1}{4}$
1	0	$\dfrac{1}{3}$	0
2	$\dfrac{1}{12}$	0	$\dfrac{1}{12}$

(1) 求 $P\{X = 2Y\}$; (2) 求 $\text{cov}(X - Y, Y)$.

8. 设 A 和 B 为随机事件, 且 $P(A) = \frac{1}{4}$, $P(B|A) = \frac{1}{3}$, $P(A|B) = \frac{1}{2}$, 令

$$X = \begin{cases} 1, & A发生, \\ 0, & A不发生, \end{cases} \qquad Y = \begin{cases} 1, & B发生, \\ 0, & B不发生. \end{cases}$$

(1) 求二维随机向量 (X, Y) 的概率分布; (2) 求 X 和 Y 的相关系数 ρ_{XY}.

9. 游客乘电梯从底层到电视塔顶层观光, 电梯在每个整点的第 5 分钟、25 分钟和 55 分钟从底层起行. 假设一游客在早晨 8 点的第 X 分钟到底层候梯处, 且 X 在 $[0, 60]$ 上服从均匀分布, 求该游客等候时间的数学期望.

10. 两台同样的自动记录仪, 每台无故障工作的时间服从参数为 5 的指数分布, 首先开动其中一台, 当其发生故障时停用而另一台自行开动, 试求两台记录仪无故障工作的总时间 T 的概率密度 $f(t)$、数学期望和方差.

11. 一商店经销某种商品, 每周进货的数量 X 与顾客对该种商品的需求量 Y 是相互独立的随机变量, 且都服从区间 $[10, 20]$ 上的均匀分布, 商品每销售出一单位商品获得利润 1000 元; 若需求量超过了进货量, 商店可以从其他商店调剂供应, 这时每单位商品获得利润 500 元, 试计算此商店经销该种商品每周所得利润的期望值.

12. 设 A, B 是两个随机事件, 随机变量

$$X = \begin{cases} 1, & A出现, \\ -1, & A不出现, \end{cases} \qquad Y = \begin{cases} 1, & B出现, \\ -1, & B不出现, \end{cases}$$

试证明: 随机变量 X 和 Y 不相关的充分必要条件是 A 和 B 相互独立.

13. 假设随机变量 U 在区间 $[-2, 2]$ 上服从均匀分布, 随机变量

$$X = \begin{cases} 1, & U \leqslant -1, \\ -1, & U > -1, \end{cases} \qquad Y = \begin{cases} 1, & U \leqslant 1, \\ -1, & U > 1, \end{cases}$$

试求: $(1) X$ 和 Y 的联合概率分布; $(2) D(X + Y)$.

14. 设随机变量 X 的概率密度为

$$f_X(x) = \begin{cases} \dfrac{1}{2}, & -1 < x < 0, \\ \dfrac{1}{4}, & 0 \leqslant x < 2, \\ 0, & 其他, \end{cases}$$

令 $Y = X^2$, $F(x, y)$ 为二维随机向量 (X, Y) 的分布函数, 求:

(1) Y 的概率密度 $f_{Y(y)}$; (2) $\mathrm{cov}(X, Y)$; (3) $F\left(-\dfrac{1}{2}, 4\right)$.

第 5 章 大数定律与中心极限定理

本章介绍概率论中最基本也是最重要的两类定理: 大数定律与中心极限定理. 前者以严格的数学形式表述了客观世界中一般平均结果的稳定性, 而后者则阐述了正态分布大量存在于客观世界之中的数学原理.

5.1 切比雪夫不等式与大数定律

随机现象的统计规律性是在相同条件下进行大量重复试验时呈现出来的. 例如, 在概率的统计定义中, 曾提到一事件发生的频率具有稳定性, 即事件发生的频率趋于事件发生的概率, 其中所指的是: 当试验的次数无限增大时, 事件发生的频率在某种收敛意义下逼近某一常数 (事件发生的概率), 这就是最早的大数定律. 一般的大数定律讨论 n 个随机变量的平均值的稳定性, 大数定律从理论的高度对上述情况进行了论证.

5.1.1 切比雪夫不等式

定理 1(切比雪夫不等式) 设随机变量 X 的期望 $EX = \mu$, 方差 $DX = \sigma^2$, 则对任意 $\varepsilon > 0$, 有

$$P\{|X - \mu| \geqslant \varepsilon\} \leqslant \frac{\sigma^2}{\varepsilon^2}. \tag{5.1}$$

证明 仅就连续型随机变量的情形进行证明.

设连续型随机变量 X 的概率密度为 $f(x)$, 则由 $|X - \mu| \geqslant \varepsilon$ 可得

$$\frac{(X - \mu)^2}{\varepsilon^2} \geqslant 1.$$

于是

$$
\begin{aligned}
P\{|X - \mu| \geqslant \varepsilon\} &= \int_{|X-\mu| \geqslant \varepsilon} f(x)\mathrm{d}x \\
&\leqslant \int_{|X-\mu| \geqslant \varepsilon} \frac{(X - \mu)^2}{\varepsilon^2} f(x)\mathrm{d}x \\
&\leqslant \int_{-\infty}^{+\infty} \frac{(X - \mu)^2}{\varepsilon^2} f(x)\mathrm{d}x \\
&= \frac{1}{\varepsilon^2} \int_{-\infty}^{+\infty} (X - \mu)^2 f(x)\mathrm{d}x
\end{aligned}
$$

$$= \frac{DX}{\varepsilon^2}.$$

切比雪夫不等式也可以写成下面的等价形式

$$P\{|X - \mu| < \varepsilon\} \geqslant 1 - \frac{\sigma^2}{\varepsilon^2}. \tag{5.2}$$

切比雪夫不等式表明, 随机变量 X 的方差越小, 则事件 $\{|X - \mu| < \varepsilon\}$ 发生的概率越大, X 的取值就越集中在数学期望 μ 附近. 由此可见, 方差的确反映了随机变量取值的偏离程度.

在方差已知的情况下, 切比雪夫不等式给出了 X 与它的期望 μ 的偏差不小于 ε 的概率的估计式. 例如, 取 $\varepsilon = 3\sigma$, 则有

$$P\{|X - \mu| \geqslant 3\sigma\} \leqslant \frac{\sigma^2}{9\sigma^2} \approx 0.111.$$

于是, 对于任意给定的分布, 只要期望和方差存在, 则随机变量 X 取值偏离 μ 超过 3 倍均方差的概率小于 0.111.

例 1 设 X 为随机变量, 并且 $EX = \mu$, $DX = \sigma^2$, 试估计事件 $\{|X - \mu| < 3\sigma\}$ 发生的概率.

解 由式 (5.2), 有

$$P\{|X - \mu| < 3\sigma\} \geqslant 1 - \frac{\sigma^2}{(3\sigma)^2} = \frac{8}{9}.$$

计算表明, X 与 EX 的离差落在 3σ 以内的概率不小于 $\frac{8}{9}$, 而落在 3σ 之外的概率不超过 $\frac{1}{9}$.

例 2 已知正常男性成人血液中, 每一毫升白细胞数平均 7300, 标准差 700, 利用切比雪夫不等式估计每毫升血液中白细胞数为 5200 到 9400 之间的概率.

解 设每毫升血液中白细胞数为 X, 根据题意, 有 $\mu = 7300$, $\sigma = 700$, 所求概率为

$$\begin{aligned}
P\{5200 < X < 9400\} &= P\{5200 - 7300 < X - 7300 < 9400 - 7300\} \\
&= P\{-2100 < X - \mu < 2100\} \\
&= P\{|X - \mu| < 2100\}.
\end{aligned}$$

由切比雪夫不等式

$$P\{|X - \mu| < 2100\} \geqslant 1 - \frac{\sigma^2}{2100^2} = 1 - \frac{700^2}{2100^2} = \frac{8}{9},$$

即估计每毫升白细胞数为 5200 到 9400 之间的概率不小于 $\frac{8}{9}$.

*5.1.2　大数定律

定理 2(切比雪夫大数定律)　设 $X_1, X_2, \cdots, X_n, \cdots$ 是相互独立的随机变量序列, 并且存在 $EX_i = \mu_i, DX_i = \sigma_i^2 < c(i = 1, 2, \cdots)$, 其中常数 c 与 i 无关, 则对于任意 $\varepsilon > 0$, 有

$$\lim_{n \to \infty} P\left\{ \left| \frac{1}{n} \sum_{i=1}^{n} X_i - \frac{1}{n} \sum_{i=1}^{n} \mu_i \right| < \varepsilon \right\} = 1. \tag{5.3}$$

证明　记 $Y_n = \dfrac{1}{n} \sum\limits_{i=1}^{n} X_i$, 则 $EY_n = \dfrac{1}{n} \sum\limits_{i=1}^{n} \mu_i$. 因为 $X_1, X_2, \cdots, X_n, \cdots$ 是相互独立的随机变量序列, 并且 $DX_n = \sigma_n^2 < c(n = 1, 2, \cdots)$, 所以

$$DY_n = \frac{1}{n^2} \sum_{i=1}^{n} \sigma_i^2 < \frac{1}{n^2} \sum_{i=1}^{n} c = \frac{c}{n}.$$

于是, 对任意 $\varepsilon > 0$, 有 $P\{|Y_n - EY_n| < \varepsilon\} \geqslant 1 - \dfrac{DY_n}{\varepsilon^2} > 1 - \dfrac{c}{n\varepsilon^2}$, 即

$$1 - \frac{c}{n\varepsilon^2} \leqslant P\left\{ \left| \frac{1}{n} \sum_{i=1}^{n} X_i - \frac{1}{n} \sum_{i=1}^{n} \mu_i \right| < \varepsilon \right\} \leqslant 1.$$

注意到 $\lim\limits_{n \to \infty} \left(1 - \dfrac{c}{n\varepsilon^2} \right) = 1$, 由夹逼定理得

$$\lim_{n \to \infty} P\left\{ \left| \frac{1}{n} \sum_{i=1}^{n} X_i - \frac{1}{n} \sum_{i=1}^{n} \mu_i \right| < \varepsilon \right\} = 1.$$

切比雪夫大数定律揭示了随机变量序列 $\{Y_n - EY_n\}$ 依概率收敛于其数学期望 EY_n 的统计规律, 即当 n 充分大时, 独立的随机变量序列的算术平均值 Y_n 会集中在其数学期望 EY_n 附近.

定义 1　设 $X_1, X_2, \cdots, X_n, \cdots$ 是随机变量序列, a 为常数, 若对于任意 $\varepsilon > 0$, 有 $\lim\limits_{n \to \infty} P\{|X_n - a| < \varepsilon\} = 1$, 则称随机变量序列 $\{X_n\}$**依概率收敛**于 a, 记作 $X_n \overset{P}{\longrightarrow} a$.

由定义 1 可知, 随机变量序列依概率收敛于某一随机变量与微积分中的数列收敛是不同的, 前者具有某种不确定性.

这样定理 2 又可叙述如下.

切比雪夫大数定律　设 $X_1, X_2, \cdots, X_n, \cdots$ 是相互独立的随机变量序列, 并且存在 $EX_i = \mu_i, DX_i = \sigma_i^2 < c(i = 1, 2, \cdots)$, 其中常数 c 与 i 无关, 则

$$\frac{1}{n} \sum_{i=1}^{n} X_i \text{依概率收敛于} \frac{1}{n} \sum_{i=1}^{n} \mu_i, \quad \text{即} \frac{1}{n} \sum_{i=1}^{n} X_i \overset{P}{\longrightarrow} \frac{1}{n} \sum_{i=1}^{n} \mu_i.$$

定理 3(伯努利大数定律) 设 X 为 n 重伯努利试验中事件 A 发生的次数, $p(0 < p < 1)$ 为事件 A 在每次试验中发生的概率, 则对于任意 $\varepsilon > 0$, 有

$$\lim_{n \to \infty} P\left\{ \left| \frac{X}{n} - p \right| < \varepsilon \right\} = 1. \tag{5.4}$$

证明 因为 $X \sim B(n, p)$, 所以

$$X = X_1 + X_2 + \cdots + X_n,$$

其中 $X_1, X_2, \cdots, X_n$ 相互独立, 并且同服从参数为 p 的 (0-1) 分布, 显然 $EX_i = p$, $DX_i = p(1 - p)(i = 1, 2, \cdots, n)$, 于是由式 (5.3) 得

$$\lim_{n \to \infty} P\left\{ \left| \frac{X}{n} - p \right| < \varepsilon \right\} = 1.$$

注 (1) 定理 3 表明: 当重复试验次数 n 充分大时, 事件 A 发生的频率 $\dfrac{X}{n}$ 依概率收敛于事件 A 发生的概率 p. 定理以严格的数学形式表达了频率的稳定性. 在实际应用中, 当试验次数很大时, 便可以用事件发生的频率来近似代替事件的概率.

(2) 如果事件 A 的概率很小, 则由伯努利定理知, 事件 A 发生的频率也是很小的, 即 "概率很小的随机事件在个别试验中几乎不会发生". 这一原理称为**小概率原理**, 它的实际应用很广泛. 但应注意到, 小概率事件与不可能事件是有区别的. 在多次试验中, 小概率事件也可能发生.

上述的两个大数定律都是借助于切比雪夫不等式证明的, 故对随机变量序列 $X_1, X_2, \cdots, X_n, \cdots$, 要求诸 X_i 的方差存在. 但进一步研究表明, 方差存在这个条件并不是必要的, 下面的辛钦大数定律就表明了这一点.

定理 4 (辛钦大数定律) 设 $X_1, X_2, \cdots, X_n, \cdots$ 是独立同分布的随机变量序列, 并且存在 $EX_i = \mu(i = 1, 2, \cdots)$, 则对于任意 $\varepsilon > 0$, 有

$$\lim_{n \to \infty} P\left\{ \left| \frac{1}{n} \sum_{i=1}^{n} X_i - \mu \right| < \varepsilon \right\} = 1. \tag{5.5}$$

证明略.

此定理实际上给出了人们在日常生活中惯用的算术平均值法则的理论根据. 比如, 为了精确称量某物体的重量 A, 可以在相同条件下重复测量 n 次, 得到的结果记为 $x_1, x_2, \cdots, x_n$, 由于各种不确定的因素, 这些结果是不完全相同的, 它们可以看成是 n 个独立的随机变量 $X_1, X_2, \cdots, X_n$ 的一次试验数据, 并可以认为 $X_1, X_2, \cdots, X_n$ 服从同一分布, 且数学期望为 A. 于是由辛钦大数定律可知, 当 n 充分大时, 用 $\dfrac{1}{n} \sum_{i=1}^{n} X_i$ 作为物体重量 A 的近似值, 基本上不会产生较大的误差.

5.2　中心极限定理

在实际问题中, 许多随机现象是由大量相互独立的随机因素综合影响所形成的, 其中每一个因素在总的影响中所起的作用是微小的, 中心极限定理从理论上阐明, 对于独立同分布的随机变量序列 $X_1, X_2, \cdots, X_n, \cdots$, 当 n 趋于无穷时其和的分布一般趋于正态分布.

定理 5(列维–林德伯格中心极限定理)　设 $X_1, X_2, \cdots, X_n, \cdots$ 是独立同分布的随机变量序列, 并且存在 $EX_i = \mu$, $DX_i = \sigma^2 > 0$ $(i = 1, 2, \cdots)$, 则对于任意 $x \in \mathbf{R}$, 有

$$\lim_{n \to \infty} P\left\{ \frac{\sum\limits_{i=1}^{n} X_i - n\mu}{\sqrt{n}\sigma} \leqslant x \right\} = \int_{-\infty}^{x} \frac{1}{\sqrt{2\pi}} \mathrm{e}^{-\frac{t^2}{2}} \, \mathrm{d}t = \Phi(x). \tag{5.6}$$

该定理也称为独立同分布中心极限定理, 证明超出本书范围, 略.

注　定理表明: 只要独立的随机变量序列 $X_1, X_2, \cdots, X_n, \cdots$ 服从同一分布, 且期望和方差 (非零) 都存在, 则当 n 趋于无穷大时, 随机变量 $\dfrac{\sum\limits_{i=1}^{n} X_i - n\mu}{\sqrt{n}\sigma}$ 总以标准正态分布为极限分布, 或者说 $\sum\limits_{i=1}^{n} X_i$ 以 $N(n\mu, n\sigma^2)$ 为其极限分布, 根据这一特点, 在实际应用中, 只要 n 足够大, 便可以近似地把 n 个独立同分布的随机变量之和当作正态随机变量来处理. 记作

$$\frac{\sum\limits_{i=1}^{n} X_i - n\mu}{\sqrt{n}\sigma} \overset{\text{近似}}{\sim} N(0, 1), \quad \text{即} \frac{\dfrac{1}{n}\sum\limits_{i=1}^{n} X_i - \mu}{\sigma/\sqrt{n}} \overset{\text{近似}}{\sim} N(0, 1),$$

于是

$$\overline{X} = \frac{1}{n}\sum_{i=1}^{n} X_i \overset{\text{近似}}{\sim} N(\mu, \sigma^2/n).$$

所以定理 5 习惯上又称为独立同分布中心极限定理.

例 3　一盒同型号的螺丝钉共 100 个, 已知该型号的螺丝钉重量是一个随机变量, 期望为 100 克, 标准差为 5 克, 求一盒同型号螺丝钉的重量超过 10.2 千克的概率.

解　设 $X_i(i = 1, 2, \cdots, 100)$ 为第 i 个螺丝钉的重量, 且它们之间独立同分布,

于是一盒螺丝钉的重量为 $X = \sum\limits_{i=1}^{100} X_i$, 而且

$$\mu = EX_i = 100, \quad \sigma = \sqrt{DX_i} = 10, \quad n = 100,$$

由中心极限定理有

$$
\begin{aligned}
P\{X > 10200\} &= P\left\{ \frac{\sum\limits_{i=1}^{n} X_i - n\mu}{\sqrt{n}\sigma} > \frac{10200 - n\mu}{\sqrt{n}\sigma} \right\} \\
&= P\left\{ \frac{X - 10000}{100} > \frac{10200 - 10000}{100} \right\} \\
&= P\left\{ \frac{X - 10000}{100} > 2 \right\} = 1 - P\left\{ \frac{X - 10000}{100} \leqslant 2 \right\} \\
&\approx 1 - \Phi(2) = 1 - 0.97725 = 0.02275,
\end{aligned}
$$

即一盒螺丝钉的重量超过 10.2 千克的概率为 0.02275.

例 4 计算机在进行数学计算时, 遵从四舍五入的原则. 为计算简单, 现在对小数点后面第一位进行舍入运算, 则可以认为误差 X 服从 $[-0.5, 0.5]$ 上的均匀分布. 若在一项计算中进行了 100 次数字计算, 求平均误差落在 $\left[-\dfrac{\sqrt{3}}{20}, \dfrac{\sqrt{3}}{20} \right]$ 上的概率.

解 根据题意 $n = 100$, 用 X_i 表示第 i 次运算中产生的误差, $X_1, X_2, \cdots, X_{100}$ 相互独立, 都服从 $[-0.5, 0.5]$ 上的均匀分布, 这时, $\mu = EX_i = 0, \sigma = \sqrt{DX_i} = 1/\sqrt{12}, i = 1, 2, \cdots, 100$, 从而, 近似地有

$$
Y_{100} = \frac{\sum\limits_{i=1}^{100} X_i - 100 \times 0}{\sqrt{100/12}} = \frac{\sqrt{3}}{5} \sum_{i=1}^{100} X_i \overset{\text{近似}}{\sim} N(0, 1).
$$

于是, 平均误差 $\overline{X} = \dfrac{1}{100} \sum\limits_{i=1}^{100} X_i$ 落在区间 $\left[-\dfrac{\sqrt{3}}{20}, \dfrac{\sqrt{3}}{20} \right]$ 上的概率为

$$
\begin{aligned}
P\left\{ -\frac{\sqrt{3}}{20} \leqslant \overline{X} \leqslant \frac{\sqrt{3}}{20} \right\} &= P\left\{ -\frac{\sqrt{3}}{20} \leqslant \frac{1}{100} \sum_{i=1}^{100} X_i \leqslant \frac{\sqrt{3}}{20} \right\} \\
&= P\left\{ -3 \leqslant \frac{\sqrt{3}}{5} \sum_{i=1}^{100} X_i \leqslant 3 \right\} \\
&\approx \Phi(3) - \Phi(-3) = 0.9973,
\end{aligned}
$$

即平均误差落在 $\left[-\dfrac{\sqrt{3}}{20}, \dfrac{\sqrt{3}}{20}\right]$ 上的概率为 0.9973.

下面的定理可以看成定理 5 的特例.

定理 6 (棣莫弗–拉普拉斯中心极限定理)　设 $X \sim B(n, p)$, 则对任意实数 x, 有

$$\lim_{n \to \infty} P\left\{\frac{X - np}{\sqrt{npq}} \leqslant x\right\} = \int_{-\infty}^{x} \frac{1}{\sqrt{2\pi}} \mathrm{e}^{-\frac{t^2}{2}} \mathrm{d}t = \Phi(x). \tag{5.7}$$

此定理表明, 在试验次数 n 足够大时, 二项分布 $B(n, p)$ 可用正态分布 $N(np, np(1-p))$ 来逼近.

例 5　设某保险公司开设的老年人寿保险有 1 万人购买 (每人一份), 每人在年初向保险公司交保费 200 元. 若被保险人在年度内死亡, 保险公司赔付其家属 1 万元. 设参保的老年人在一年内死亡的概率均为 0.017, 求:

(1) 保险公司亏本的概率;

(2) 保险公司获利不少于 10 万元的概率.

解　设 X 表示在一年中被保险的老年人的死亡人数, 则 $X \sim B(10000, 0.017)$, 且

$$np = 10000 \times 0.017 = 170, \quad np(1-p) = 10000 \times 0.017 \times 0.983 = 167,$$

于是, 由棣莫弗–拉普拉斯中心极限定理, X 近似服从正态 $N(170, 167)$.

(1) $P\{$保险公司赔本$\} = P\{X > 200\} = 1 - \Phi\left(\dfrac{200 - 170}{\sqrt{167}}\right)$

$$= 1 - \Phi(2.32) = 0.01.$$

(2) $P\{$保险公司获利不少于 10 万元$\} = P\{200 - X \geqslant 10\}$

$$= P\{X \leqslant 190\} = \Phi\left\{\frac{190 - 170}{\sqrt{167}}\right\}$$

$$= \Phi(1.55) = 0.9394.$$

习　题　五

1. 设随机变量 X 的方差为 2, 根据切比雪夫不等式估计 $P\{|X - E(X)| \geqslant 2\}$ 的值.

2. 已知正常男性成人血液中, 每一毫升白细胞数平均是 7300, 均方差是 700, 用切比雪夫不等式估计每毫升血液中白细胞数为 $5200 \sim 9400$ 内的概率.

3. 随机地掷 4 颗骰子, 用切比雪夫不等式估计点数总和在 10 和 18 之间的概率.

4. 设 $X_1, X_2, \cdots, X_n$ 是 n 个相互独立且同分布的随机变量, $EX_i = \mu$, $DX_i = 8 (i = 1, 2, \cdots, n)$ 对于 $\overline{X} = \sum\limits_{i=1}^{n} X_i$, 写出 $\overline{X}$ 满足的切比雪夫不等式, 并估计 $P\{|\overline{X} - \mu| < 4\}$.

5. 设随机变量序列 $X_1, X_2, \cdots, X_n, \cdots$ 相互独立同分布, 其概率密度为 $f(x_i) = \dfrac{1}{\pi(1 + x_i^2)}$, $i = 1, 2, \cdots$, 问它们是否满足中心极限定理, 为什么?

6. 分别利用切比雪夫不等式和中心极限定理估计下列各题的概率.

(1) 200 个新生婴儿中, 求男婴数在 80 到 120 之间的概率 (假设生男生女的概率一样).

(2) 从一大批废品率为 0.03 的产品中随机地抽取 1000 个, 求废品数在 20 到 40 之间的概率.

7. 袋装茶叶用机器装袋, 每袋的净重是随机变量, 其期望值为 100 克, 标准差为 10 克, 一大盒内装 200 袋, 求一盒茶叶净重超过 20.5 公斤的概率.

8. 将一枚均匀硬币连续掷 100 次, 求 100 次中出现正面次数大于 60 的概率.

9. 某个计算机系统有 120 个终端, 每个终端有 5% 的时间在使用, 假设各个终端使用与否相互独立, 试求使用的终端个数 X 在 10 个到 20 个之间的概率.

10. 有一大批种子, 其中良种占 20%, 今在其中任选 5000 粒, 计算其良种率与 20% 之差小于 1% 的概率.

11. 第 10 题中在所取的 5000 粒中, 若以 99% 的把握断定其良种率与规定良种率 20% 之差的范围, 问此时良种数的范围.

12. 设 $X_1, X_2, \cdots, X_{1000}$ 相互独立, 并且都服从参数 $\lambda = 0.1$ 的泊松分布, 试计算 $P\left\{ 110 \leqslant \sum\limits_{i=1}^{100} X_i \leqslant 130 \right\}$.

13. 一产品包括 10 部分, 每部分的长度是一个随机变量, 它们相互独立, 且服从同一分布, 其数学期望为 2 mm, 均方差为 0.05 mm, 规定总长度为 (20 ± 0.1) mm 时产品合格, 试求产品合格的概率.

14. 某灯泡厂生产的一批灯泡中次品率为 1%, 现随机抽样 500 个, 试用两种以上方法计算次品数不超过 5 个的概率.

15. 设某单位有 200 台电话机, 每台电话机大约有 5% 的时间要使用外线通话, 若每台电话是否使用外线是相互独立的, 问该单位总机至少要安装多少条外线, 方能以 90% 以上的概率保证每台电话机需要使用外线时不被占用.

16. 某系统由 100 个相互独立的部件组成, 在整个运行期间, 每个部件损坏的概率为 10%, 为了使整个系统起作用, 至少需要多少个部件工作才能使系统的可靠性为 95%.

17. 计算机在进行加法时每个加数取整, 设所有的取整误差是相互独立的, 并且都服从 $[-0, 5, 0.5]$ 上的均匀分布.

(1) 若将 1500 个加数相加, 问误差总和的绝对值超过 15 的概率.

(2) 最多几个加数相加才能使误差总和的绝对值小于 10 的概率不超过 90%.

18. 设有 30 个电子器件, 它们的使用寿命 $X_1, X_2, \cdots, X_{30}$ 均服从参数 $\lambda = 0.1$ 的指数分布, 其使用情况是第一个损坏第二个就立即使用, 第二个损坏第三个就立即使用等, 令 X 为 30 个电子器件使用的总时间, 求 X 超过 350 小时的概率.

选 做 题 五

1. 设随机变量 X 和 Y 的数学期望分别为 -2 和 2, 方差分别为 1 和 4, 而相关系数为 -0.5, 根据切比雪夫不等式估计概率 $P\{|X+Y| \geqslant 6\}$.

2. 设总体 X 服从参数为 2 的指数分布, $X_1, X_2, \cdots, X_n$ 为相互独立且与 X 同分布的随机变量, 求当 $n \to \infty$ 时, $Y_n = \dfrac{1}{n} \sum\limits_{i=1}^{n} X_i^2$ (依概率收敛) 的极限.

3. 一生产线生产的产品成箱包装, 每箱的重量是随机的, 假设每箱平均重 50 千克, 标准差 5 千克. 若用最大载重量为 5 吨的汽车承运, 试利用中心极限定理说明每辆车最多可以装多少箱, 才能保障不超载的概率大于 0.977(其中标准正态分布函数 $\Phi(2) = 0.977$).

4. 有一批建筑房屋用的木柱, 其中 80% 的长度小于 $3\mathrm{m}$. 现从这批木柱中随机地抽出 100 根, 问其中至少有 30 根短于 $3\mathrm{m}$ 的概率.

5. (1) 一复杂系统由 100 个相互独立起作用的部件所组成, 在整个运行期间每个部件损坏的概率为 0.10, 为了使整个系统起作用, 至少必须有 85 个部件正常工作, 求整个系统起作用的概率.

(2) 一复杂系统由 n 个相互独立起作用的部件所组成, 每个部件的可靠性为 0.90, 且必须至少有 80% 的部件工作才能使整个系统正常工作, 问 n 至少为多大才能使系统的可靠性不低于 0.95.

6. 保险公司为 50 个集体投保人提供医疗保险, 假设他们的医疗花费相互独立, 且花费 (单位百元) 服从相同的分布律 $\begin{bmatrix} 0 & 0.5 & 1.5 & 3 \\ 0.2 & 0.3 & 0.4 & 0.1 \end{bmatrix}$. 当花费超过一百元时, 保险公司应支付超过百元的部分; 当花费不超过百元时, 由患者自己承担费用. 如果以总支付费 X 的期望值 EX 作为预期的总支付费用, 那么保险公司应收取总保险费为 $(1+\theta)EX$, 其中 θ 为相对附加保险费. 为使公司获利的概率超过 95%, 附加费 θ 至少应为多少 (已知 $\Phi(1.41) = 0.92$, $\Phi(1.65) = 0.95$).

7. 设某种器件使用寿命 (单位: 小时) 服从参数为 λ 的指数分布, 其平均使用寿命为 20 小时. 在使用中, 当一个器件损坏后立即更换另一个新的器件, 如此继续下去. 已知每个器件进价为 a 元. 试求在年计划中应为此器件作多少预算, 才可以有 95% 的把握保证一年够用 (假定一年按 2000 个小时工作计算).

8. 某保险公司多年的统计资料表明: 在索赔户中被盗索赔户占 20%, 以 X 表示在随意抽查的 100 个索赔户中因被盗向保险公司索赔的户数, 利用棣莫弗–拉普拉斯中心极限定理, 求被盗索赔户不少于 14 户并且不多于 30 户的概率的近似值.

9. 假设市场上出售的某种商品, 每日价格的变化是一个随机变量, 如果以 Y_n 表示第 n 天商品的价格, 则有
$$Y_i = Y_{i-1} + X_i \ (i \geqslant 1),$$
其中 $X_1, X_2, \cdots, X_n$ 为独立同分布的随机变量, $EX_i = 0$, $DX_i = 1(i \geqslant 1)$. 假定商品最初价格为 a 元, 那么 10 周后 (即在第 71 天) 该商品价格在 $a-10$ 与 $a+10$(单位: 元) 之间的概率是多少 (已知 $\Phi(1.2) = 0.8849$).

第6章 数理统计的基础知识

第1章到第5章的研究属于概率论的范畴. 从本章开始我们将进入数理统计的学习. 数理统计是以概率论为基础的, 概率论中介绍了随机变量及其概率分布, 全面地描述了随机现象的统计规律性, 数理统计将研究如何合理地收集、整理和分析带有随机性的数据, 并对随机现象的客观规律性作出合理的推断和预测, 直至为采取一定的决策和行动提供依据和建议. 由于大量随机现象必然呈现出它的规律性, 所以从理论上讲, 只要对随机现象进行足够多次观察, 被研究的随机现象的规律性一定能清楚地呈现出来, 但客观上只允许我们对随机现象进行次数不多的观察试验, 如何利用有限的资料对所研究的问题尽可能作出精确而可靠的结论, 是数理统计的重要任务.

6.1 总体与样本

在数理统计中, 我们常把研究对象的全体称为总体 (或母体), 把组成总体的每一个单元 (即每一个研究对象) 称为个体. 例如, 为了了解某学校一年级学生《概率论与数理统计》的学习情况, 该校学习《概率论与数理统计》的全体一年级学生便构成了待研究的总体. 称总体中的每一个学生为个体. 个体与总体的关系, 即集合论中元素与集合之间的关系. 实际问题中, 我们往往关心某个对象的一项或几项数值指标. 所以, 常把一个真实个体的一项数值指标作为研究的个体, 而将所有真实个体的该项数值指标所组成的集合作为研究的总体. 若总体所包含的个体个数是有限个, 则称为**有限总体**, 否则称为**无限总体**. 从总体中抽出的若干个 (有限个) 个体组成的集合称为样本, 样本的个体数称为样本容量.

定义 1 设 X 是一个随机变量, $X_1, X_2, \cdots, X_n$ 相互独立且与 X 有相同分布的随机变量, 则称 X 为**总体**, 称 $(X_1, X_2, \cdots, X_n)$ 为来自总体 X 的**简单随机样本**, 简称**样本**; 每个 $X_i(i = 1, 2, \cdots, n)$ 称样本的一个观测值, n 为**样本容量**; 一次试验中, 样本具体的观测值 $x_1, x_2, \cdots, x_n$, 称为一组**样本值**.

本书后面讨论的样本都是简单随机样本, 故不特别声明, 凡提到样本, 均指简单随机样本.

例 1 要考察某厂生产的某批灯泡的质量, 我们知道影响质量的因素有很多, 但是这里, 我们往往最关心的是灯泡的寿命, 其他具体特征, 如灯泡的颜色、形状等就先不考虑了. 这时, 这批灯泡的寿命就是一个总体, 个体就是这批灯泡中每一个灯泡的寿命. 记总体为 X, 分若干次抽取, 每次抽取 30 个灯泡研究这批灯泡的寿命, 则 $X_1, X_2, \cdots, X_{30}$ 就为样本, 有时也记为 $(X_1, X_2, \cdots, X_{30})$. 假设第 i 次抽取的 30 个灯泡的寿命 $x_1, x_2, \cdots, x_{30}$, 有时也记为 $(x_1, x_2, \cdots, x_{30})$ 即为一组样本值.

注意, 有时样本和样本值不加区别, 样本的大小写 $(X_1, X_2, \cdots, X_n)$ 与 $(x_1, x_2, \cdots, x_n)$ 也不加区别.

在实际问题中, 要如何得到样本呢? 对有限总体来说, 我们常采用有放回地重复随机抽样; 对无限总体而说, 一般使用有放回地重复抽取很不方便, 当样本容量相对总体容量很小时, 我们常采用无放回地抽取来近似.

6.2　统计量与抽样分布

6.2.1　统计量

样本是进行统计分析和推断的依据, 但是, 在处理实际问题时, 却很少直接利用样本所提供的原始数据, 而更多的是利用由它们计算出来的某些量. 换句话说, 人们并不十分关心随机样本的具体值, 而是根据需要, 只关心由其构造的某些样本函数, 这里把不含未知参数的样本函数称为统计量.

定义 2　设 $(X_1, X_2, \cdots, X_n)$ 为来自总体 X 的样本, $g(X_1, X_2, \cdots, X_n)$ 为样本的一个连续函数, 若 g 中不包含任何未知参数, 则称 $g(X_1, X_2, \cdots, X_n)$ 为一个**统计量**. 而称 $g(x_1, x_2, \cdots, x_n)$ 为**统计量的值**.

例 2　设 $X \sim N(\mu, \sigma^2)$, 其中 μ 已知, σ^2 未知, $X_1, X_2, \cdots, X_n$ 为 X 的样本, 判断 $\dfrac{1}{n} \sum\limits_{i=1}^{n} (X_i - \mu)^2$ 和 $\dfrac{1}{n} \sum\limits_{i=1}^{n} \left(\dfrac{X_i - \mu}{\sigma} \right)^2$ 是不是统计量?

解　根据统计量的定义, $\dfrac{1}{n} \sum\limits_{i=1}^{n} (X_i - \mu)^2$ 中不含未知参数, 是一个统计量, 而 $\dfrac{1}{n} \sum\limits_{i=1}^{n} \left(\dfrac{X_i - \mu}{\sigma} \right)^2$ 就不是统计量.

6.2.2　常用的统计量

1. 样本均值 (样本平均数)

对于来自总体 X 的样本 $(X_1, X_2, \cdots, X_n)$, 称

$$\overline{X} = \frac{1}{n} \sum_{i=1}^{n} X_i \tag{6.1}$$

为样本均值.

2. **样本方差**

对于来自总体 X 的样本 $(X_1, X_2, \cdots, X_n)$, 称

$$S^2 = \frac{1}{n-1} \sum_{i=1}^{n} \left(X_i - \overline{X} \right)^2 \tag{6.2}$$

为样本方差.

S^2 又称为修正样本方差, $S_n^2 = \frac{1}{n} \sum_{i=1}^{n} \left(X_i - \overline{X} \right)^2$ 称为未修正样本方差.

如不特殊声明, 今后提到的样本方差均指修正样本方差 S^2.

3. **样本标准差**

$$S = \sqrt{\frac{1}{n-1} \sum_{i=1}^{n} \left(X_i - \overline{X} \right)^2} \tag{6.3}$$

为样本标准差.

在实际计算中, 常用下式计算样本方差

$$S^2 = \frac{1}{n-1} \left(\sum_{i=1}^{n} X_i^2 - n\overline{X}^2 \right).$$

请读者从式 (6.2) 出发自己证明上式.

4. **样本 k 阶原点矩**

$$A_k = \frac{1}{n} \sum_{i=1}^{n} X_i^k, \quad k = 1, 2, 3, \cdots, \tag{6.4}$$

可见, 当 $k = 1$ 时, 一阶样本原点矩就是样本均值.

5. **样本 k 阶中心矩**

$$B_k = \frac{1}{n} \sum_{i=1}^{n} \left(X_i - \overline{X} \right)^k, \quad k = 2, 3, \cdots, \tag{6.5}$$

可见, 当 $k = 2$ 时, 二阶样本中心矩与样本方差只相差一个常数倍, 即 $B_2 = \frac{n-1}{n} S^2$, 在样本容量 n 较大时, $B_2 \approx S^2$.

6. 顺序统计量

设 $(X_1, X_2, \cdots, X_n)$ 为总体 X 的一个样本, 将样本中的分量按由小到大的次序排列记作

$$X_{(1)} \leqslant X_{(2)} \leqslant \cdots \leqslant X_{(n)},$$

则称 $(X_{(1)}, X_{(2)}, \cdots, X_{(n)})$ 为样本的一组顺序统计量, 称 $X_{(i)}$ 为样本的第 i 个顺序统计量. 特别地, 称 $X_{(n)} = \max\{X_1, X_2, \cdots, X_n\}$ 与 $X_{(1)} = \min\{X_1, X_2, \cdots, X_n\}$ 分别为样本极小值和样本极大值, 并称 $X_{(n)} - X_{(1)}$ 为样本的极差.

*6.2.3　枢轴量

通过前面统计量的定义知道其中不应含有总体分布的未知参数. 不过, 有时在统计推断中, 会遇到以下情况. 设 $(X_1, X_2, \cdots, X_n)$ 为总体 X 的样本, 现需要对总体分布中未知参数 θ 进行推断 (可能还有其他的未知参数). 这时常构造样本的一个仅含未知参数 θ 且不含其他未知参数的函数. 这个样本函数尽管含有未知参数 θ, 却服从一个已知的分布. 利用已知分布可对 θ 进行统计推断. 把这种仅含一个未知参数, 但分布已知的样本函数称为枢轴量.

例 3　设总体 $X \sim N(\mu, \sigma_0^2)$, 其中 σ_0^2 已知, μ 未知, $(X_1, X_2, \cdots, X_n)$ 为总体 X 的一个样本, 令

$$U = \frac{\sqrt{n}(\overline{X} - \mu)}{\sigma_0}.$$

尽管函数 U 中含有未知参数 μ, 但不论其真值为何, 总有 $U \sim N(0,1)$, 所以 U 是一枢轴量, 可用它对未知参数 μ 进行统计推断.

6.2.4　抽样分布

总体的分布往往是未知的, 根据实际问题的需要, 常对总体未知的重要数字特征 (数学期望、方差) 等进行统计推断. 这类问题称为**参数统计推断**. 在参数统计推断中, 往往要利用样本构造合适的统计量 (或枢轴量), 使其服从或渐近服从已知的分布. 统计学中把统计量 (或枢轴量) 的分布称为**抽样分布**.

1. χ^2 分布

定义 3　设 $X_1, X_2, \cdots, X_n$ 是 n 个相互独立的随机变量, 且 $X_i \sim N(0,1), i = 1, 2, \cdots, n$, 则称 $X = X_1^2 + X_2^2 + \cdots + X_n^2$ 服从自由度为 n 的 χ^2 分布, 记作 $X \sim \chi^2(n)$.

χ^2 分布的自由度是指样本 $X_1, X_2, \cdots, X_n$ 中能完全自由取值的随机变量的个数. $X = X_1^2 + X_2^2 + \cdots + X_n^2$ 的概率密度为

$$f(x) = \begin{cases} \dfrac{1}{2^{\frac{n}{2}}\Gamma\left(\dfrac{n}{2}\right)} x^{\frac{n}{2}-1}\mathrm{e}^{-\frac{x}{2}}, & x > 0, \\ 0, & x \leqslant 0, \end{cases}$$

其中 $\Gamma(\cdot)$ 是 Γ 函数.

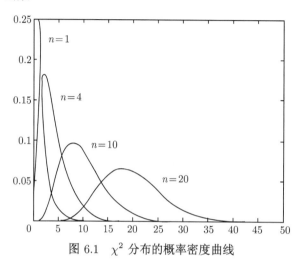

图 6.1 χ^2 分布的概率密度曲线

χ^2 分布的概率密度曲线如图 6.1 所示, 自由度增大时, χ^2 分布的曲线峰值向右移, 图像变得比较平扁, 且趋于对称, 逐渐接近正态分布的密度曲线.

χ^2 分布具有如下性质.

(1) 可加性: $X \sim \chi^2(m)$, $Y \sim \chi^2(n)$, 并且 X 与 Y 相互独立, 则 $X + Y \sim \chi^2(m+n)$.

(2) 若 $X \sim \chi^2(n)$, 则 $EX = n, DX = 2n$.

若 $X_1, X_2, \cdots, X_k$ 相互独立, 且都服从 χ^2 分布, 自由度分别为 $n_1, n_2, \cdots, n_k$, 可得 $X_1 + X_2 + \cdots + X_k$ 服从自由度为 $n_1 + n_2 + \cdots + n_k$ 的 χ^2 分布.

为了方便使用, 人们编制了 χ^2 分布表供查阅.

2. t 分布

定义 4 若随机变量 $X \sim N(0,1)$, $Y \sim \chi^2(n)$, 且 X 与 Y 独立, 则随机变量 $T = \dfrac{X}{\sqrt{Y/n}}$ 服从自由度为 n 的 t 分布, 记作 $T \sim t(n)$.

若 $T \sim t(n)$, 则 T 的概率密度为

$$f(x;n) = \frac{\Gamma\left(\dfrac{n+1}{2}\right)}{\sqrt{n\pi}\,\Gamma\left(\dfrac{n}{2}\right)}\left(1 + \frac{x^2}{n}\right)^{-\frac{n+1}{2}}, \quad -\infty < x < +\infty.$$

t 分布的概率密度曲线关于直线 $x = 0$ 对称. 如图 6.2 所示.

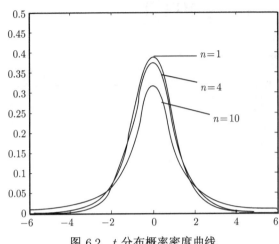

图 6.2　t 分布概率密度曲线

t 分布具有如下性质:

(1) $ET = 0, DT = \dfrac{n}{n-2}(n > 2)$;

(2) 当 $n \to +\infty$ 时, $t(n)$ 的概率密度函数 $f(x)$ 无限趋近于标准正态分布的密度函数 $\varphi(x) = \dfrac{1}{\sqrt{2\pi}}\mathrm{e}^{-\frac{x^2}{2}}$.

t 分布的极限分布是标准正态分布, 因此在实际应用中, 当 $n \geqslant 30$ 时可用标准正态分布来作为 t 分布的近似计算.

为了方便使用, 人们编制了 t 分布表供查阅.

3. F 分布

定义 5　若随机变量 $X \sim \chi^2(n), Y \sim \chi^2(m)$, 且 X 与 Y 独立, 则 $F = \dfrac{X/n}{Y/m} = \dfrac{m}{n}\dfrac{X}{Y}$ 服从自由度为 n 和 m 的 F 分布, 其中 n 为第一自由度, m 为第二自由度, 记作 $F \sim F(n, m)$.

若 $F \sim F(n, m)$, 则 F 的概率密度为

$$f(x; n, m) = \begin{cases} \dfrac{\Gamma\left(\dfrac{n+m}{2}\right)}{\Gamma\left(\dfrac{n}{2}\right)\Gamma\left(\dfrac{m}{2}\right)} \left(\dfrac{n}{m}\right)^{\frac{n}{2}} x^{\frac{n}{2}-1}\left(1 + \dfrac{n}{m}x\right)^{-\frac{n+m}{2}}, & x > 0, \\ 0, & x \leqslant 0. \end{cases}$$

F 分布的概率密度曲线如图 6.3 所示.

F 分布具有如下性质:

(1) $EF = \dfrac{m}{m-2}, DF = \dfrac{m^2(2n+2m-4)}{n(m-2)^2(m-4)}$.

(2) 若 $F \sim F(n,m)$, 则 $\dfrac{1}{F} \sim F(m,n)$.

为了方便使用, 人们编制了 F 分布表供查阅.

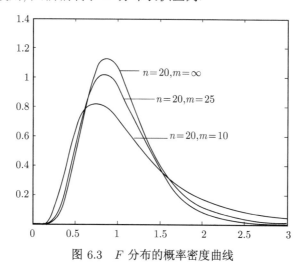

图 6.3　F 分布的概率密度曲线

6.3　正态总体的抽样分布

如果总体的分布为正态分布, 则称该总体为正态总体. 对于正态总体, 可以计算出一些重要统计量的精确抽样分布, 这些精确抽样分布为正态总体参数的估计和检验提供了理论依据. 数理统计中研究的对象大部分问题都与正态分布有关, 与正态分布相关联的统计量在统计分析、统计推断中尤为重要, 因此讨论其相关分布是数理统计的基本问题.

6.3.1　分位数

定义 6　随机变量 X, 对于给定的 $\alpha(0 < \alpha < 1)$, 满足

$$P\{X > u_\alpha\} = \alpha,$$

则称 u_α 为随机变量 X 的水平 α 的**上侧分位数**(也称为临界值).

一般来说, 直接求解分位数是很困难的, 对常见的统计分布, 在本书附录中给出了分布函数值表或分位数表, 通过查表, 可以很方便地得到分位数的值.

例如, 标准正态分布的水平 α 的上侧分位数满足 $1 - \Phi(u_\alpha) = \alpha$. 图 6.4 给出了标准正态分布的水平 α 的上侧分位数的图示.

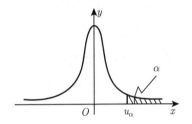

图 6.4　标准正态分布 α 水平的上侧分位数

对于给定的 α, 上侧分位数 u_α 的值可查附表 3 得到, 附表 3 给出了 $0 \leqslant \alpha < 0.5$ 的标准正态分布 α 水平上侧分位数. 由于 u_α 满足 $1 - \Phi(u_\alpha) = \alpha$, 即 $\Phi(u_\alpha) = 1 - \alpha$, 所以, u_α 也可由附表 2 查得.

例如, $\alpha = 0.05$, 直接查附表 3 可得 $u_{0.05} = 1.645$, 也可由 $\Phi(u_{0.05}) = 1 - 0.05 = 0.95$, 查附表 2 得到.

由于标准正态概率密度曲线关于 y 轴对称, 所以, 当 $0.5 < \alpha < 1$ 时, 上侧分位数 $u_\alpha = -u_{1-\alpha}$, $u_{1-\alpha}$ 由附表 3 查得.

6.3.2　正态总体的抽样分布

定理 1　若 $(X_1, X_2, \cdots, X_n)$ 是来自总体 $N(\mu, \sigma^2)$ 的样本, 则

(1) $\overline{X} \sim N\left(\mu, \dfrac{\sigma^2}{n}\right)$;

(2) $\dfrac{\overline{X} - \mu}{\sigma/\sqrt{n}} \sim N(0, 1)$.

证明　相互独立的且服从正态分布的随机变量线性组合仍服从正态分布, 记 $\displaystyle\sum_{i=1}^{n} X_i \sim N(n\mu, n\sigma^2)$.

$$E\left(\frac{1}{n}\sum_{i=1}^{n} X_i\right) = \frac{1}{n}E\left(\sum_{i=1}^{n} X_i\right) = \mu,$$

$$D\left(\frac{1}{n}\sum_{i=1}^{n} X_i\right) = \frac{1}{n^2}D\left(\sum_{i=1}^{n} X_i\right) = \frac{\sigma^2}{n},$$

因此, $\overline{X} = \dfrac{1}{n}\displaystyle\sum_{i=1}^{n} X_i \sim N\left(\mu, \dfrac{\sigma^2}{n}\right)$.

定理 2　若 $(X_1, X_2, \cdots, X_n)$ 是来自任意总体的样本, $EX = \mu$, $DX = \sigma^2$, 则

当 n 充分大时 $\overline{X}$ 近似服从正态分布 $N\left(\mu,\dfrac{\sigma^2}{n}\right)$.

证明 由 $EX_i=\mu, DX_i=\sigma^2(i=1,2,\cdots,n)$, 有 $E\left(\displaystyle\sum_{i=1}^{n}X_i\right)=n\mu, D\left(\displaystyle\sum_{i=1}^{n}X_i\right)=n\sigma^2$. 根据中心极限定理, 当 n 充分大时, 有

$$\frac{\displaystyle\sum_{i=1}^{n}X_i-n\mu}{\sqrt{n}\sigma}=\frac{\overline{X}-\mu}{\dfrac{\sigma}{\sqrt{n}}}\text{近似服从}N\left(0,1\right),$$

因此, $\overline{X}$ 近似服从正态分布 $N\left(\mu,\dfrac{\sigma^2}{n}\right)$.

定理 3 设总体 X 服从正态分布 $N\left(\mu,\sigma^2\right)$, $(X_1,X_2,\cdots,X_k)$ 是来自 X 的样本, 样本均值为 $\overline{X}$, 样本方差为 S^2, 则

(1) $\dfrac{(n-1)S^2}{\sigma^2}=\dfrac{1}{\sigma^2}\displaystyle\sum_{i=1}^{n}\left(X_i-\overline{X}\right)^2\sim\chi^2\left(n-1\right);$ $\qquad\qquad$ (6.6)

(2) S^2 与 $\overline{X}$ 相互独立.

定理 4 设 $(X_1,X_2,\cdots,X_n)$ 和 $(Y_1,Y_2,\cdots,Y_m)$ 是取自两个相互独立的正态总体 $N\left(\mu_1,\sigma_1^2\right)$ 及 $N\left(\mu_2,\sigma_2^2\right)$ 的样本, 则

$$F=\frac{S_1^2/\sigma_1^2}{S_2^2/\sigma_2^2}\sim F\left(n-1,m-1\right),\qquad\qquad(6.7)$$

其中 S_1^2,S_2^2 分别为两个样本的方差.

定理 5 设 $(X_1,X_2,\cdots,X_n)$ 是取自正态总体 $N\left(\mu,\sigma^2\right)$ 的样本, $\overline{X},S$ 分别为样本均值与样本标准差, 则

$$T=\frac{\overline{X}-\mu}{S/\sqrt{n}}\sim t(n-1).\qquad\qquad(6.8)$$

定理 6 设 $(X_1,X_2,\cdots,X_{n_1})$ 和 $(Y_1,Y_2,\cdots,Y_{n_2})$ 分别是来自相互独立的正态总体 $X\sim N\left(\mu_1,\sigma^2\right)$ 及 $Y\sim N\left(\mu_2,\sigma^2\right)$ 的样本, 则

$$T=\frac{\overline{X}-\overline{Y}-(\mu_1-\mu_2)}{\sqrt{\dfrac{(n_1-1)S_1^2+(n_2-1)S_2^2}{n_1+n_2-2}}\cdot\sqrt{\dfrac{1}{n_1}+\dfrac{1}{n_2}}}\sim t\left(n_1+n_2-2\right),\qquad(6.9)$$

其中, $\overline{X},\overline{Y}$ 分别是 $(X_1,X_2,\cdots,X_{n_1})$ 和 $(Y_1,Y_2,\cdots,Y_{n_2})$ 的样本均值, S_1^2,S_2^2 分别是 $(X_1,X_2,\cdots,X_{n_1})$ 和 $(Y_1,Y_2,\cdots,Y_{n_2})$ 的样本方差.

上述 6 个抽样分布定理很重要, 要牢固掌握.

习　题　六

1. 设总体 $X \sim N(\mu, 1)$, 其中 μ 未知, $X_1, X_2, \cdots, X_n$ 是取自 X 的样本, 试问下列各式中 (　　) 不是统计量?

(A) $\displaystyle\sum_{i=1}^{n} X_i$　　(B) $\displaystyle\sum_{i=1}^{n} (X_i - \mu)$　　(C) $X_1 X_2 \cdots X_n$　　(D) $\displaystyle\sum_{i=1}^{n} X_i^2$

2. 设总体 X 的一组样本观测值为 $54, 67, 68, 78, 70, 66, 67, 70, 65, 69$, 求样本均值和样本方差及修正样本方差.

3. 设总体 $X \sim N(10, 3^2)$, $X_1, X_2, \cdots, X_6$ 是它的一组样本, 且 $\overline{X} = \dfrac{1}{6} \displaystyle\sum_{i=1}^{6} X_i$.

(1) 写出 $\overline{X}$ 所服从的分布.

(2) 求 $\{\overline{X} > 11\}$ 的概率.

4. 设总体 X 服从标准正态分布 $N(0, 1)$, $X_1, X_2, \cdots, X_n$ 为其样本, S^2 为样本方差, $\overline{X}$ 为样本均值, 求 $D(\overline{X}), E(S^2)$.

5. 设总体 $X \sim N(\mu, \sigma^2)$, $X_1, X_2, \cdots, X_{10}$ 是总体 X 的样本, 试求下列概率:

(1) $P\left\{ 0.25\sigma^2 \leqslant \dfrac{1}{10} \displaystyle\sum_{i=1}^{10} (X_i - \mu)^2 \leqslant 2.3\sigma^2 \right\}$;

(2) $P\left\{ 0.25\sigma^2 \leqslant \dfrac{1}{10} \displaystyle\sum_{i=1}^{10} (X_i - \overline{X})^2 \leqslant 2.3\sigma^2 \right\}$.

6. 查表求下列各式中的 λ 值:

(1) $P\{\chi^2(9) > \lambda\} = 0.95$;

(2) $P\{\chi^2(9) < \lambda\} = 0.01$;

(3) $P\{\chi^2(15) > \lambda\} = 0.025$;

(4) $P\{\chi^2(15) < \lambda\} = 0.025$.

7. 查表求下列各式中的 λ 值:

(1) $P\{t(10) < \lambda\} = 0.01$;

(2) $P\{t(150) > \lambda\} = 0.025$.

选 做 题 六

1. 设 $X_1, X_2, \cdots, X_n$ 为来自二项分布总体 $B(n, p)$ 的简单随机样本, $\overline{X}$ 与 S^2 分别为样本均值和样本方差, 记统计量 $T = \overline{X} - S^2$, 则 $ET =$ _____.

2. 设 $X_1, X_2, \cdots, X_n$ 是来自正态总体 $N(\mu, \sigma^2)$ 的简单随机样本, 记 $T = \dfrac{1}{n} \displaystyle\sum_{i=1}^{n} X_i^2$, 则 $E(T) =$ _____.

3. 设总体 X 服从参数为 $\lambda(\lambda > 0)$ 的泊松分布, $X_1, X_2, \cdots, X_n \, (n \geqslant 2)$ 为来自总体的简单随机样本, 设 $T_1 = \dfrac{1}{n} \displaystyle\sum_{i=1}^{n} X_i$, $T_2 = \dfrac{1}{n-1} \displaystyle\sum_{i=1}^{n-1} X_i + \dfrac{1}{n} X_n$, 则 (　　).

(A) $ET_1 > ET_2, DT_1 > DT_2$　　　　(B) $ET_1 > ET_2, DT_1 < DT_2$

(C) $ET_1 < ET_2, DT_1 > DT_2$　　　　(D) $ET_1 < ET_2, DT_1 < DT_2$

4. 设 X_1, X_2, X_3, X_4 为来自总体 $N(1, \sigma^2)$ $(\sigma > 0)$ 的简单随机样本, 则统计量 $\dfrac{X_1 - X_2}{|X_3 + X_4 - 2|}$ 的分布是 (　　).

(A) $N(0, 1)$　　　　(B) $t(1)$　　　　(C) $\chi^2(1)$　　　　(D) $F(1, 1)$

第7章 参 数 估 计

在实际问题中, 经常遇到总体的分布已知, 但分布中存在未知参数的情况. 为了研究总体, 必须了解此未知参数. 因此, 利用样本资料所提供的信息, 对未知参数进行估计, 这就是参数估计. 参数估计可以分为点估计和区间估计两大类, 点估计就是以样本的某一函数值作为总体分布中未知参数的估计值; 区间估计就是把总体未知参数的估计确定在某一个区间范围里.

7.1 参数的点估计

7.1.1 点估计的概念

在衡量灯泡质量的好坏时, 其寿命是一个重要指标, 而要检验灯泡的寿命, 显然不能把全部产品都拿来做试验, 一般要用随机抽取样本的方法来检验. 若某厂在生产的产品中抽取 100 个灯泡, 测得平均使用寿命为 7000 小时, 用样本平均值 7000 小时来估计该厂生产的灯泡的使用寿命. 若记 μ 表示总体 X 的均值, $\overline{X}$ 表示样本均值, $\hat{\mu}$ 表示 μ 的估计值, 则常用样本均值 $\overline{X}$ 估计总体均值 μ, 即 $\hat{\mu} = \overline{X}$.

设 $(X_1, X_2, \cdots, X_n)$ 为来自总体 X 的样本, $(x_1, x_2, \cdots, x_n)$ 为相应的样本值. θ 是总体分布中的未知参数, $\theta \in \Theta$. 这里 Θ 表示 θ 的取值范围, 称为**参数空间**. 尽管 θ 未知, 但参数空间是事先知道的. 为了估计未知参数 θ, 我们构造一个统计量 $T(X_1, X_2, \cdots, X_n)$, 用 $T(X_1, X_2, \cdots, X_n)$ 的值 $T(x_1, x_2, \cdots, x_n)$ 来估计 θ 的真值. 称 $T(X_1, X_2, \cdots, X_n)$ 为 θ 的**点估计量**, 记作 $\hat{\theta} = T(X_1, X_2, \cdots, X_n)$.

例 1 设某型号的电子元件的寿命为 X(小时), 其概率密度函数为 $f(x; \theta) = \frac{1}{\theta} \mathrm{e}^{-\frac{x}{\theta}}, x > 0$. θ 为未知参数, $\theta > 0$. 现得到的样本值如下:

$$168, \quad 130, \quad 169, \quad 143, \quad 174, \quad 198, \quad 108, \quad 212, \quad 252,$$

试估计参数 θ.

解 由题意 $EX = \theta$, 知道总体 X 的均值为 θ, 故自然选用样本均值来作为 θ 的估计量.

$$\overline{x} = \frac{1}{9}(168 + 130 + 169 + 143 + 174 + 198 + 108 + 212 + 252) = 172.7,$$

有 $\hat{\theta} = \overline{x} = 172.2$.

当然, 也可以随便拿一个样本, 如 168 作为 θ 的估计值. 对于一个未知参数, 原则上可以随意构造其估计. 可究竟哪个是更合适的、更优良的估计量呢? 选择估计量的标准又是什么呢? 还有必要进一步地研究.

7.1.2 点估计的方法

这里将介绍两种既经典又很流行的参数点估计的方法, 即矩估计法和最大似然估计法.

1. 矩估计法

基本思想: 用相应的样本矩去估计总体矩; 用相应的样本矩的函数去估计总体矩的函数.

前面我们把样本均值 $\overline{X}$ 作为总体均值 EX 的估计量, 即用一阶样本矩估计一阶总体矩, 把这种做法加以推广, 用 k 阶样本矩作为 k 阶总体矩的估计量, 即

$$\hat{v}_k = \frac{1}{n}\sum_{i=1}^{n} X_i^k \ (k = 1, 2, \cdots, m), \tag{7.1}$$

$$\hat{\mu}_k = \frac{1}{n}\sum_{i=1}^{n} (X_i - \overline{X})^k \ (k = 1, 2, \cdots, m). \tag{7.2}$$

这种估计方法就是矩估计法, 或称矩估计 (可简记为 ME).

一般来说, 总体矩都是总体分布中的参数的函数, 而一些重要分布中的参数又是低阶矩. 例如, 正态分布 $X \sim N(\mu, \sigma^2)$, 参数为 μ 和 σ^2, 因为 $EX = \mu$, $DX = E(X - EX)^2 = \sigma^2$, 所以, 若 μ 和 σ^2 是未知参数, 可用一阶样本矩和二阶样本矩就可以估计 μ 和 σ^2, 即

$$\hat{\mu} = \overline{X} = \frac{1}{n}\sum_{i=1}^{n} X_i,$$

$$\hat{\sigma}^2 = \frac{1}{n}\sum_{i=1}^{n} (X_i - \overline{X})^2.$$

因此, 当总体分布的参数未知时, 用矩估计法, 即以样本矩作为相应总体矩的估计, 就可求出未知参数的估计量. 下面给出矩估计法的定义.

定义 1 设总体 X 的分布函数 $F(x; \theta)$ 中 θ 是未知参数, 假定 θ 是总体 X 的前 m 阶原点矩 $v_k(k = 1, 2, \cdots, m)$ 的函数, 即

$$\theta = g(v_1, v_2, \cdots, v_m),$$

且不是前 $m-1$ 阶原点矩的函数. 若由总体 X 中抽得样本 $(X_1, X_2, \cdots, X_n)$, 则用

$$\hat{v}_k = \frac{1}{n}\sum_{i=1}^{n} X_i^k \ (k = 1, 2, \cdots, m),$$

估计 v_k, 并以

$$\hat{\theta} = g(\hat{v}_1, \hat{v}_2, \cdots, \hat{v}_m) \tag{7.3}$$

作为 θ 的估计量. 这种估计未知参数的方法称为**矩估计法**, 所得的估计量称为**矩估计量**.

通过下面的例题看一下这种估计的具体步骤.

例 2　设 $(X_1, X_2, \cdots, X_n)$ 是来自总体 X 的样本, 试求总体均值 $EX = \mu$ 和总体方差 $DX = \sigma^2$ 的矩估计量.

解　由于 $\mu = EX = v_1$,

$$\sigma^2 = DX = E(X^2) - (EX)^2 = v_2 - v_1^2,$$

v_1 和 v_2 的矩估计量为

$$\hat{v}_1 = \frac{1}{n} \sum_{i=1}^{n} X_i = \overline{X}, \quad \hat{v}_2 = \frac{1}{n} \sum_{i=1}^{n} X_i^2,$$

则 μ 和 σ^2 的矩估计量为

$$\hat{\mu} = \overline{X}, \tag{7.4}$$

$$\hat{\sigma}^2 = \frac{1}{n} \sum_{i=1}^{n} X_i^2 - \overline{X}^2 = \frac{1}{n} \sum_{i=1}^{n} [(X_i - \overline{X}) + \overline{X}]^2 - \overline{X}^2$$

$$= \frac{1}{n} \sum_{i=1}^{n} (X_i - \overline{X})^2 = S_n^2. \tag{7.5}$$

例 3　设总体 X 服从 $[a, b]$ 上的均匀分布, $X_1, X_2, \cdots, X_n$ 是来自总体 X 的样本, 试求未知参数 a 和 b 的矩估计量.

解　$EX = \dfrac{a+b}{2}, DX = \dfrac{(b-a)^2}{12}$, 从而用 $\overline{X}$ 替换 EX, S_n^2 替换 DX

$$\begin{cases} \dfrac{a+b}{2} = \overline{X}, \\ \dfrac{(b-a)^2}{12} = S_n^2, \end{cases}$$

解方程组即得 a, b 的矩估计量

$$\hat{a} = \overline{X} - \sqrt{3} S_n,$$

$$\hat{b} = \overline{X} + \sqrt{3} S_n.$$

当总体 X 的分布有多个未知参数时, 用矩估计法列出联立方程组, 就可以解出每个要估计的未知参数的矩估计量.

例 4 设总体 X 服从泊松分布, 即 $X \sim P(\lambda)$, λ 是未知参数. $(X_1, X_2, \cdots, X_n)$ 是来自总体 X 的样本, 试求未知参数 λ 的矩估计量.

解 由 $X \sim P(\lambda)$, 知 $EX = \lambda$, 所以 λ 的矩估计量

$$\hat{\lambda}_1 = \overline{X} = \frac{1}{n} \sum_{i=1}^{n} X_i;$$

另一方面, $DX = \lambda$, 所以 λ 的矩估计量

$$\hat{\lambda}_2 = S_n^2 = \frac{1}{n} \sum_{i=1}^{n} \left(X_i - \overline{X} \right)^2.$$

这样 λ 就有了两个不同的矩估计. 在实际应用中, 我们究竟采用哪一个呢? 这除了要考虑我们在后面介绍的优良性, 一般选用阶数较低的样本矩. 在本例题中, $\overline{X}$ 是一阶样本原点矩, S_n^2 是二阶样本中心矩, 所以, 我们采用 $\overline{X}$ 作为 λ 的矩估计.

矩估计法的特点是并不要求已知总体分布类型, 只要未知参数可以表示成总体矩的函数, 就能求出其矩估计. 当总体分布类型已知时, 由于没有充分利用总体分布所提供的信息, 矩估计法不一定是理想的估计. 但因矩估计法简单易行, 而且具有一定的优良性, 所以应用仍然十分广泛.

2. 最大似然估计法

最大似然估计法的直观想法是: 一个随机试验如有若干个可能的结果 A_1, $A_2, \cdots,$ 一次试验中, 若 A_i 出现, 则一般认为 A_i 出现概率应最大. 例如, 一个猎人带着一个小孩去打猎, 看到猎物后他们同时开枪, 猎物被打死了, 那这时我们一般会认为猎人打死猎物的概率大. 为了更好地理解最大似然估计法的基本思想, 先看一个实际的应用问题.

例 5 设盒子中有红球和黑球两种颜色的球共 4 个, 且已知两种颜色球的数量比是 $3 : 1$. 现采用有放回地抽取, 抽两次, 如果最后抽到的是 2 个黑球, 试判断一下是 3 个黑球、1 个红球还是 1 个黑球、3 个红球呢?

解 由已知可得, 抽得黑球的个数服从二项分布 $B(n, p)$.

这里显然有 $n = 2$, p 可能是 $\frac{1}{4}$ 也可能是 $\frac{3}{4}$.

下面求抽得黑球个数 X 的概率分布律:

X	0	1	2
P	$C_2^0 p^0 (1-p)^2$	$C_2^1 p(1-p)$	$C_2^2 p^2 (1-p)^0$

$X = 2$ 时, 若 $p = \frac{1}{4}$, 则 $P\{x=2\} = \frac{1}{16}$; 若 $p = \frac{3}{4}$, 则 $P\{x=2\} = \frac{9}{16}$.

可见, 由 $p = \dfrac{3}{4}$ 时抽出 2 个黑球的概率比 $p = \dfrac{1}{4}$ 时抽出 2 个黑球的概率大得多, 当然有理由认为是 $p = \dfrac{3}{4}$. 因为它发生的概率大, 所以, 认为盒子里应该是有 3 个黑球和 1 个红球.

类似地, 如果两次抽到了 0 个黑球和 1 个黑球的情况, 也可以利用上面的思想方法进一步判断. 这个留给读者自己练习.

定义 2   设总体 X 为离散型随机变量, 总体 X 的分布中含有未知参数 $\theta = (\theta_1, \theta_2, \cdots, \theta_k)$, $(x_1, x_2, \cdots, x_n)$ 是样本 $(X_1, X_2, \cdots, X_n)$ 的观测值, 概率分布为 $P\{X_i = x_i; \theta\}$, 则

$$L(\theta) = \prod_{i=1}^{n} P\{X_i = x_i; \theta\} \tag{7.6}$$

是样本 $(X_1, X_2, \cdots, X_n)$ 取值为 $(x_1, x_2, \cdots, x_n)$ 的概率, 是 $\theta = (\theta_1, \theta_2, \cdots, \theta_k)$ 的函数, 称 $L(\theta)$ 为**似然函数**.

如果总体 X 为连续型的, 概率密度为 $f(x; \theta)$, 我们把 $X_1, X_2, \cdots, X_n$ 的联合概率密度

$$L(\theta) = \prod_{i=1}^{n} f(x_i; \theta) \tag{7.7}$$

称为**似然函数**.

定义 3   使似然函数 $L(\theta)$ 达到最大值的 $\theta_1, \theta_2, \cdots, \theta_k$ 记作 $\hat{\theta}_1, \hat{\theta}_2, \cdots, \hat{\theta}_k$, 则称 $\hat{\theta}_1, \hat{\theta}_2, \cdots, \hat{\theta}_k$ 分别为 $\theta_1, \theta_2, \cdots, \theta_k$ 的**最大似然估计**, 记 $\hat{\theta}_L$ 表示.

最大似然估计的求法:

(1) 写出似然函数 L;

(2) 求使 L 取最大值时的 $\hat{\theta}_1, \hat{\theta}_2, \cdots, \hat{\theta}_k$;

(3) $\theta_1, \theta_2, \cdots, \theta_k$ 的最大似然估计就是 $\hat{\theta}_1, \hat{\theta}_2, \cdots, \hat{\theta}_k$.

在计算 L 最大值的过程中, 如果 L 关于 $\theta_1, \theta_2, \cdots, \theta_k$ 可微, 则使 L 达到最大值的 $\hat{\theta}_1, \hat{\theta}_2, \cdots, \hat{\theta}_k$, 可由下列方程组求出:

$$\begin{cases} \dfrac{\partial L}{\partial \theta_1} = 0, \\ \quad \cdots \cdots \\ \dfrac{\partial L}{\partial \theta_k} = 0, \end{cases} \tag{7.8}$$

称方程组 (7.8) 为似然方程组.

因为 L 与 $\ln L$ 在同一 $\theta_1, \cdots, \theta_k$ 处取到极值, 所以, $\hat{\theta}_1, \cdots, \hat{\theta}_k$ 也可由下列似然方程组求解

$$\begin{cases} \dfrac{\partial \ln L}{\partial \theta_1} = 0, \\ \cdots\cdots \\ \dfrac{\partial \ln L}{\partial \theta_k} = 0. \end{cases} \tag{7.9}$$

具体求解 $\hat{\theta}_1, \cdots, \hat{\theta}_k$ 时, 用式 (7.9) 往往比用式 (7.8) 方便, 所以似然方程组主要指式 (7.9).

例 6 设总体 X 的概率分布,

$$P\{X = x\} = \theta (1 - \theta)^x, \quad x = 0, 1, \cdots,$$

其中 $0 < \theta < 1$ 是未知参数, 求 θ 的最大似然估计.

解 设 $(x_1, x_2, \cdots, x_n)$ 为样本 $(X_1, X_2, \cdots, X_n)$ 的一组观测值, 则似然函数为

$$L(\theta) = L(x_1, \cdots, x_n; \theta) = \prod_{i=1}^{n} \theta (1 - \theta)^{x_i} = \theta^n (1 - \theta)^{\sum\limits_{i=1}^{n} x_i}.$$

取对数

$$\ln L = n \ln \theta + \left(\sum_{i=1}^{n} x_i \right) \ln (1 - \theta).$$

似然方程

$$\frac{\mathrm{d} \ln L}{\mathrm{d} \theta} = \frac{n}{\theta} - \frac{1}{1 - \theta} \sum_{i=1}^{n} x_i = 0,$$

解得

$$\hat{\theta} = \frac{n}{n + \sum\limits_{i=1}^{n} x_i} = \frac{1}{1 + \overline{x}}.$$

因为

$$\frac{\mathrm{d}^2 \ln L}{\mathrm{d} \theta^2} < 0,$$

所以, 当 $\hat{\theta} = \dfrac{1}{1 + \overline{x}}$ 时, $\ln L$ 即 L 取最大值. 于是, θ 的最大似然估计为

$$\hat{\theta} = \frac{1}{1 + \overline{x}}.$$

例 7 求正态总体 $X \sim N(\mu, \sigma^2)$ 的未知参数 μ 及 σ^2 的最大似然估计.

解 似然函数

$$L(\mu, \sigma^2) = \prod_{i=1}^{n} \frac{1}{\sqrt{2\pi}\sigma} \cdot \mathrm{e}^{-\frac{(x_i - \mu)^2}{2\sigma^2}} = \left(\frac{1}{\sqrt{2\pi}\sigma} \right)^n \cdot \mathrm{e}^{-\frac{1}{2\sigma^2} \sum\limits_{i=1}^{n} (x_i - \mu)^2},$$

两边取对数

$$\ln L(\mu, \sigma^2) = -\frac{n}{2}\ln(2\pi) - \frac{n}{2}\ln\sigma^2 - \frac{1}{2\sigma^2}\sum_{i=1}^{n}(x_i - \mu)^2,$$

似然方程组

$$\begin{cases} \dfrac{\partial\ln L}{\partial\mu} = \dfrac{1}{\sigma^2}\sum_{i=1}^{n}(x_i - \mu) = 0, \\[3mm] \dfrac{\partial\ln L}{\partial\sigma^2} = -\dfrac{n}{2\sigma^2} + \dfrac{1}{2\sigma^4}\sum_{i=1}^{n}(x_i - \mu)^2 = 0. \end{cases}$$

解得

$$\hat{\mu} = \frac{1}{n}\sum_{i=1}^{n}x_i = \overline{x},$$

$$\hat{\sigma}^2 = \frac{1}{n}\sum_{i=1}^{n}(x_i - \overline{x})^2 = S_n^2.$$

所以未知参数 μ 和 σ^2 的最大似然估计是

$$\hat{\mu} = \overline{x}, \quad \hat{\sigma}^2 = S_n^2.$$

从以上两个例子我们可以看到, 最大似然估计不仅利用了样本提供的信息, 也利用了总体分布函数所提供的信息, 所以一般精度比矩估计高.

注　在求 L 的最大值点的过程中, 如果求导的方法失效了, 这时就必须使用其他的方法 (实际意义等) 来求最大似然估计, 如下面例子所示.

例 8　$X \sim U[0, \theta]$,

$$f(x) = \begin{cases} \dfrac{1}{\theta}, & 0 \leqslant x \leqslant \theta, \\[2mm] 0, & \text{其他,} \end{cases}$$

求 θ 的最大似然估计.

解　设 $(x_1, x_2, \cdots, x_n)$ 为样本 $(X_1, X_2, \cdots, X_n)$ 的一组观测值, 则似然函数为

$$L(\theta) = L(x_1, \cdots, x_n; \theta) = \frac{1}{\theta^n}.$$

显然, $L(\theta)$ 和 $\ln L(\theta)$ 均不存在驻点, 因此, 不能通过求解似然方程来得到最大似然估计. 但要使 $L(\theta)$ 达到最大, θ 就要尽量小, 而由于 θ 满足

$$\theta \geqslant x_i \ (i = 1, 2, \cdots, n),$$

即取 $\hat{\theta} = \max\limits_{1 \leqslant i \leqslant n}\{x_i\}$, 故 θ 的最大似然估计为 $\hat{\theta} = \max\limits_{1 \leqslant i \leqslant n}\{x_i\}$.

7.2 估计量的优劣标准

通常, 一个总体参数 θ 的估计不止一个, 可能很多, 这样在做选择时自然要选用一个较好的估计量去估计. 那要如何判别一个估计量的 "优劣" 呢? 优劣性的讨论是估计量的评选标准, 这里主要介绍判别一个估计量优劣的三条标准: 无偏性、有效性和相合性.

7.2.1 无偏性

一般情况下, 未知参数 θ 的估计量 $\hat{\theta}$ 的取值与 θ 的真值是不一定相等的, 但希望 θ 的估计量 $\hat{\theta}$ 的取值能在真值附近徘徊, 且当大量重复地使用它估计时, 平均结果能与真值无系统偏差, 也就是说估计量的数学期望等于未知参数的真值最好, 把它称为估计量的无偏性.

定义 4 设 $\hat{\theta}$ 为未知参数 θ 的估计量, 若

$$E(\hat{\theta}) = \theta \text{ (对}\theta\text{的所有取值成立)}, \tag{7.10}$$

则称 $\hat{\theta}$ 为 θ 的**无偏估计量**.

例 9 设总体 X 的均值为 μ, 方差 σ^2, $(X_1, X_2, \cdots, X_n)$ 为样本, $\overline{X}$ 为样本均值, S_n^2 为未修正样本方差, 则证明:

(1) $\overline{X}$ 是 μ 的无偏估计;

(2) S_n^2 不是 σ^2 的无偏估计, $S^2 = \dfrac{n}{n-1} S_n^2$ 是 σ^2 的无偏估计.

证明 (1) 因为

$$EX = \mu, \quad EX_i = \mu \ (i = 1, 2, \cdots, n),$$

所以

$$E\overline{X} = E\left(\frac{1}{n}\sum_{i=1}^{n} X_i\right) = \frac{1}{n}\sum_{i=1}^{n}(EX_i) = \frac{1}{n}n\mu = \mu,$$

即样本均值 $\overline{X}$ 是总体均值 μ 的无偏估计量.

(2) 对总体 X 的方差 σ^2, 由于

$$DX_i = \sigma^2, \quad EX_i = \mu \ (i = 1, 2, \cdots, n), \quad E\overline{X} = \mu,$$

因此 $D\overline{X} = D\left(\dfrac{1}{n}\sum\limits_{i=1}^{n} X_i\right) = \dfrac{1}{n^2}\sum\limits_{i=1}^{n} DX_i = \dfrac{1}{n^2}n\sigma^2 = \dfrac{\sigma^2}{n}$,

$$E(S_n^2) = E\left[\frac{1}{n}\sum_{i=1}^{n}(X_i - \overline{X})^2\right]$$

$$=\frac{1}{n}E\left[\sum_{i=1}^{n}(X_i-\mu-\overline{X}+\mu)^2\right]$$

$$=\frac{1}{n}E\left[\sum_{i=1}^{n}(X_i-\mu)^2-n(\overline{X}-\mu)^2\right]$$

$$=\frac{1}{n}\sum_{i=1}^{n}[E(X_i-EX_i)^2-E(\overline{X}-E\overline{X})^2]$$

$$=\frac{1}{n}\sum_{i=1}^{n}DX_i-D\overline{X}$$

$$=\frac{1}{n}\cdot n\sigma^2-\frac{\sigma^2}{n}$$

$$=\frac{n-1}{n}\sigma^2,$$

可见 S_n^2 不是总体方差 σ^2 的无偏估计量.

若取样本方差

$$S^2=\frac{1}{n-1}\sum_{i=1}^{n}(X_i-\overline{X})^2=\frac{n}{n-1}S_n^2,$$

则

$$ES^2=E\left(\frac{n}{n-1}S_n^2\right)=\frac{n}{n-1}ES_n^2=\frac{n}{n-1}\cdot\frac{n-1}{n}\sigma^2=\sigma^2,$$

即样本方差 S^2 为总体方差 σ^2 的无偏估计量.

7.2.2　有效性

如果总体未知参数 θ 有 θ_1 和 θ_2 两个无偏估计量, 那么哪一个更好呢? 显然, 需要引入另一个评价指标估计量的取值对 θ 的偏离程度的度量 —— 方差. 当然方差越小越好.

偏离程度为 $E(\hat{\theta}-\theta)^2$, 所以 $E(\hat{\theta}-\theta)^2=E(\hat{\theta}-E\hat{\theta})^2=D\hat{\theta}$(因为 $E\hat{\theta}=\theta$).

定义 5　设 $\hat{\theta}_1$ 和 $\hat{\theta}_2$ 都是未知参数 θ 的无偏估计量, 若 $D(\hat{\theta}_1)<D(\hat{\theta}_2)$, 则称 $\hat{\theta}_1$ 是比 $\hat{\theta}_2$ 有效的估计量.

例 10　设 X_1,X_2,X_3 是来自总体 X 的样本, $EX=\mu,DX=\sigma^2$, 试判断下列三个估计量哪个较好?

$$\hat{\mu}_1=\frac{1}{2}X_1+\frac{1}{3}X_2+\frac{1}{6}X_3,$$

$$\hat{\mu}_2=\frac{1}{4}X_1+\frac{1}{4}X_2+\frac{1}{2}X_3,$$

$$\hat{\mu}_3=\frac{1}{3}X_1+\frac{1}{3}X_2+\frac{1}{3}X_3.$$

解 因为
$$E\hat{\mu}_1 = \frac{1}{2}EX_1 + \frac{1}{3}EX_2 + \frac{1}{6}EX_3 = \mu,$$
$$E\hat{\mu}_2 = \frac{1}{4}EX_1 + \frac{1}{4}EX_2 + \frac{1}{2}EX_3 = \mu,$$
$$E\hat{\mu}_3 = \frac{1}{3}EX_1 + \frac{1}{3}EX_2 + \frac{1}{3}EX_3 = \mu,$$

所以, $\hat{\mu}_1, \hat{\mu}_2, \hat{\mu}_3$ 都是 μ 的无偏估计量.

再看有效性
$$DX_1 = DX_2 = DX_3 = \sigma^2,$$
$$D\hat{\mu}_1 = \frac{1}{4}DX_1 + \frac{1}{9}DX_2 + \frac{1}{36}X_3 = \frac{7}{18}\sigma^2,$$
$$D\hat{\mu}_2 = \frac{1}{16}DX_1 + \frac{1}{16}DX_2 + \frac{1}{4}DX_3 = \frac{3}{8}\sigma^2,$$
$$D\hat{\mu}_3 = \frac{1}{9}DX_1 + \frac{1}{9}DX_2 + \frac{1}{9}DX_2 = \frac{1}{3}\sigma^2,$$

其中 $D\hat{\mu}_3$ 最小, 所以 $\hat{\mu}_3$ 比 $\hat{\mu}_1$ 和 $\hat{\mu}_2$ 有效, 即 $\hat{\mu}_3$ 是三个估计量中最好的.

7.2.3 相合性

相合性就是当样本容量无限增大时估计量 $\hat{\theta}$ 与 θ 的真值任意接近的概率趋近 1. 相合性也称一致性, 反映了估计量的一种大样本性质.

定义 6 设 $\hat{\theta}$ 是总体未知参数 θ 的估计量, 则 $\hat{\theta}$ 与样本容量 n 有关, 如果对任意的 $\varepsilon > 0$, 都有
$$\lim_{n\to\infty} P\{|\hat{\theta} - \theta| < \varepsilon\} = 1, \tag{7.11}$$

则称 $\hat{\theta}$ 为 θ 的**相合估计量**.

不加证明地指出样本均值 $\overline{X}$ 与样本方差 S^2 分别为总体均值和方差的相合估计量.

7.3 正态总体参数的区间估计

在前面学习的矩估计和最大似然估计都属于点估计, 但我们知道点估计不能给出估计的精度, 为了弥补其不足, 引入另一种估计方法 —— 区间估计. 比如, 在估计某人的身高时我们说在 170 厘米到 175 厘米之间; 估计明天长春的最高气温时说在 30 ℃到 34 ℃之间, 等等, 这都属于区间估计.

定义 7 设 θ 是总体分布的一个未知参数, 如果有两个统计量 $\hat{\theta}_1$ 和 $\hat{\theta}_2$, 对给定值 $1 - \alpha(0 < \alpha < 1)$, 有
$$P\{\hat{\theta}_1 < \theta < \hat{\theta}_2\} = 1 - \alpha, \tag{7.12}$$

称 $(\hat{\theta}_1, \hat{\theta}_2)$ 为 θ 的置信水平为 $1 - \alpha$ 的**双侧置信区间**, 简称为**置信区间**, 分别称 $\hat{\theta}_1$ 和 $\hat{\theta}_2$ 为**置信下限**及**置信上限**, 称 $1 - \alpha$ 为**置信水平**, 也称为**置信度**.

需要特别强调的是, 置信区间 $(\hat{\theta}_1, \hat{\theta}_2)$, 对任意给定的一组样本 $X_1, X_2, \cdots, X_n$, 该区间可能包含 θ 的真值, 也可能不包含 θ 的真值, 式 (7.12) 表明置信水平 $1 - \alpha$ 的置信区间, 包含未知参数的概率是 $1 - \alpha$.

实际问题中要如何找出置信区间? 下面主要针对正态总体的情况加以讨论.

7.3.1   单正态总体参数的区间估计

正态总体 $X \sim N(\mu, \sigma^2)$, $(X_1, X_2, \cdots, X_n)$ 为来自正态总体的样本.

1. 正态总体中 σ^2 已知, 求 μ 的置信区间

因 $X \sim N(\mu, \sigma^2)$, 故 $\overline{X} \sim N\left(\mu, \dfrac{\sigma^2}{n}\right)$. 从而有

$$U = \frac{\overline{X} - \mu}{\sigma/\sqrt{n}} \sim N(0, 1).$$

对于给定置信水平 $1 - \alpha(0 < \alpha < 1)$, 查附表 3 求出上侧分位数 (也称为临界值)$u_{\frac{\alpha}{2}}$, 满足

$$P\left\{ |U| < u_{\frac{\alpha}{2}} \right\} = 1 - \alpha,$$

即为

$$P\left\{ -u_{\frac{\alpha}{2}} < \frac{\overline{X} - \mu}{\sigma/\sqrt{n}} < u_{\frac{\alpha}{2}} \right\} = 1 - \alpha,$$

不等式变形得

$$P\left\{ \overline{X} - \frac{\sigma}{\sqrt{n}} u_{\frac{\alpha}{2}} < \mu < \overline{X} + \frac{\sigma}{\sqrt{n}} u_{\frac{\alpha}{2}} \right\} = 1 - \alpha.$$

所以 μ 的置信水平为 $1 - \alpha$ 的置信区间为

$$\left(\overline{X} - \frac{\sigma}{\sqrt{n}} u_{\frac{\alpha}{2}}, \overline{X} + \frac{\sigma}{\sqrt{n}} u_{\frac{\alpha}{2}} \right). \tag{7.13}$$

一般情况下, α 常取 $0.01, 0.05, 0.10$ 等, 相应地, 置信水平 $1 - \alpha$ 一般为 0.99, $0.95, 0.90$ 等, 对应的上侧分位数 (临界值) 分别为 $u_{\frac{\alpha}{2}} = u_{0.005} = 2.58$, $u_{0.025} = 1.96$, $u_{0.05} = 1.65$.

例 11   某电器集团公司生产了一批灯泡, 其寿命 $X \sim N(\mu, 80)$. 从某天生产的一批灯泡中, 随机抽取 10 个, 测得样本均值为 $\overline{x} = 1147$, 试求: 该天生产的灯泡平均寿命的置信区间 $(\alpha = 0.1)$.

解   由样本观测值, 得 $n = 10, \sigma = \sqrt{80} = 4\sqrt{5}$.

$\alpha = 0.1, u_{\frac{\alpha}{2}} = u_{0.05} = 1.64$, 所以, μ 的置信水平为 $1 - \alpha = 0.9$ 的置信区间为

$$\left(1160 - \frac{4\sqrt{5}}{\sqrt{10}} 1.64, \quad 1160 + \frac{4\sqrt{5}}{\sqrt{10}} 1.64 \right),$$

即 $(1142.36, 1151.64)$.

2. 正态总体中 σ^2 未知, 求 μ 的置信区间

若 σ^2 未知, 自然想到用 σ^2 的一个估计量来替代它. 由于 σ^2 的一个无偏估计量为 $S^2 = \frac{1}{n-1} \sum_{i=1}^{n} (X_i - \overline{X})^2$, 故选取

$$T = \frac{\overline{X} - \mu}{S/\sqrt{n}} \sim t(n-1),$$

给定置信水平 $1 - \alpha$, 查附表 5, 自由度为 $n-1$ 的 t 分布表, 确定出上侧分位数 (临界值)$t_{\frac{\alpha}{2}}(n-1)$ 及 $-t_{\frac{\alpha}{2}}(n-1)$ 使

$$P\left\{ -t_{\frac{\alpha}{2}}(n-1) < T < t_{\frac{\alpha}{2}}(n-1) \right\} = 1 - \alpha,$$

即

$$P\left\{ -\frac{S}{\sqrt{n}} t_{\frac{\alpha}{2}}(n-1) < \overline{X} - \mu < \frac{S}{\sqrt{n}} t_{\frac{\alpha}{2}}(n-1) \right\} = 1 - \alpha,$$

不等式变形得

$$P\left\{ \overline{X} - \frac{S}{\sqrt{n}} t_{\frac{\alpha}{2}}(n-1) < \mu < \overline{X} + \frac{S}{\sqrt{n}} t_{\frac{\alpha}{2}}(n-1) \right\} = 1 - \alpha,$$

所以, σ^2 未知时,μ 的置信水平为 $1 - \alpha$ 的置信区间为

$$\left(\overline{X} - \frac{S}{\sqrt{n}} t_{\frac{\alpha}{2}}(n-1), \overline{X} + \frac{S}{\sqrt{n}} t_{\frac{\alpha}{2}}(n-1) \right). \tag{7.14}$$

例 12 设封装的袋米重量服从 $N(\mu, \sigma^2)$, 现从刚生产袋米中随机抽出 10 袋, 测量它们的重量如下 (单位:kg)

$$10.1, \quad 10.0, \quad 9.8, \quad 10.5, \quad 9.7,$$
$$10.1, \quad 9.9, \quad 10.2, \quad 10.3, \quad 9.9.$$

试求平均袋米重量 μ 的置信度为 0.95 的置信区间.

解 方差 σ^2 未知, 样本均值 $\overline{x} = 10.05$, 样本方差

$$s^2 = \frac{1}{10-1} \sum_{i=1}^{10} (x_i - 10.05)^2 = 0.0583,$$

样本标准差 $s = 0.24$. 由于 $1 - \alpha = 0.95$, 所以 $1 - \dfrac{\alpha}{2} = 0.975, n = 9$, 查附表 5 得

$$t_{\frac{\alpha}{2}}(n - 1) = t_{0.025}(9) = 2.2622,$$

$$\frac{S}{\sqrt{n}} t_{\frac{\alpha}{2}}(n - 1) = \frac{0.24}{\sqrt{10}} \times 2.2622 = 0.1717.$$

所以, μ 的置信度为 0.95 的置信区间为

$$(10.05 - 0.1717,\ 10.05 + 0.1717),$$

即 $(9.8783, 10.2217)$.

3. 正态总体总 μ 未知, 求 σ^2 的置信区间

选取

$$\chi^2 = \frac{(n - 1)S^2}{\sigma^2} \sim \chi^2(n - 1),$$

给定置信水平 $1 - \alpha$, 应有 $P\{a < \chi^2 < b\} = 1 - \alpha$, 即常取

$$P\{\chi^2 < a\} = P\{\chi^2 > b\} = \frac{\alpha}{2}$$

为确定分位数 (临界值)a 和 b, 一般要求查附表 4 自由度为 $n - 1$ 的 χ^2 分布上侧分位数表, 确定出

$$a = \chi^2_{1 - \frac{\alpha}{2}}(n - 1), \quad b = \chi^2_{\frac{\alpha}{2}}(n - 1),$$

从而有

$$P\left\{\chi^2_{1 - \frac{\alpha}{2}}(n - 1) < \chi^2 < \chi^2_{\frac{\alpha}{2}}(n - 1)\right\} = 1 - \alpha,$$

即

$$P\left\{\chi^2_{1 - \frac{\alpha}{2}}(n - 1) < \frac{(n - 1)S^2}{\sigma^2} < \chi^2_{\frac{\alpha}{2}}(n - 1)\right\} = 1 - \alpha,$$

推出

$$P\left\{\frac{(n - 1)S^2}{\chi^2_{\frac{\alpha}{2}}(n - 1)} < \sigma^2 < \frac{(n - 1)S^2}{\chi^2_{1 - \frac{\alpha}{2}}(n - 1)}\right\} = 1 - \alpha,$$

所以, σ^2 的置信水平为 $1 - \alpha$ 的置信区间为

$$\left(\frac{(n - 1)S^2}{\chi^2_{\frac{\alpha}{2}}(n - 1)}, \frac{(n - 1)S^2}{\chi^2_{1 - \frac{\alpha}{2}}(n - 1)}\right). \tag{7.15}$$

4. 正态总体中 $\mu = \mu_0$ 已知, 求 σ^2 的置信区间

$$EX_i = \mu_0, \quad DX_i = \sigma^2 \ (i = 1, 2, \cdots, n),$$

因为

$$\frac{X_i - \mu_0}{\sigma} \sim N(0, 1),$$

所以

$$\chi^2 = \frac{\sum\limits_{i=1}^{n}(X_i - \mu_0)^2}{\sigma^2} \sim \chi^2(n),$$

给定置信水平 $1 - \alpha$, 则有

$$P\left\{\chi^2_{1-\frac{\alpha}{2}}(n) < \frac{\sum\limits_{i=1}^{n}(X_i - \mu_0)^2}{\sigma^2} < \chi^2_{\frac{\alpha}{2}}(n)\right\} = 1 - \alpha,$$

推得

$$P\left\{\frac{\sum\limits_{i=1}^{n}(X_i - \mu_0)^2}{\chi^2_{\frac{\alpha}{2}}(n)} < \sigma^2 < \frac{\sum\limits_{i=1}^{n}(X_i - \mu_0)^2}{\chi^2_{1-\frac{\alpha}{2}}(n)}\right\} = 1 - \alpha.$$

所以, $\mu = \mu_0$ 已知时, σ^2 置信水平为 $1 - \alpha$ 的置信区间为

$$\left(\frac{\sum\limits_{i=1}^{n}(X_i - \mu_0)^2}{\chi^2_{\frac{\alpha}{2}}(n)}, \ \frac{\sum\limits_{i=1}^{n}(X_i - \mu_0)^2}{\chi^2_{1-\frac{\alpha}{2}}(n)}\right). \tag{7.16}$$

例 13 从刚生产的一大堆钢珠中随机抽出 9 个, 测量它们的直径如下 (单位:mm)

19.68, 19.88, 19.98, 20.08, 19.88, 20.38, 19.98, 19.88, 20.18,

已知钢珠的直径服从正态分布 $N(\mu, \sigma^2)$,

(1) μ 未知;

(2) $\mu = 20$,

试分别求总体方差 σ^2 的置信水平为 0.95 的置信区间.

解　(1) 由已知可求样本均值

$$\overline{x} = 19.99,$$

样本方差

$$s^2 = \frac{1}{9-1} \sum_{i=1}^{9} (x_i - 19.99)^2 = 0.04125.$$

当 $1 - \alpha = 0.95$ 时, $1 - \frac{\alpha}{2} = 0.975$, 查附表 4

$$\chi_{0.975}^2(8) = 2.18, \quad \chi_{0.025}^2(8) = 17.535,$$

$$\frac{(n-1)s^2}{\chi_{\frac{\alpha}{2}}^2(n-1)} = \frac{8 \times 0.04125}{17.535} = 0.0188,$$

$$\frac{(n-1)s^2}{\chi_{1-\frac{\alpha}{2}}^2(n-1)} = \frac{8 \times 0.04125}{2.18} = 0.1514,$$

故 σ^2 的置信水平为 0.95 的置信区间 $(0.0188, 0.1514)$.

(2) 由已知可求 $\sum_{i=1}^{9} (x_i - 20)^2 = 0.3296$, 当 $1 - \alpha = 0.95$ 时, $1 - \frac{\alpha}{2} = 0.975$, 查附表 4

$$\chi_{0.975}^2(9) = 2.70, \quad \chi_{0.025}^2(9) = 19.023.$$

故 σ^2 的置信水平为 0.95 的置信区间 $(0.0173, 0.1221)$.

*7.3.2　双正态总体参数的区间估计

正态总体 $X \sim N(\mu_1, \sigma_1^2)$, $Y \sim N(\mu_2, \sigma_2^2)$, $(X_1, X_2, \cdots, X_n)$, $(Y_1, Y_2, \cdots, Y_m)$ 分别为来自总体 X 和总体 Y 的样本, 两样本相互独立, 记 $\overline{X}$ 与 $\overline{Y}$ 分别为它们的样本均值, S_1^2 和 S_2^2 分别为它们的样本方差.

1. 正态总体中 σ_1^2, σ_2^2 均已知, 求 $\mu_1 - \mu_2$ 的置信区间

因

$$E(\overline{X} - \overline{Y}) = EX - EY = \mu_1 - \mu_2,$$

$$D(\overline{X} - \overline{Y}) = D\overline{X} + D\overline{Y} = \frac{\sigma_1^2}{n} + \frac{\sigma_2^2}{m},$$

故有 $\overline{X} - \overline{Y} \sim N\left(\mu_1 - \mu_2, \dfrac{\sigma_1^2}{n} + \dfrac{\sigma_2^2}{m}\right)$, 于是

$$U = \frac{\overline{X} - \overline{Y} - (\mu_1 - \mu_2)}{\sqrt{\dfrac{\sigma_1^2}{n} + \dfrac{\sigma_2^2}{m}}} \sim N(0, 1).$$

所以, $\mu_1 - \mu_2$ 的置信水平为 $1 - \alpha$ 的置信区间为

$$\left(\overline{X} - \overline{Y} - u_{\frac{\alpha}{2}} \sqrt{\frac{\sigma_1^2}{n} + \frac{\sigma_2^2}{m}}, \ \overline{X} - \overline{Y} + u_{\frac{\alpha}{2}} \sqrt{\frac{\sigma_1^2}{n} + \frac{\sigma_2^2}{m}} \right). \tag{7.17}$$

2. 正态总体中 σ_1^2, σ_2^2 均未知, 求 $\mu_1 - \mu_2$ 的置信区间

$\sigma_1^2 = \sigma_2^2 = \sigma^2$, 则有

$$T = \frac{\overline{X} - \overline{Y} - (\mu_1 - \mu_2)}{\sqrt{\frac{1}{n} + \frac{1}{m}} \sqrt{\frac{(n-1)S_1^2 + (m-1)S_2^2}{n+m-2}}} \sim t(n+m-2),$$

其中 $S^2 = \dfrac{(n-1)S_1^2 + (m-1)S_2^2}{n+m-2}$ 是 S_1^2 和 S_2^2 的加权平均. 所以, $\mu_1 - \mu_2$ 的置信水平为 $1 - \alpha$ 的置信区间为

$$\left(\overline{X} - \overline{Y} - t_{\frac{\alpha}{2}}(n+m-2) \sqrt{\left(\frac{1}{n} + \frac{1}{m} \right) S^2}, \ \overline{X} - \overline{Y} + t_{\frac{\alpha}{2}}(n+m-2) \sqrt{\left(\frac{1}{n} + \frac{1}{m} \right) S^2} \right). \tag{7.18}$$

3. 正态总体中 μ_1, μ_2, σ_1^2, σ_2^2 均未知, 求 $\dfrac{\sigma_1^2}{\sigma_2^2}$ 的置信区间

$$F = \frac{S_1^2 \sigma_2^2}{S_2^2 \sigma_1^2} \sim F(n-1, m-1),$$

所以, $\dfrac{\sigma_1^2}{\sigma_2^2}$ 的置信水平为 $1 - \alpha$ 的置信区间为

$$\left(\frac{S_1^2}{S_2^2 F_{\frac{\alpha}{2}}(n-1, m-1)}, \ \frac{S_1^2}{S_2^2 F_{1-\frac{\alpha}{2}}(n-1, m-1)} \right). \tag{7.19}$$

*7.4 非正态总体参数的区间估计

在实际问题中讨论区间估计也常常遇到不服从正态分布的样本, 这时如果样本容量 n 比较大, 总体均值的置信区间可用正态总体的公式计算, 所不同的是这是一种近似. 这是一种最简单有效的处理方法, 其理论的依据就是中心极限定理, 因此, 也称这方法为大样本方法.

若总体不服从正态分布, 在样本容量比较大时 (一般 $n \geqslant 30$), 由中心极限定理, 样本均值 $\overline{X}$ 近似服从正态分布.

设总体为 X, 且 $EX = \mu, DX = \sigma^2$, 则 $\dfrac{\overline{X} - \mu}{\sigma / \sqrt{n}}$ 近似服从标准正态分布, 故对

给定置信水平 $1-\alpha$, 近似地有 $P\left\{-u_{\frac{\alpha}{2}} < \dfrac{\overline{X}-\mu}{\sigma/\sqrt{n}} < u_{\frac{\alpha}{2}}\right\} = 1-\alpha$. 故 σ^2 已知时, μ 的置信水平约为 $1-\alpha$ 的置信区间为

$$\left(\overline{X} - \frac{\sigma}{\sqrt{n}}u_{\frac{\alpha}{2}},\ \overline{X} + \frac{\sigma}{\sqrt{n}}u_{\frac{\alpha}{2}}\right);$$

σ^2 未知时, 用样本方差 S^2 代替, μ 的置信水平约为 $1-\alpha$ 的置信区间为

$$\left(\overline{X} - \frac{S}{\sqrt{n}}u_{\frac{\alpha}{2}},\ \overline{X} + \frac{S}{\sqrt{n}}u_{\frac{\alpha}{2}}\right). \tag{7.20}$$

例 14 某公司想估计自己生产的电池寿命, 现从产品中随机抽取 100 个做试验, 寿命的平均值为 925.4 小时, 寿命的标准差为 315.5 小时, 试求该公司生产的电池平均寿命的置信水平为 95% 的置信区间.

解 $n=100$ 很大, 可以用式 (7.20) 估计.

因为 $1-\alpha = 0.95$, 所以 $\dfrac{\alpha}{2} = 0.025$,

$$u_{0.025} = 1.96.$$

因为

$$\overline{x} = 925.4, \quad s = 315.5,$$

所以置信区间为 $\left(925.4 - \dfrac{315.5}{\sqrt{100}} \times 1.96, 925.4 + \dfrac{315.5}{\sqrt{100}} \times 1.96\right)$, 即

$$(863.56,\ 987.24).$$

为了进一步了解引入的大样本方法, 下面讨论二项分布参数的区间估计.

假设事件 A 在一次试验中发生的概率为 p, 现在做 n 次独立重复试验, 其中 A 出现 μ_n 次, 有 $\mu_n \sim B(n,p)$. 求 p 的置信区间.

由中心极限定理, n 足够大时, $\dfrac{\mu_n - np}{\sqrt{np(1-p)}}$ 近似服从标准正态分布 $N(0,1)$. 对给定置信水平 $1-\alpha$, 近似地有

$$P\left\{-u_{\frac{\alpha}{2}} < \frac{\mu_n - np}{\sqrt{np(1-p)}} < u_{\frac{\alpha}{2}}\right\} = 1-\alpha,$$

不等式变形有

$$P\left\{\frac{\mu_n}{n} - \frac{\sqrt{p(1-p)}}{\sqrt{n}}u_{\frac{\alpha}{2}} < p < \frac{\mu_n}{n} + \frac{\sqrt{p(1-p)}}{\sqrt{n}}u_{\frac{\alpha}{2}}\right\} = 1-\alpha,$$

在实际计算时, 可用 $\hat{p} = \dfrac{\mu_n}{n}$ 代替 p. 所以, p 的置信水平为 $1 - \alpha$ 的置信区间为

$$\left(\hat{p} - u_{\frac{\alpha}{2}} \sqrt{\frac{\hat{p}(1-\hat{p})}{n}}, \ \hat{p} + u_{\frac{\alpha}{2}} \sqrt{\frac{\hat{p}(1-\hat{p})}{n}} \right). \tag{7.21}$$

例 15　从一大批产品中抽取 100 个样品, 其中有一级品 84 个, 求这批产品的一级品率的置信水平为 95% 的置信区间.

解　设一级品率为 p, 这里 $n = 100, \mu_n = 84$.

因为 $1 - \alpha = 0.95$, 所以 $\dfrac{\alpha}{2} = 0.025, u_{0.025} = 1.96$, 又

$$\frac{\mu_n}{n} = \frac{84}{100} = 0.84, \quad \sqrt{\frac{\hat{p}(1-\hat{p})}{n}} \times u_{0.025} = \sqrt{\frac{0.84 \times 0.16}{100}} \times 1.96 = 0.07,$$

所以, p 的置信水平为 95% 的置信区间为 $(0.84 - 0.07, 0.84 + 0.07)$, 即 $(0.77, 0.91)$.

7.5　单侧置信限

前面我们估计一个参数 θ 时, 给出了两个统计量 $\hat{\theta}_1$ 和 $\hat{\theta}_2$, 得到了参数 θ 的双侧置信区间. 然而, 在实际问题中, 有一些诸如元件的寿命问题, 人们关心的是平均寿命值的下限, 这就引出了单侧置信限的概念.

定义 8　设 θ 是总体分布的一个未知参数, 如果对给定值 $1 - \alpha (0 < \alpha < 1)$, 有统计量 $\hat{\theta}_1$,

$$P\{\theta > \hat{\theta}_1\} = 1 - \alpha, \tag{7.22}$$

则称 $(\hat{\theta}_1, +\infty)$ 为 θ 的置信水平为 $1 - \alpha$ 的**单侧置信区间**, 称 $\hat{\theta}_1$ 为**单侧置信下限**.

有统计量 $\hat{\theta}_2$,

$$P\{\theta < \hat{\theta}_2\} = 1 - \alpha, \tag{7.23}$$

则称 $(-\infty, \hat{\theta}_2)$ 为 θ 的置信水平为 $1 - \alpha$ 的**单侧置信区间**, 称 $\hat{\theta}_2$ 为**单侧置信上限**.

下面考虑正态总体的均值和方差的单侧置信区间.

(1) 正态总体 $X \sim N(\mu, \sigma^2)$, $(X_1, X_2, \cdots, X_n)$ 为来自总体的样本, μ 的单侧置信区间.

如果 σ^2 已知, 则由 $\dfrac{\overline{X} - \mu}{\sigma/\sqrt{n}} \sim N(0, 1)$, 有 $P\left\{\dfrac{\overline{X} - \mu}{\sigma/\sqrt{n}} > u_{1-\alpha}\right\} = 1 - \alpha$, 即 $P\left\{\mu < \overline{X} - \dfrac{\sigma}{\sqrt{n}} u_{1-\alpha}\right\} = 1 - \alpha$. 于是得到 μ 的一个置信水平为 $1 - \alpha$ 的单侧置信区间 $\left(-\infty, \overline{X} - \dfrac{\sigma}{\sqrt{n}} u_{1-\alpha}\right)$.

μ 的置信水平为 $1-\alpha$ 的单侧置信上限为

$$\hat{\mu}_2 = \overline{X} - \frac{\sigma}{\sqrt{n}}u_{1-\alpha} = \overline{X} + \frac{\sigma}{\sqrt{n}}u_{\alpha}.$$

如果 σ^2 未知, 则由 $\dfrac{\overline{X}-\mu}{S/\sqrt{n}} \sim t(n-1)$, 有

$$P\left\{\frac{\overline{X}-\mu}{S/\sqrt{n}} < t_{\alpha}(n-1)\right\} = 1-\alpha, \quad 即 P\left\{\mu > \overline{X} - \frac{S}{\sqrt{n}}t_{\alpha}(n-1)\right\} = 1-\alpha.$$

于是得到 μ 的一个置信水平为 $1-\alpha$ 的单侧置信区间

$$\left(\overline{X} - \frac{S}{\sqrt{n}}t_{\alpha}(n-1), +\infty\right).$$

μ 的置信水平为 $1-\alpha$ 的单侧置信下限为

$$\hat{\mu}_1 = \overline{X} - \frac{S}{\sqrt{n}}t_{\alpha}(n-1).$$

(2) 正态总体 $X \sim N(\mu, \sigma^2)$, $(X_1, X_2, \cdots, X_n)$ 为来自总体的样本, σ^2 的单侧置信区间.

由 $\dfrac{(n-1)S^2}{\sigma^2} \sim \chi^2(n-1)$, 有 $P\left\{\dfrac{(n-1)S^2}{\sigma^2} < \chi^2(n-1)\right\} = 1-\alpha$, 即 $P\Big\{\sigma^2 > \dfrac{(n-1)S^2}{\chi_{\alpha}^2(n-1)}\Big\} = 1-\alpha$. 于是得到 σ^2 的一个置信水平为 $1-\alpha$ 的单侧置信区间 $\left(\dfrac{(n-1)S^2}{\chi_{\alpha}^2(n-1)}, +\infty\right)$.

σ^2 的置信水平为 $1-\alpha$ 的单侧置信下限为

$$\hat{\sigma}_1^2 = \frac{(n-1)S^2}{\chi_{\alpha}^2(n-1)}.$$

由 $\dfrac{(n-1)S^2}{\sigma^2} \sim \chi^2(n-1)$, 有 $P\left\{\dfrac{(n-1)S^2}{\sigma^2} > \chi_{1-\alpha}^2(n-1)\right\} = 1-\alpha$, 即 $P\Big\{\sigma^2 < \dfrac{(n-1)S^2}{\chi_{1-\alpha}^2(n-1)}\Big\} = 1-\alpha$. 于是得到 σ^2 的一个置信水平为 $1-\alpha$ 的单侧置信区间 $\left(0, \dfrac{(n-1)S^2}{\chi_{1-\alpha}^2(n-1)}\right)$.

σ^2 的置信水平为 $1-\alpha$ 的单侧置信上限为

$$\hat{\sigma}_2^2 = \frac{(n-1)S^2}{\chi_{1-\alpha}^2(n-1)}.$$

例 16 从一批手表中, 随机地取 5 只, 测得寿命的样本值为 1050, 1100, 1120, 1250, 1280, 设手表寿命服从正态分布, 求手表寿命平均值的 0.95 的单侧置信区间和单侧置信下限.

解 因 $1 - \alpha = 0.95$, $n = 5$, $\overline{x} = 1160$, $S^2 = 9950$, 故

$$P\left\{\frac{\overline{X} - \mu}{S/\sqrt{n}} < t_\alpha(n-1)\right\} = 1 - \alpha,$$

查表 $t_\alpha(n-1) = t_{0.05}(4) = 2.1318$, 从而寿命均值 μ 的置信水平为 $1 - \alpha$ 的单侧置信下限为

$$\overline{x} - \frac{S}{\sqrt{n}}t_\alpha(n-1) = 1160 - \sqrt{\frac{9950}{5}} \times 2.1318 = 1064.9,$$

于是 μ 的置信水平为 $1 - \alpha$ 的单侧置信区间为 $(1064.9, +\infty)$.

习 题 七

1. 设总体 $X \sim N(\mu, 1)$, X_1, X_2, X_3 为其样本, 试证下列统计量

$$\hat{\mu}_1 = \frac{1}{5}X_1 + \frac{3}{10}X_2 + \frac{1}{2}X_3,$$

$$\hat{\mu}_2 = \frac{1}{3}X_1 + \frac{1}{4}X_2 + \frac{5}{12}X_3,$$

$$\hat{\mu}_3 = \frac{1}{3}X_1 + \frac{1}{4}X_2 + \frac{5}{12}X_3$$

都是 μ 的无偏估计量, 并指明哪个估计量更有效.

2. 设总体 X 的均值为 μ, $X_1, X_2, \cdots, X_n$ 为样本, 证明 $\hat{\mu}_1 = \sum_{i=1}^{n} a_i X_i$ 是总体均值 μ 的无偏估计量, 其中 a_i 为常数, 且 $\sum_{i=1}^{n} a_i = 1$.

3. 设总体 X 服从 $[0, \theta]$ 上的均匀分布, $X_1, X_2, \cdots, X_n$ 为其样本, (1) 求未知参数 θ 的矩估计量; (2) 若样本观测值为 0.3, 0.7, 0.26, 0.37, 0.61, 0.54, 求 θ 的矩估计值.

4. 设总体 X 服从二项分布 $B(n, p)$, n 已知, $X_1, X_2, \cdots, X_n$ 是样本, 试求未知参数 p 的矩估计量和最大似然估计量.

5. 已知某种电子仪器的使用寿命服从指数分布, 密度函数是

$$f(x; \lambda) = \lambda e^{-\lambda x}, \quad x > 0, \ \lambda > 0.$$

现随机抽取 14 台, 测得寿命数据为 (单位: 小时)

1818, 1890, 2580, 1789, 2703, 1921, 2054, 1354, 1967,

2324, 1884, 2120, 2304, 1480.

试求未知参数的矩估计值和最大似然估计值.

6. 对球的直径作了 5 次测量, 测量的结果是 6.33, 6.37, 6.36, 6.32, 6.37(厘米), 试求 (1) 样本均值和样本方差; (2) 期望和方差的 0.90 置信区间.

7. 某车间生产一种零件, 从长期实践知道, 该零件直径服从正态分布, 且方差为 σ. 现从某日生产的产品中随机取 6 件, 测得其直径为 14.6, 15.1, 14.9, 14.8, 15.2, 15.1. 试求该零件平均直径的置信区间, $\alpha = 0.05$. 设钉子直径服从正态分布, 试求总体均值 μ 的 90% 的置信区间.

(1) 已知 $\sigma = 0.06$; (2) σ 未知.

8. 某灯泡厂每天生产的灯泡寿命服从正态分布 $N(\mu, \sigma^2)$. 从某天生产的一批灯泡中, 随机抽取 8 个, 测得数据如下 (单位: 小时):

$$1100, \quad 1120, \quad 1130, \quad 1250, \quad 1200, \quad 1300, \quad 1080, \quad 1100,$$

估计该天生产的灯泡平均寿命的范围 ($\alpha = 0.05$).

9. 从刚生产的一大堆钢珠中随机抽出 9 个, 测得它们如下 (单位: mm): 31.2, 31.1, 30.9, 30.8, 31, 31.3, 31.4, 30.7, 30.6, 已知钢珠的直径服从正态分布, 试求直径 μ 的置信度为 0.95 的置信区间, 总体方差 σ^2 置信度为 0.9 的置信区间.

10. 设总体 X 的概率密度为

$$\varphi(x) = \begin{cases} \theta x^{\theta-1}, & 0 < x < 1(\theta > 0), \\ 0, & \text{其他,} \end{cases}$$

求未知参数 θ 的最大似然估计量和矩估计量.

*11. 对某城市居民的家庭月收入做调查, 抽取 100 户家庭, 调查结果是家庭收入平均为 925.4 元, 标准差为 315.5 元, 试求这个城市居民家庭平均月收入的置信水平为 0.95 的置信区间.

*12. 假设在 100 次射击中, 有 60 次命中目标, 试求命中率 p 的 95%的置信区间.

选 做 题 七

1. 设 $X_1, X_2, \cdots, X_n$ 为来自二项分布总体 $B(n, p)$ 的简单随机样本, $\overline{X}$ 与 S^2 分别为样本均值和样本方差, 若 $\overline{X} + kS^2$ 为 np^2 的无偏估计量, 则 $k =$ _____.

2. 设总体 X 的概率密度为 $f(x, \theta) = \begin{cases} \dfrac{1}{2\theta}, & 0 < x < \theta, \\ \dfrac{1}{2(1-\theta)}, & \theta \leqslant x < 1, \\ 0, & \text{其他,} \end{cases}$ 其中参数 $\theta (0 < \theta < 1)$

未知, $X_1, \cdots, X_n$ 是来自总体 X 的简单随机样本, $\overline{X}$ 是样本均值. (1) 求 θ 的矩估计 $\hat{\theta}$; (2) 判断 $4\overline{X}^2$ 是否为 θ^2 的无偏估计, 并说明理由.

3. 设 $X_1, X_2, \cdots, X_n$ 为来自总体 $N(\mu, \sigma^2)$ 的简单随机样本, 记 $\overline{X} = \dfrac{1}{n}\sum_{i=1}^{n} X_i$, $S^2 = \dfrac{1}{n-1}\sum_{i=1}^{n} (X_i - \overline{X})^2$, $T = \overline{X}^2 - \dfrac{1}{n}S^2$. (1) 证明是 μ^2 的无偏估计量; (2) 当 $\mu = 0, \sigma = 1$ 时,

求 DT.

4. 设总体 X 的概率密度为 $f(x,\theta) = \begin{cases} \lambda^2 x e^{-\lambda x}, & x > 0, \\ 0, & \text{其他}, \end{cases}$ 其中参数 $\lambda(\lambda > 0)$ 未知, $X_1, X_2, \cdots, X_n$ 为来自总体 X 的简单随机样本. (1) 求参数 λ 矩估计量; (2) 求参数 λ 的最大似然估计量.

5. 设总体 X 的概率分布为

X	1	2	3
P	$1-\theta$	$\theta - \theta^2$	θ^2

其中 $\theta(\theta \in (0,1))$ 为未知参数, 以 N_i 表示来自总体 X 的样本容量为 n 的简单随机样本中等于 $i(i = 1, 2, 3)$ 的个数, 求常数 a_1, a_2, a_3, 使 $T = \sum_{i=1}^{3} a_i N_i$ 为 θ 的无偏估计量, 并求 T 的方差.

6. 设 $X_1, X_2, \cdots, X_n$ 为来自总体 $N(\mu_0, \sigma^2)$ 的简单随机样本, 其中 μ_0 已知, $\sigma^2 > 0$ 未知, $\overline{X}$ 与 S^2 分别为样本均值和样本方差. (1) 求 σ^2 的最大似然估计 $\hat{\sigma}^2$; (2) 计算 $E(\hat{\sigma}^2)$ 和 $D(\hat{\sigma}^2)$.

7. 设随机变量 X 与 Y 相互独立, 且分别服从正态分布 $N(\mu, \sigma^2)$ 与 $N(\mu, 2\sigma^2)$, 其中 σ 是未知参数, 且 $\sigma > 0$. 设 $Z = X - Y$.

(1) 求 Z 的概率密度 $f_Z(z)$;

(2) $Z_1, Z_2, \cdots, Z_n$ 为来自总体 Z 的简单随机样本, 求 σ^2 的最大似然估计 $\hat{\sigma}^2$;

(3) 证明 $\hat{\sigma}^2$ 是 σ^2 的无偏估计量.

第8章 假设检验

统计推断有两个主要内容：其一是参数估计，已在第 7 章做了讨论；其二是假设检验. 本章将讨论统计假设的建立及其检验问题.

在总体分布已知但其参数未知或总体分布完全未知的情况下，为了了解总体的某些性质，需要先提出关于总体的假设，然后希望能通过抽样所得样本提供的信息检验上述 "假设" 的真伪，这就是假设检验.

8.1 假设检验的基本思想和概念

8.1.1 问题的提出

我们来研究这样的例子.

例 1 某厂用一车床生产一种零件，要求其标准重量为 60 克，根据经验，零件重量服从正态分布 $N(\mu, 1.5^2)$. 现抽取容量为 $n = 9$ 的样本，测得零件重量依次为 (单位：克)

$$63.5, \quad 61.3, \quad 58.7, \quad 59.6, \quad 62.5, \quad 63.8, \quad 61.5, \quad 60.7, \quad 59.2.$$

试问该机床是否在正常工作？

设 X 表示零件重量 (单位：克)，则 $X \sim N(\mu, 1.5^2)$. 随机抽取 9 个样本，便得到样本 $(X_1, X_2, \cdots, X_9)$ 的一组样本观测值. 如果机床正常工作，那么 μ 就应该等于 $\mu_0 (\mu_0 = 60)$，于是就可预先作一假设 $H_0 : \mu = \mu_0$，与它相对立的命题就是 $\mu \neq \mu_0$，把它作为假设 H_1，即 $H_1 : \mu \neq \mu_0$. 那么，"机床是否正常工作" 这个问题，实质上就是根据总体 X 的一组样本观测值来判断假设 $H_0 : \mu = \mu_0$ 是否成立. 当判断出假设 H_1 不成立时，我们就拒绝 H_1，即认为 μ 与 μ_0 之间没有显著差异，机床工作正常；当判断出假设 H_0 不成立时，我们就拒绝 H_0，即认为 μ 与 μ_0 之间存在显著差异，机床不能正常工作.

从这个问题可以看到，通常需要对有关分布的某个未知陈述或命题进行判断，数理统计学中将这些有待验证的陈述或命题称为**统计假设，**简称为**假设**. 例如，上面例题中的 H_0 和 H_1 都是假设，并且，如果判断 H_0 不成立，那么 H_1 就成立；反之，如果判断 H_1 不成立，那么 H_0 就成立. 通常把其中一个称为**原假设**(或**零假设**)，用 H_0 表示，而另一个称为**备择假设**(或**对立假设**)，用 H_1 表示. 例如，例 1，原假设为 $H_0 : \mu = \mu_0$，备择假设为 $H_1 : \mu \neq \mu_0$. 在对实际问题的处理过程中，通常把着重考察且便于处理的假设作为原假设. 当给定原假设后, 其备择假设的形式可能有多个, 如 $H_0{:}\mu = \mu_0$, 其对立形式有 $H_1{:}\mu \neq \mu_0$, $H_1{:}\mu < \mu_0$ 或 $H_1{:}\mu > \mu_0$, 选择哪一种形式需要根据实际问题来确定.

例 1 是对总体 X 作出某种假设, 然后, 用样本的数据来检验某假设是否成立. 这类问题一般称为**假设检验问题**. 如果在总体分布已知但含未知参数的情形下, 对未知参数提出假设并进行判断, 我们称为**参数假设检验**; 反之, 总体分布完全未知, 针对总体分布提出假设并进行判断, 我们称为**非参数假设检验**.

8.1.2 假设检验的基本思想

在例 1 中, 设 X 表示零件重量 (单位: 克), 则 $X \sim N(\mu, 1.5^2)$, $\mu_0 = 60$. 现给出原假设 $H_0{:}\mu = \mu_0$ 和备择假设 $H_1{:}\mu \neq \mu_0$, 则机床是否正常工作等价于判断 H_0 是否成立. 随机抽取 9 个样本, 计算其样本均值

$$\overline{X} = \frac{1}{9}\sum_{i=1}^{9} X_i = 61.2,$$

在原假设 H_0 成立的条件下, 且 $\overline{X} \sim N(60, 0.5^2)$. 在方差已知情况下, 样本均值 $\overline{X}$ 是总体均值的一个充分统计量, 所以可以根据二者之间的差异程度来判断 H_0 是否成立. 有时, 即使机床正常工作, 由于各种随机原因, 样本均值也未必就恰好等于 $\mu_0 = 60$, 它会在 μ_0 附近来回摆动. 考虑统计量

$$U = \frac{\overline{X} - 60}{0.5} \sim N(0, 1),$$

根据所要求的精准度, 机床正常工作, $|U|$ 有一个最大值 u. 如果

$$|U| = \left| \frac{\overline{X} - 60}{0.5} \right| > u,$$

则在某种程度上我们认为机床未能正常工作, 可设

$$P\left\{ \left| \frac{\overline{X} - 60}{0.5} \right| > u \right\} = \alpha,$$

取 $\alpha = 0.05$, 查附表 3 标准正态分布上侧分位数 $u_{\frac{\alpha}{2}}$ 表, 得 $u = u_{0.025} = 1.96$, 即

$$P\left\{ \left| \frac{\overline{X} - 60}{0.5} \right| > 1.96 \right\} = 0.05.$$

根据大数定律, 在大量重复试验中, 某事件 A 发生的频率依概率接近于事件 A 的概率, 因而若某事件 A 发生的概率 α 很小时, 则在大量重复试验中, 它发生的频率也应很小. 概率很小的事件在一次试验中几乎不可能发生, 称这样的事件为小概率事件. 在数理统计应用中, 人们总是根据所研究的具体问题, 规定一个界限

$\alpha(0 < \alpha < 1)$, 把概率不超过 α 的事件认为是小概率事件, 认为这样的事件在一次试验中几乎不发生, 这就是所谓的 "小概率原理". 假设检验的基本思想是以小概率原理作为拒绝 H_0 的依据.

本例中, 事件 $\{|U| = 2.4 > 1.96\}$ 在 100 次独立重复试验中才发生 5 次, 因此, 这也是一个小概率事件, 而它在一次试验 (一次抽样) 中就真的发生了, 那么我们自然怀疑假设 H_0 的正确性, 而这是由原假设 $H_0{:}\mu = \mu_0$ 的不合理造成的, 因而拒绝 (或否定)H_0, 即不能认为该机床正常工作; 如果事件 $\{|U| > 1.96\}$ 没有发生, 那么表明原假设 H_0 与试验结果不矛盾, 因而不能拒绝 H_0.

小概率原理, 认为小概率事件在一次试验中实际上是几乎不会发生的, 如果小概率事件在一次试验中真的发生了, 我们认为这是不合理的, 因此有理由判断原假设不成立. 这种思想也被认为是带有 "概率性质的反证法".

根据实际问题的需要, 假设检验通常要指定一个很小的正数 α, 把概率不超过 α 的小概率事件 A 认为是实际几乎不可能发生的事件, 这个数 α 称为**显著性水平或检验水平**. 对于不同的问题, 显著性水平 α 可以取不同值, 通常选取 $\alpha = 0.05$, 有时也取 $\alpha = 0.01$ 或 0.10.

由于样本对原假设进行判断总是通过一个统计量来完成, 该统计量称为**检验统计量**, 在例 1 中, $U = \dfrac{\overline{X} - 60}{0.5}$ 为检验统计量. 使原假设被拒绝的样本观测值所在的区域称为**拒绝域 (或否定域)**, 一般用 W 表示. 例 1 中, 要求 $|U| > u_{0.025}$, 即拒绝域可简单记为 $W = \{|U| > u_{0.025}\}$, 其显著性水平为 0.05, 拒绝域与显著水平 α 有关. 对应的区域 $\{|U| \leqslant u_{0.025}\}$ 称为**接受域**, 并称拒绝域的边界点上侧分位数 $u_{0.025} = 1.96$ 为**临界值**, 在假设检验中的临界值由附录中的各种分布上侧分位数表查得.

关于总体均值的假设有几种形式: 原假设 $H_0 : \mu \geqslant \mu_0$ 与备择假设 $H_1 : \mu < \mu_0$, 类似地, 原假设 $H_0 : \mu \leqslant \mu_0$ 与备择假设 $H_1 : \mu > \mu_0$, 这两种统称为**单边假设**, 而原假设 $H_0 : \mu = \mu_0$ 与备择假设 $H_1 : \mu \neq \mu_0$ 称为**双边假设**.

8.1.3   假设检验的两类错误

假设检验问题是基于小概率原理, 我们认为在一次试验中小概率事件 A 几乎不发生, 但也存在事件 A 发生的可能性, 只不过概率小而已. 另外, 由于抽样的随机性, 我们无论拒绝 H_0 还是不能拒绝 H_0 都可能会出现偏差. 因此有可能犯以下两类错误.

第一类错误: 如果 H_0 是正确的, 而检验结果却拒绝了 H_0, 称其为 "拒真". 这在 H_0 成立的条件下, 小概率事件 A 发生了, 因此是一个条件概率 $P(A|H_0)$. 犯第一类错误的概率通常记为 α, 即

$$\alpha = P(\text{拒绝} H_0 | H_0 \text{为真}).$$

第二类错误: 如果 H_0 是错误的, 而检验结果却不能拒绝 H_0, 我们称其为 "受伪". 这在 H_1 成立的条件下发生的, 犯第二类错误的概率通常记为 β, 即

$$\beta = P(\text{接受} H_0 | H_1 \text{为真}).$$

在进行假设检验时, 人们自然希望犯这两类错误的概率越小越好. 但对于一定的样本容量 n, 一般说来, 不能同时做到犯这两类错误的概率都很小. 因为一般情况下, α 减小会导致 β 增大; β 减小会导致 α 增大. 因此通常情况下, 我们适当控制犯第一类错误的概率 α, 同时使犯第二类错误的概率不会太大. 这也是比较常见的做法.

8.1.4 假设检验的基本步骤

基于上述讨论, 我们可归纳出假设检验的基本步骤:

(1) 提出原假设 H_0 与备择假设 H_1;

(2) 在 H_0 成立的前提下, 构造检验统计量并确定其分布;

(3) 根据给定的显著性水平 α, 查上侧分位数表获得临界值, 进而确定拒绝域;

(4) 根据样本值计算检验统计量的值, 与临界值比较, 作出判断是否拒绝 H_0.

例 1 的完整解题过程如下.

解 建立原假设 $H_0 : \mu = \mu_0$ 和备择假设 $H_1 : \mu \neq \mu_0$.

在 H_0 成立的前提下, 构造检验统计量

$$U = \frac{\overline{X} - 60}{0.5} \sim N(0, 1).$$

取 $\alpha = 0.05$, 查附表 3 标准正态分布上侧分位数 $u_{\frac{\alpha}{2}}$, 得临界值 $u_{0.025} = 1.96$, 使得 $P\{|U| > u_{0.025}\} = \alpha$, 进而确定拒绝域 $W = \{|U| > u_{0.025}\}$. 由给定的样本值算得统计量 U 的值为: $|U| = \left| \frac{61.2 - 60}{0.5} \right| = 2.4 > 1.96$, 故拒绝 H_0, 即不能认为该机床正常工作.

8.2 一个正态总体参数的假设检验

许多实际问题中遇到的随机变量往往都是服从或近似服从正态分布的, 所以下面我们主要讨论有关正态总体参数的假设检验.

8.2.1 一个正态总体均值的假设检验

设总体 $X \sim N(\mu, \sigma^2)$, $(X_1, X_2, \cdots, X_n)$ 是从 X 中随机抽取的样本, 样本均值为 $\overline{X}$, 样本方差为 S^2. 下面就总体方差 σ^2 已知和未知的不同情况分别讨论对总体均值 μ 的假设检验.

1. **总体方差 σ^2 已知, 检验假设 $H_0 : \mu = \mu_0$**

(1) 提出原假设 $H_0 : \mu = \mu_0(\mu_0$ 已知), 备择假设 $H_1 : \mu \neq \mu_0$.

(2) 在 H_0 成立的前提下, 构造检验统计量

$$U = \frac{\overline{X} - \mu_0}{\sigma/\sqrt{n}} \sim N(0,1).$$

(3) 由给定的显著性水平 α, 根据备选假设 H_1 和统计量的分布 (图 8.1), 查附表 3 标准正态分布上侧分位数 $u_{\frac{\alpha}{2}}$ 得临界值 $u_{\frac{\alpha}{2}}$, 使得 $P\left\{|U| > u_{\frac{\alpha}{2}}\right\} = \alpha$, 进而确定拒绝域为 $W = \left\{|U| > u_{\frac{\alpha}{2}}\right\}$.

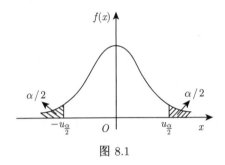

图 8.1

(4) 由样本值算出样本均值 $\overline{X}$, 从而算出检验统计量 U 的值 U_0, 若 $|U_0| > u_{\frac{\alpha}{2}}$, 则拒绝 H_0; 若 $|U_0| \leqslant u_{\frac{\alpha}{2}}$, 则不能拒绝 H_0.

该检验采用的检验统计量是 U 统计量, 因此这种检验方法通常称为 U 检验法, 也记为 u 检验法.

例 1 应用的就是 U 检验法.

例 2 某厂用自动包装机包装葡萄糖, 规定标准重量为每袋净重 500g, 现在随机抽取 10 袋, 测得各袋净重 (g) 为

$$495, \quad 510, \quad 505, \quad 498, \quad 503, \quad 492, \quad 502, \quad 505, \quad 497, \quad 506.$$

设每袋净重 X 服从正态分布 $N(\mu, \sigma^2)$, 其中, $\sigma^2 = 5^2$, 问包装机工作是否正常? (显著水平 $\alpha = 0.05$)

解　建立原假设 $H_0 : \mu = 500$, 备择假设 $H_1 : \mu \neq 500$.

在原假设 H_0 成立的前提下, 构造检验统计量

$$U = \frac{\overline{X} - \mu_0}{\sigma/\sqrt{n}} \sim N(0,1),$$

根据样本, 计算

$$\overline{X} = \frac{1}{10}\sum_{i=1}^{10} x_i = 501.3.$$

对给定的显著性水平 $\alpha = 0.05$, 查标准正态分布 $\dfrac{\alpha}{2} = 0.025$ 水平上侧分位数表, 得临界值 $u_{0.025} = 1.96$, 满足 $P\{|U| > u_{0.025}\} = \alpha$. 由给定的样本值算得统计量 U 的值为 $|U| = \left| \dfrac{501.3 - 500}{5/\sqrt{10}} \right| \approx 0.822 < 1.96$, 故不能拒绝 H_0, 即认为包装机工作正常.

2. 总体方差 σ^2 未知, 检验假设 $H_0 : \mu = \mu_0$

由于样本方差是总体方差的无偏估计量: $E(S^2) = \sigma^2$, 根据样本值可计算

$$\overline{X} = \frac{1}{n} \sum_{i=1}^{n} X_i,$$

$$S^2 = \frac{1}{n-1} \sum_{i=1}^{n} (X_i - \overline{X})^2.$$

在这种情况下, 可以用样本方差 S^2 代替总体方差 σ^2, 即用 S 代替 σ. 其检验步骤如下:

(1) 提出原假设 $H_0 : \mu = \mu_0 (\mu_0$ 已知), 备择假设 $H_1 : \mu \neq \mu_0$.

(2) 在 H_0 成立的前提下, 构造检验统计量

$$T = \frac{\overline{X} - \mu_0}{S/\sqrt{n}} \sim t(n-1).$$

(3) 由给定的显著性水平 α, 根据备择假设 H_1 和统计量的分布 (图 8.2), 查附表 5 t 分布上侧分位数 $t_{\frac{\alpha}{2}}(n-1)$, 得临界值 $t_{\frac{\alpha}{2}}(n-1)$, 使得 $P\{|T| > t_{\frac{\alpha}{2}}(n-1)\} = \alpha$. 进而确定拒绝域 $W = \{|T| > t_{\frac{\alpha}{2}}(n-1)\}$.

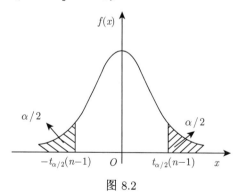

图 8.2

(4) 由样本值算出样本均值 $\overline{X}$、样本方差 S^2, 从而算出检验统计量 T 的值 T_0, 若 $|T_0| > t_{\frac{\alpha}{2}}(n-1)$, 则拒绝 H_0; 若 $|T_0| \leqslant t_{\frac{\alpha}{2}}(n-1)$, 则不能拒绝 H_0.

该检验采用的检验统计量是 T 统计量, 因此这种检验方法通常称为 T 检验法, 也记为 t 检验法.

在例 2 中, 若 σ 未知, 则来检验包装机是否正常工作.

解   建立原假设 $H_0{:}\mu = \mu_0(\mu_0$ 已知), 备择假设 $H_1{:}\mu \neq \mu_0$.

在 H_0 成立的前提下, 构造检验统计量

$$T = \frac{\overline{X} - \mu_0}{S/\sqrt{n}} \sim t(n-1).$$

根据样本值, 可计算

$$\overline{X} = \frac{1}{10} \sum_{i=1}^{10} X_i = 501.3,$$

$$S^2 = \frac{1}{n-1} \sum_{i=1}^{n} \left(X_i - \overline{X}\right)^2 \approx 33.444.$$

对给定的显著性水平 $\alpha = 0.05$, 查附表 5 t 分布上侧分位数 $t_{\frac{\alpha}{2}}(n-1)$ 表, 得临界值 $t_{0.025}(9) = 2.262$, 满足 $P\{|T| > t_{0.025}(9)\} = 0.5$, 由给定的样本值算得统计量 T 的值: $|T| = \left|\dfrac{501.3 - 500}{\sqrt{33.444/10}}\right| \approx 0.711 < 2.262$, 故不能拒绝 H_0, 即认为包装机工作正常.

例 2 中, T 检验与 U 检验判断的结果一致.

3. 总体方差 σ^2 已知, 检验假设 $H_0 : \mu \leqslant \mu_0$

检验步骤如下

(1) 提出原假设 $H_0{:}\mu \leqslant \mu_0(\mu_0$ 已知), 备择假设 $H_1{:}\mu > \mu_0$.

(2) 在原假设 H_0 成立的前提下, 构造检验统计量

$$U = \frac{\overline{X} - \mu_0}{\sigma/\sqrt{n}}.$$

(3) 由给定的显著性水平 α, 根据备选假设 H_1 和统计量的分布 (图 8.3). 查附表 3 标准正态分布上侧分位数 u_α, 得临界值 u_α, 使得 $P\{U > u_\alpha\} = \alpha$, 进而确定拒绝域 $W = \{U > u_\alpha\}$.

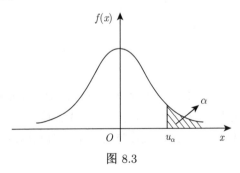

图 8.3

(4) 由样本值算出样本均值 $\overline{X}$, 从而算出检验统计量 U 的值 U_0, 若 $U_0 > u_\alpha$, 则拒绝 H_0; 若 $U_0 \leqslant u_\alpha$, 则不能拒绝 H_0.

4. 总体方差 σ^2 已知, 检验假设 $H_0 : \mu \geqslant \mu_0$

(1) 提出原假设 $H_0 : \mu \geqslant \mu_0 (\mu_0$ 已知), 备择假设 $H_1 : \mu < \mu_0$.

(2) 在 H_0 成立的前提下, 构造检验统计量

$$U = \frac{\overline{X} - \mu_0}{\sigma/\sqrt{n}}.$$

(3) 由给定的显著性水平 α, 根据备选假设 H_1 和统计量的分布 (图 8.4). 查附表 3 标准正态分布上侧分位数 u_α, 得临界值 $-u_\alpha$, 使得 $P\{U < -\mu_\alpha\} = \alpha$, 进而得到拒绝域 $W = \{U < -u_\alpha\}$.

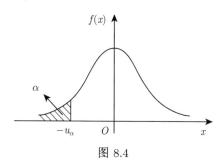

图 8.4

(4) 由样本值算出样本均值 $\overline{X}$, 从而算出检验统计量 U 的值 U_0, 若 $U_0 < -u_\alpha$, 则拒绝 H_0; 若 $U_0 \geqslant -u_\alpha$, 则不能拒绝 H_0.

类似也可讨论总体方差 σ^2 未知时, 对均值 μ 的单边假设检验.

例 3 某厂生产的钢筋断裂强度 $X \sim N(\mu, \sigma^2)$, $\sigma = 35$(千克/厘米^2), 今从现在生产的一批钢筋中抽测 9 个样本, 得到的样本均值 $\overline{X}$ 较以往的均值 μ_0 大 17(千克/厘米^2). 设总体方差不变, 问能否认为这批钢筋的强度有明显提高?

解 提出原假设 $H_0 : \mu \leqslant \mu_0$ 和备择假设 $H_1 : \mu > \mu_0$.

在 H_0 成立的前提下, 构造检验统计量

$$U = \frac{\overline{X} - \mu_0}{\sigma/\sqrt{n}}.$$

若取 $\alpha = 0.05$, 查附表 3 标准正态分布上侧分位数 u_α, 得临界值 $u_{0.05} = 1.64$, 使得 $P\{U > 1.64\} = 0.05$. 由条件 $\overline{X} - \mu_0 = 17$, $U = \dfrac{\overline{X} - \mu_0}{\sigma/\sqrt{n}} = \dfrac{17}{35/\sqrt{9}} \approx 1.457 <$ 1.64, 故不能拒绝 H_0, 即在 $\alpha = 0.05$ 水平下认为这批钢筋强度无明显提高.

若取 $\alpha = 0.1$, 查附表 3 标准正态分布上侧分位数 u_α, 得临界值 $u_{0.1} = 1.29$, 使得 $P\{U > 1.29\} \leqslant 0.1$. 由条件 $U \approx 1.457 > 1.29$, 故拒绝 H_0, 即在 $\alpha = 0.1$ 水平下认为这批钢筋强度明显提高.

显然, 检验结果与显著性水平的大小选取有关.

8.2.2 一个正态总体方差的假设检验

设总体 $X \sim N(\mu, \sigma^2)$, 其中 μ, σ^2 均未知, $(X_1, X_2, \cdots, X_n)$ 是从 X 中随机抽取的样本, 样本均值为 $\overline{X}$, 样本方差为 S^2. 由于样本方差是总体方差的无偏估计量, 所以可以用样本方差 S^2 代替总体方差 σ^2, 即用 S 代替 σ. 检验步骤如下:

1. 双边检验

检验步骤如下

(1) 提出原假设 $H_0 : \sigma^2 = \sigma_0^2 (\sigma_0$ 已知), 备择假设 $H_1 : \sigma^2 \neq \sigma_0^2$.

(2) 在 H_0 成立的前提下, 构造检验统计量

$$\chi^2 = \frac{(n-1)S^2}{\sigma_0^2} \sim \chi^2(n-1).$$

(3) 由给定的显著性水平 α, 根据备选假设 H_1 和统计量的分布 (图 8.5). 查附表 4 χ^2 分布上侧分位数 $\chi^2_{\frac{\alpha}{2}}(n-1)$ 得临界值 $\chi^2_{1-\frac{\alpha}{2}}(n-1)$ 与 $\chi^2_{\frac{\alpha}{2}}(n-1)$, 使得 $P\{\chi^2_{1-\frac{\alpha}{2}}(n-1) \leqslant \chi^2 \leqslant \chi^2_{\frac{\alpha}{2}}(n-1)\} = 1 - \alpha$. 拒绝域 $W = \left\{ 0 < \chi^2 < \chi^2_{1-\frac{\alpha}{2}}(n-1) \right.$ 或 $\left. \chi^2 > \chi^2_{\frac{\alpha}{2}}(n-1) \right\}$.

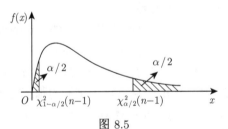

图 8.5

(4) 由样本值算出样本方差 S^2, 从而算出检验统计量 χ^2 的值 χ_0^2, 若 $0 < \chi_0^2 < \chi^2_{1-\frac{\alpha}{2}}(n-1)$ 或 $\chi_0^2 > \chi^2_{\frac{\alpha}{2}}(n-1)$, 则拒绝 H_0; 若 $\chi^2_{1-\frac{\alpha}{2}}(n-1) \leqslant \chi_0^2 \leqslant \chi^2_{\frac{\alpha}{2}}(n-1)$, 则不能拒绝 H_0.

该检验采用的检验统计量是 χ^2 统计量, 因此这种检验方法通常称为 χ^2 检验法.

例 4 某种罐头净重 X(单位: 克) 在正常情况下服从正态分布, 按规定, 标准差为 11 克, 现从产品中抽取 10 盒, 测其重量后, 经计算得得样本方差 $S^2 = 116.49$,

试根据抽样结果, 检验罐头净重的方差与 11^2 是否有显著差异 $(\alpha = 0.05)$?

解　提出原假设: $H_0: \sigma^2 = 11^2$, 备择假设 $H_1: \sigma^2 \neq 11^2$.

在 H_0 成立的前提下, 构造检验统计量

$$\chi^2 = \frac{(n-1)S^2}{\sigma_0^2} \sim \chi^2(n-1).$$

对给定的显著性水平 $\alpha = 0.05$, 查附表 4 χ^2 分布上侧分位数得临界值 $\chi_{0.025}^2(9) = 19.023$ 和 $\chi_{0.975}^2(9) = 2.700$, 满足 $P\{\chi_{0.975}^2(9) < \chi^2 < \chi_{0.025}^2(9)\} = 1 - \alpha$, 由条件, 则统计量 χ^2 的值为: $\chi_0^2 = \dfrac{9 \times 116.49}{121} = 0.665 < 2.70$, 故拒绝 H_0, 即认为该此种罐头净重的方差与 11^2 有显著差异.

2. 单边检验

对于单边检验假设 $H_0: \sigma^2 \leqslant \sigma_0^2$, $H_1: \sigma^2 > \sigma_0^2$, 仍选用检验统计量 $\chi^2 = \dfrac{(n-1)S^2}{\sigma_0^2}$. 查附表 4 χ^2 分布上侧分位数 $\chi_\alpha^2(n-1)$ 得临界值 $\chi_\alpha^2(n-1)$, 使得 $P\{\chi^2 > \chi_\alpha^2(n-1)\} = \alpha$(图 8.6), 拒绝域 $W = \{\chi^2 > \chi_\alpha^2(n-1)\}$.

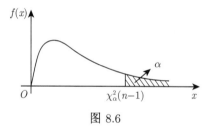

图 8.6

由样本数据算出统计量 χ^2 的值 χ_0^2, 若 $\chi_0^2 > \chi_\alpha^2(n-1)$, 则拒绝 H_0; 若 $0 < \chi_0^2 < \chi_\alpha^2(n-1)$, 则不能拒绝 H_0.

同理对单边检验假设 $H_0: \sigma^2 \geqslant \sigma_0^2$, $H_1: \sigma^2 < \sigma_0^2$, 仍选用检验统计量 $\chi^2 = \dfrac{(n-1)S^2}{\sigma_0^2}$, 查附表 4 χ^2 分布上侧分位数 $\chi_{1-\alpha}^2(n-1)$ 得临界值 $\chi_{1-\alpha}^2(n-1)$, 使得 $P\{0 < \chi^2 < \chi_{1-\alpha}^2(n-1)\} = \alpha$(图 8.7), 拒绝域 $W = \{0 < \chi^2 < \chi_{1-\alpha}^2(n-1)\}$.

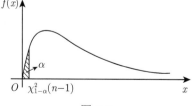

图 8.7

由样本数据算出统计量 χ^2 的值 χ_0^2, 若 $0 < \chi_0^2 < \chi_{1-\alpha}^2(n-1)$, 则拒绝 H_0; 若 $\chi_0^2 > \chi_{1-\alpha}^2(n-1)$, 则不能拒绝 H_0.

例 5   某类钢板每块的重量 X 服从正态分布, 其一项质量指标是钢板重量的方差不得超过 0.016kg^2. 现从某天生产的钢板中随机抽取 25 块, 得其样本方差 $S^2 = 0.025\text{kg}^2$, 问该天生产的钢板重量的方差是否满足要求 $(\alpha = 0.01)$.

解   提出原假设: $H_0{:}\sigma^2 \leqslant 0.016$, 备择假设 $H_1{:}\sigma^2 > 0.016$.

在 H_0 成立的前提下, 构造检验统计量

$$\chi^2 = \frac{(n-1)S^2}{\sigma_0^2}.$$

对给定的显著性水平 $\alpha = 0.01$, 查附表 4 χ^2 分布上侧分位数 $\chi_\alpha^2(n-1)$ 表得临界值 $\chi_{0.01}^2(24) = 42.98$, 使得 $P\{\chi^2 > \chi_{0.01}^2(24)\} = \alpha$, 拒绝域 $w = \{\chi^2 > \chi_{0.01}^2(24)\}$. 由给定的样本方差 $S^2 = 0.025$, 计算统计量 χ^2 的值为 $\chi^2 = \dfrac{24 \times 0.025}{0.016} = 37.5 < 42.98$, 故不能拒绝 H_0, 即认为这类钢板满足要求.

8.3   两个正态总体参数的假设检验

在实际问题中, 我们通常会比较两个品种产品的产量、两种干电池的使用期限、两种饲料对动物增重的影响等, 这样就需要比较两个总体的参数是否存在显著差异.

设两个总体都服从正态分布: $X \sim N(\mu_1, \sigma_1^2)$, $Y \sim N(\mu_2, \sigma_2^2)$, 且 X 与 Y 相互独立. $(X_1, X_2, \cdots, X_{n_1})$ 是来自总体 X 的样本容量为 n_1 的样本, 其样本均值与样本方差分别为 $\overline{X}$ 与 S_1^2; $(Y_1, Y_2, \cdots, Y_{n_2})$ 是来自总体 Y 的样本容量为 n_2 的样本, 其样本均值与样本方差分别为 $\overline{Y}$ 与 S_2^2. 下面分两种情况讨论两个正态总体参数差异的假设检验.

8.3.1   两个正态总体均值差的假设检验

1. 在 σ_1^2, σ_2^2 已知的条件下, 对两个正态总体均值差的检验

由条件可知

$$\overline{X} \sim N\left(\mu_1, \frac{\sigma_1^2}{n_1}\right), \quad \overline{Y} \sim N\left(\mu_2, \frac{\sigma_2^2}{n_2}\right),$$

且 $\overline{X}$ 与 $\overline{Y}$ 独立, 从而

$$\overline{X} - \overline{Y} \sim N\left(\mu_1 - \mu_2, \frac{\sigma_1^2}{n_1} + \frac{\sigma_2^2}{n_2}\right),$$

且

$$\frac{(\overline{X} - \overline{Y}) - (\mu_1 - \mu_2)}{\sqrt{\sigma_1^2/n_1 + \sigma_2^2/n_2}} \sim N(0, 1).$$

因此当 H_0 成立时, 由于 σ_1^2, σ_2^2 为已知, U 不含未知参数, 且 $\overline{X} - \overline{Y}$ 含有关于 μ_1 与 μ_2 差异的信息, 故构造检验统计量

$$U = \frac{\overline{X} - \overline{Y}}{\sqrt{\sigma_1^2/n_1 + \sigma_2^2/n_2}}.$$

具体检验过程如下:

(1) 当提出原假设 $H_0 : \mu_1 = \mu_2$, 备择假设 $H_1 : \mu_1 \neq \mu_2$. 对给定的显著性水平 α, 查附表 3 标准正态分布上侧分位数 $u_{\frac{\alpha}{2}}$ 表得临界值 $u_{\frac{\alpha}{2}}$, 使得 $P\{|U| > u_{\frac{\alpha}{2}}\} = \alpha$(图 8.1), 拒绝域 $W = \{|U| > u_{\frac{\alpha}{2}}\}$. 由样本值计算统计量 U 的值 U_0, 若 $|U_0| > u_{\frac{\alpha}{2}}$, 则拒绝 H_0; 若 $|U_0| \leqslant u_{\frac{\alpha}{2}}$, 则不能拒绝 H_0.

(2) 当提出原假设 $H_0 : \mu_1 \leqslant \mu_2, H_1 : \mu_1 > \mu_2$. 对给定的显著性水平 α, 查附表 3 标准正态分布上侧分位数 u_α 表得临界值 u_α, 使得 $P\{U > u_\alpha\} = \alpha$(图 8.3), 拒绝域 $W = \{U > u_\alpha\}$. 由样本值计算统计量 U 的值 U_0, 若 $U_0 > u_\alpha$, 则拒绝 H_0; 若 $U_0 \leqslant u_\alpha$, 则不能拒绝 H_0.

(3) 当提出原假设 $H_0 : \mu_1 \geqslant \mu_2$, 备择假设 $H_1 : \mu_1 < \mu_2$. 对给定的显著性水平 α, 查附表 3 标准正态分布上侧分位数 u_α 表得临界值 u_α, 使得 $P\{U < -u_\alpha\} = \alpha$(图 8.4), 拒绝域 $W = \{U < -u_\alpha\}$. 由样本值计算统计量 U 的值 U_0, 若 $U_0 < -u_\alpha$, 则拒绝 H_0; 若 $U_0 \geqslant -u_\alpha$, 则不能拒绝 H_0.

例 6 设甲、乙两台车床加工同一种轴, 甲车床加工的轴的椭圆度 $X \sim N(\mu_1, 0.0006)$, 乙车床加工的轴的椭圆度 $Y \sim N(\mu_2, 0.0038)$. 现从两台车床加工的轴中分别测量 $n_1 = 200, n_2 = 150$ 根轴的椭圆度, 并计算样本均值分别为 $\overline{X} = 0.081(\text{mm}), \overline{Y} = 0.060(\text{mm})$, 试问这两台车床加工轴的椭圆度是否有显著性差异 $(\alpha 0.05)$?

解 提出原假设 $H_0 : \mu_1 = \mu_2$, 备择假设 $H_1 : \mu_1 \neq \mu_2$. 在 H_0 成立的前提下, 构造检验统计统计量 $U = \dfrac{\overline{X} - \overline{Y}}{\sqrt{\sigma_1^2/n_1 + \sigma_2^2/n_2}} \sim N(0, 1)$, 对给定的显著性水平 $\alpha = 0.05$, 查附表 3 标准正态分布上侧分位数 $u_{\frac{\alpha}{2}}$ 得临界值 $u_{\frac{\alpha}{2}} = u_{0.025} = 1.96$, 使得 $P\{|U| > u_{\frac{\alpha}{2}}\} = \alpha$, 根据样本数据计算检验统计量的值 $|U_0| = 3.95 > 1.96$, 故拒绝 H_0, 即认为这两台车床加工轴的椭圆度有显著性差异.

2. 在 $\sigma_1^2 = \sigma_2^2$ 但未知的条件下, 对两个正态总体均值差的检验

根据第 6 章的理论, 由于 $\sigma_1^2 = \sigma_2^2$ 但未知, 选择统计量

$$T = \frac{\overline{X} - \overline{Y} - (\mu_1 - \mu_2)}{S_w \sqrt{1/n_1 + 1/n_2}} \sim t(n_1 + n_2 - 2),$$

其中

$$S_w = \sqrt{\frac{(n_1 - 1)S_1^2 + (n_2 - 1)S_2^2}{n_1 + n_2 - 2}}.$$

当原假设 H_0 成立时, 构造检验统计量

$$T = \frac{\overline{X} - \overline{Y}}{S_w \sqrt{1/n_1 + 1/n_2}} \sim t(n_1 + n_2 - 2),$$

其中

$$S_w = \sqrt{\frac{(n_1 - 1)S_1^2 + (n_2 - 1)S_2^2}{n_1 + n_2 - 2}}.$$

(1) 当提出原假设 $H_0 : \mu_1 = \mu_2$, 备择假设 $H_1 : \mu_1 \neq \mu_2$. 对给定的显著性水平 α, 查附表 5 t 分布上侧分位数 $t_{\frac{\alpha}{2}}(n_1 + n_2 - 2)$, 得临界值 $t_{\frac{\alpha}{2}}(n_1 + n_2 - 2)$, 使得 $P\{|T| > t_{\frac{\alpha}{2}}(n_1 + n_2 - 2)\} = \alpha$(图 8.2), 由样本值算出统计量 T 的值 T_0, 若 $|T_0| > t_{\frac{\alpha}{2}}(n_1 + n_2 - 2)$, 则拒绝 H_0; 若 $|T_0| \leqslant t_{\frac{\alpha}{2}}(n_1 + n_2 - 2)$, 则不能拒绝 H_0.

(2) 当提出原假设 $H_0 : \mu_1 \leqslant \mu_2$, 备择假设 $H_1 : \mu_1 > \mu_2$. 对给定的显著性水平 α, 查附表 5 t 分布上侧分位数 $t_{\frac{\alpha}{2}}(n_1 + n_2 - 2)$ 得临界值 $t_\alpha(n_1 + n_2 - 2)$, 使得 $P\{T > t_\alpha(n_1+n_2-2)\} = \alpha$, 由样本值算出统计量 T 的值 T_0, 若 $T_0 > t_\alpha(n_1+n_2-2)$, 则拒绝 H_0; 若 $T_0 \leqslant t_\alpha(n_1 + n_2 - 2)$, 则不能拒绝 H_0.

(3) 当提出原假设 $H_0 : \mu_1 \geqslant \mu_2$, 备择假设 $H_1 : \mu_1 < \mu_2$. 对给定的显著性水平 α, 查附表 5 t 分布上侧分位数 $t_\alpha(n_1+n_2-2)$ 得临界值 $-t_\alpha(n_1+n_2-2)$, 使得 $P\{T < -t_\alpha(n_1 + n_2 - 2)\} = \alpha$, 由样本值算出统计量 T 的值 T_0, 若 $T_0 < -t_\alpha(n_1 + n_2 - 2)$, 则拒绝 H_0; 若 $T_0 \geqslant -t_\alpha(n_1 + n_2 - 2)$, 则不能拒绝 H_0.

例 7　从某锌矿的东、西两支矿脉中, 各取容量为 9 和 8 的样本分析后, 设 X 表示东支矿脉的含锌量, Y 表示西支矿脉的含锌量, 计算其样本含锌量的平均值与方差、容量分别为

$$东支: \overline{X} = 0.230, \quad S_1^2 = 0.1337, \quad n_1 = 9,$$
$$西支: \overline{Y} = 0.269, \quad S_1^2 = 0.1736, \quad n_1 = 8.$$

假定 $X \sim N(\mu_1, \sigma^2)$, $Y \sim N(\mu_2, \sigma^2)$, 对 $\alpha = 0.05$, 问能否认为两支矿脉的含锌量相同?

解　提出原假设 $H_0 : \mu_1 = \mu_2$, 备择假设 $H_1 : \mu_1 \neq \mu_2$.

当原假设 H_0 成立时, 构造检验统计量

$$T = \frac{\overline{X} - \overline{Y}}{S_w\sqrt{1/n_1 + 1/n_2}} \sim t(n_1 + n_2 - 2),$$

其中

$$S_w = \sqrt{\frac{(n_1 - 1)S_1^2 + (n_2 - 1)S_2^2}{n_1 + n_2 - 2}},$$

在对给定的显著性水平 $\alpha = 0.05$, 查附表 5 t 分布上侧分位数 $t_{\frac{\alpha}{2}}(n_1 + n_2 - 2)$, 得临界值 $t_{\frac{\alpha}{2}}(n_1 + n_2 - 2) = t_{0.025}(15) = 2.131$, 由样本值算出统计量 T 的值 $|T_0| = 0.049 < 2.131$, 则不能拒绝 H_0, 即认为两支矿脉的含锌量相同.

8.3.2　两个正态总体方差比的假设检验

设两正态总体 $X \sim N(\mu_1, \sigma_1^2), Y \sim N(\mu_2, \sigma_2^2)$, X 与 Y 相互独立, 且 $\mu_1, \mu_2, \sigma_1^2, \sigma_2^2$ 都未知. 检验假设 $H_0 : \sigma_1^2 = \sigma_2^2$. 根据第 6 章的知识, 选择统计量

$$F = \frac{S_1^2/\sigma_1^2}{S_2^2/\sigma_2^2} \sim F(n_1 - 1, n_2 - 1).$$

在原假设 H_0 成立的前提下, 构造检验统计量

$$F = \frac{S_1^2}{S_2^2} \sim F(n_1 - 1, n_2 - 1).$$

(1) 当提出原假设 $H_0 : \sigma_1^2 = \sigma_2^2$, 备择假设 $H_1 : \sigma_1^2 \neq \sigma_2^2$. 对给定的显著性水平 α, 查附表 6 F 分布上侧分位数 $F_{\frac{\alpha}{2}}(n_1 - 1, n_2 - 1)$ 得临界值 $F_{\frac{\alpha}{2}}(n_1 - 1, n_2 - 1)$, 并计算 $F_{1-\frac{\alpha}{2}}(n_1 - 1, n_2 - 1) = \dfrac{1}{F_{\frac{\alpha}{2}}(n_2 - 1, n_1 - 1)}$, 使得 $P\{F_{1-\frac{\alpha}{2}}(n_1 - 1, n_2 - 1) \leqslant F \leqslant F_{\frac{\alpha}{2}}(n_1 - 1, n_2 - 1)\} = 1 - \alpha$(图 8.8), 由样本值算出统计量 F 的值 F_0, 若 $0 < F_0 < F_{1-\frac{\alpha}{2}}(n_1 - 1, n_2 - 1)$ 或 $F_0 > F_{\frac{\alpha}{2}}(n_1 - 1, n_2 - 1)$, 则拒绝 H_0; 若 $F_{1-\frac{\alpha}{2}}(n_1 - 1, n_2 - 1) \leqslant F_0 \leqslant F_{\frac{\alpha}{2}}(n_1 - 1, n_2 - 1)$, 则不能拒绝 H_0.

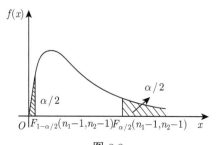

图 8.8

(2) 当提出原假设 $H_0 : \sigma_1^2 \leqslant \sigma_2^2$, 备择假设 $H_1 : \sigma_1^2 > \sigma_2^2$. 对给定的显著性水平 α, 查附表 6 F 分布上侧分位数 $F_\alpha(n_1 - 1, n_2 - 1)$ 表得临界值 $F_\alpha(n_1 - 1, n_2 - 1)$, 使得 $P\{F > F_\alpha(n_1 - 1, n_2 - 1)\} = \alpha$(图 8.9), 由样本值算出统计量 F 的值 F_0, 若 $F_0 > F_\alpha(n_1 - 1, n_2 - 1)$, 则拒绝 H_0; 若 $0 < F_0 \leqslant F_\alpha(n_1 - 1, \ n_2 - 1)$, 则不能拒绝 H_0.

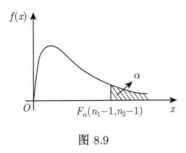

图 8.9

(3) 当提出原假设 $H_0 : \sigma_1^2 \geqslant \sigma_2^2$, 备择假设 $H_1 : \sigma_1^2 < \sigma_2^2$. 对给定的显著性水平 α, 查附表 6 F 分布上侧分位数 $F_\alpha(n_2 - 1, n_1 - 1)$ 得临界值 $F_{1-\alpha}(n_1 - 1, n_2 - 1) = \dfrac{1}{F_\alpha(n_2 - 1, n_1 - 1)}$ 使得 $P\{0 < F < F_{1-\alpha}(n_1 - 1, n_2 - 1)\} = \alpha$(图 8.10).由样本值算出统计量 F 的值 F_0, 若 $0 < F_0 < F_{1-\alpha}(n_1 - 1, n_2 - 1)$, 则拒绝 H_0; 若 $F_0 \geqslant F_{1-\alpha}(n_1 - 1, \ n_2 - 1)$, 则不能拒绝 H_0.

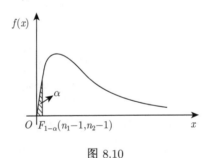

图 8.10

例 8 假设某城市甲、乙两区的学生智商都服从正态分布, 现从甲区中抽取 16 名学生测其智商, 平均值为 107, 样本标准差为 10, 而从乙区抽取的 16 名学生的智商, 平均值为 112, 样本标准差为 8, 试问在显著水平 $\alpha = 0.05$ 下, 两个正态总体的方差是否相同?

解 设 X 表示甲区学生的智商, Y 表示乙区学生的智商, $X \sim N(\mu_1, \sigma_1^2)$, $Y \sim N(\mu_2, \sigma_2^2)$, X 与 Y 相互独立, 且 $\mu_1, \mu_2, \sigma_1^2, \sigma_2^2$ 都未知.

提出原假设 $H_0 : \sigma_1^2 = \sigma_2^2$, 备择假设 $H_1 : \sigma_1^2 \neq \sigma_2^2$. 在 H_0 成立的前提下, 构造

检验统计量

$$F = \frac{S_1^2}{S_2^2} \sim F(n_1 - 1, n_2 - 1).$$

对给定的显著性水平 $\alpha = 0.05$, 查附表 6 F 分布上侧分位数 $F_{\frac{\alpha}{2}}(n_1 - 1, n_2 - 1)$ 得临界值

$$F_{\frac{\alpha}{2}}(n_1 - 1, n_2 - 1) = F_{0.025}(15, 15) = 2.86.$$

表 8.1 正态总体均值、方差的检验法 (显著性水平为 α)

条件	原假设	备择假设	检验统计量	拒绝域
σ^2 已知	$\mu_1 = \mu_2$	$\mu_1 \neq \mu_2$	$U = \dfrac{\overline{X} - \mu_0}{\sigma/\sqrt{n}}$	$\lvert U \rvert > u_{\frac{\alpha}{2}}$
	$\mu_1 \leqslant \mu_2$	$\mu_1 > \mu_2$		$U > u_\alpha$
	$\mu_1 \geqslant \mu_2$	$\mu_1 < \mu_2$		$U < -u_\alpha$
σ^2 未知	$\mu_1 = \mu_2$	$\mu_1 \neq \mu_2$	$T = \dfrac{\overline{X} - \mu_0}{S/\sqrt{n}}\ S^2 = \dfrac{1}{n-1}\sum\limits_{i=1}^{n}(X_i - \overline{X})^2$	$\lvert T \rvert > t_{\frac{\alpha}{2}}(n-1)$
	$\mu_1 \leqslant \mu_2$	$\mu_1 > \mu_2$		$T > t_\alpha(n-1)$
	$\mu_1 \geqslant \mu_2$	$\mu_1 < \mu_2$		$T < -t_\alpha(n-1)$
μ 未知	$\sigma^2 = \sigma_0^2$	$\sigma^2 \neq \sigma_0^2$	$\chi^2 = \dfrac{(n-1)S^2}{\sigma_0^2}$	$\chi^2 < \chi_{1-\frac{\alpha}{2}}^2(n-1)$ 或 $\chi^2 > \chi_{\frac{\alpha}{2}}^2(n-1)$
	$\sigma^2 \leqslant \sigma_0^2$	$\sigma^2 > \sigma_0^2$		$\chi^2 > \chi_\alpha^2(n-1)$
	$\sigma^2 \geqslant \sigma_0^2$	$\sigma^2 < \sigma_0^2$		$\chi^2 < \chi_{1-\alpha}^2(n-1)$
σ_1^2 σ_2^2 已知	$\mu_1 = \mu_2$	$\mu_1 \neq \mu_2$	$U = \dfrac{\overline{X} - \overline{Y}}{\sqrt{\sigma_1^2/n_1 + \sigma_2^2/n_2}}$	$\lvert U \rvert > u_{\frac{\alpha}{2}}$
	$\mu_1 \leqslant \mu_2$	$\mu_1 > \mu_2$		$U > u_\alpha$
	$\mu_1 \geqslant \mu_2$	$\mu_1 < \mu_2$		$U < -u_\alpha$
σ_1^2 σ_2^2 相等但未知	$\mu_1 = \mu_2$	$\mu_1 \neq \mu_2$	$T = \dfrac{\overline{X} - \overline{Y}}{S_w\sqrt{1/n_1 + 1/n_2}}$ $S_w = \sqrt{\dfrac{(n_1-1)S_1^2 + (n_2-1)S_2^2}{n_1 + n_2 - 2}}$	$\lvert T \rvert > t_{\frac{\alpha}{2}}(n_1 + n_2 - 2)$
	$\mu_1 \leqslant \mu_2$	$\mu_1 > \mu_2$		$T > t_\alpha(n_1 + n_2 - 2)$
	$\mu_1 \geqslant \mu_2$	$\mu_1 < \mu_2$		$T < -t_\alpha(n_1 + n_2 - 2)$
μ_1 μ_2 未知	$\sigma_1^2 = \sigma_2^2$	$\sigma_1^2 \neq \sigma_2^2$	$F = \dfrac{S_1^2}{S_2^2}$	$F > F_{\frac{\alpha}{2}}(n_1-1, n_2-1)$ 或 $F < F_{1-\frac{\alpha}{2}}(n_1-1, n_2-1)$
	$\sigma_1^2 \leqslant \sigma_2^2$	$\sigma_1^2 > \sigma_2^2$		$F > F_\alpha(n_1-1, n_2-1)$
	$\sigma_1^2 \geqslant \sigma_2^2$	$\sigma_1^2 < \sigma_2^2$		$F < F_{1-\alpha}(n_1-1, n_2-1)$

而 $F_{1-\frac{\alpha}{2}}(n_1 - 1, n_2 - 1)$ 无法在 F 分布表上直接得到, 需通过计算求出

$$F_{1-\frac{\alpha}{2}}(n_1 - 1, n_2 - 1) = F_{0.975}(15, 15) = \frac{1}{F_{0.025}(15, 15)} = \frac{1}{2.86} = 0.3497.$$

由样本值算出统计量 F 的值 $F_0 = \dfrac{10^2}{8^2} = 1.5625$, 由于

$$0.3497 < F_0 = 1.5625 < 2.86,$$

则不能拒绝 H_0, 即认为两个正态总体的方差是相同的.

*8.4　非正态总体参数的假设检验

前面所讨论的假设检验问题, 大部分都是已知总体服从正态分布, 并由此确定拒绝域. 但在许多实际问题中, 有时会遇到总体不服从正态分布, 或者根本就不知道总体服从什么分布的情况. 这时要对总体中的参数进行假设检验, 需要进一步研究.

这种情况下, 我们往往抽取大样本, 利用中心极限定理, 不管总体服从什么分布, 大量随机变量和的分布都近似服从正态分布, 然后再按照正态分布来处理. 下面先介绍关于样本的两个概念.

把容量不多于 50 的样本通常称为小样本. 在总体服从正态分布的情况下, 一般都可采用小样本. 前面介绍的各种统计量的分布和应用都是在小样本的情况下进行的.

样本容量多于 50, 甚至多于 100 的样本通常称为大样本. 大样本往往用于总体不服从正态分布或不知道总体服从什么分布的情况. 在大样本的情况下, 因为 n 很大, 根据中心极限定理, 大量随机变量和的分布都近似服从正态分布. 这样, 问题就转化为正态总体的假设检验问题.

8.4.1　(0-1) 分布参数 p 的假设检验

设总体 X 服从 (0-1) 分布 $B(1, p)$, 其中 p 未知, $0 < p < 1$. 从总体 X 中抽取大样本 $(X_1, X_2, \cdots, X_n)(n \geqslant 50)$, 检验下列假设

(1) 原假设 $H_0 : p = p_0$, 备择假设 $H_1 : p \neq p_0$;

(2) 原假设 $H_0 : p \leqslant p_0$, 备择假设 $H_1 : p > p_0$;

(3) 原假设 $H_0 : p \geqslant p_0$, 备择假设 $H_1 : p < p_0$.

其中 p_0 是一个已知数. 由于 $X_i \sim B(1, p)$, $E(X_i) = p$, $D(X_i) = p(1-p)(i = 1, 2, \cdots, n)$, $E(\overline{X}) = p$, $D(\overline{X}) = \dfrac{p(1-p)}{n}$, 记频数 $N = \displaystyle\sum_{i=1}^{n} X_i$, 在 H_0 成立的前提下, 构造检验统计量:

$$U = \frac{\overline{X} - p_0}{\sqrt{\dfrac{P_0(1 - p_0)}{n}}} = \frac{N - np_0}{\sqrt{np_0(1 - p_0)}}.$$

当 n 很大时, 由中心极限定理知 U 近似服从标准正态分布, 即

$$U = \frac{\overline{X} - p_0}{\sqrt{\dfrac{p_0(1 - p_0)}{n}}} = \frac{N - np_0}{\sqrt{np_0(1 - p_0)}} \sim N(0, 1).$$

由给定的显著性水平 α, 根据备选假设 H_1 查附表 3 标准正态分布上侧分位数得临界值 $u_{\frac{\alpha}{2}}$ 或 u_α, 使得 $P\left\{|U| > u_{\frac{\alpha}{2}}\right\} = \alpha, P\{U > u_\alpha\} = \alpha$ 或 $P\{U < -u_\alpha\} = \alpha$, 由样本数据算出检验统计量 U 的值 U_0, 与临界值比较, 作出是否拒绝 H_0 的判断.

例 9 某大学调查学生对学校的满意情况, 随机选择 100 名学生, 发现有 59 名学生对学校有不同程度的不满, 试以 $\alpha = 0.05$ 的显著性水平推断是否该校 50% 以上的学生对学校有不满情绪?

解 这是一个 (0-1) 分布 $B(1, p)$ 总体参数 p 的假设检验问题. 提出原假设 $H_0: p \leqslant 0.5$, 备择假设 $H_1: p > 0.5$. 在 H_0 成立的前提下, 构造检验统计量:

$$U = \frac{\overline{X} - p_0}{\sqrt{\dfrac{P_0(1 - p_0)}{n}}} = \frac{N - np_0}{\sqrt{np_0(1 - p_0)}}.$$

由给定的显著性水平 $\alpha = 0.05$, 查附表 3 标准正态分布上侧分位数 u_α 得临界值 $u_{0.05} = 1.64$. 由样本数据算出检验统计量 U 的值 $U_0 = \dfrac{59 - 50}{\sqrt{100 \times 0.5 \times 0.5}} = 1.8 > 1.64$, 故拒绝 H_0, 即表明该校有 50% 以上的学生对学校不满.

8.4.2 两个总体均值差的假设检验

设有两个总体 X, Y, 且 X 与 Y 相互独立, 其均值和方差分别为 μ_1, μ_2 和 σ_1^2, σ_2^2. 现从每个总体中各抽取一个大样本 $(X_1, X_2, \cdots, X_{n_1})$ 和 $(Y_1, Y_2, \cdots, Y_{n_2})$, 其样本均值与样本方差分别为 $\overline{X}$ 与 $\overline{Y}$ 和 S_1^2 与 S_2^2. 检验下列假设:

(1) 原假设 $H_0: \mu_1 = \mu_2$, 备择假设 $H_1: \mu_1 \neq \mu_2$.

(2) 原假设 $H_0: \mu_1 \leqslant \mu_2$, 备择假设 $H_1: \mu_1 > \mu_2$.

(3) 原假设 $H_0: \mu_1 \geqslant \mu_2$, 备择假设 $H_1: \mu_1 < \mu_2$.

当 n_1 很大时, 由中心极限定理知, $\overline{X}$ 近似服从 $N\left(\mu_1, \dfrac{\sigma_1^2}{n_1}\right)$, 同理, 当 n_2 很大时, $\overline{Y}$ 近似服从 $N\left(\mu_2, \dfrac{\sigma_2^2}{n_2}\right)$, 由 $\overline{X}$ 与 $\overline{Y}$ 相互独立, 所以 $\overline{X} - \overline{Y}$ 近似服从 $N\left(\mu_1 - \mu_2, \dfrac{\sigma_1^2}{n_1} + \dfrac{\sigma_2^2}{n_2}\right)$, 从而

$$\frac{\overline{X} - \overline{Y} - (\mu_1 - \mu_2)}{\sqrt{\dfrac{\sigma_1^2}{n_1} + \dfrac{\sigma_2^2}{n_2}}} 近似服从 N(0, 1).$$

又由于 σ_1^2, σ_2^2 未知, S_1^2, S_2^2 分别是 σ_1^2, σ_2^2 的无偏估计量, 所以在 H_0 成立的前提下, 构造检验统计量

$$U = \frac{\overline{X} - \overline{Y}}{\sqrt{\dfrac{S_1^2}{n_1} + \dfrac{S_2^2}{n_2}}} \text{近似服从} N(0,1).$$

由给定的显著性水平 α, 根据备择假设 H_1, 查附表 3 标准正态分布上侧分位数得临界值 $u_{\frac{\alpha}{2}}$ 或 u_α, 使得 $P\{|U| > u_{\frac{\alpha}{2}}\} = \alpha, P\{U > u_\alpha\} = \alpha$ 或 $P\{U < -u_\alpha\} = \alpha$. 再由样本数据算出检验统计量 U 的值 U_0, 与临界值比较, 作出是否拒绝 H_0 的判断.

例 10 某检验科检验了 26 匹马, 测得每 100 毫升的血清中, 所含的无机磷平均是 3.29 毫升, 样本标准差为 0.27 毫升, 又检验了 18 头羊, 每 100 毫升的血清中, 所含的无机磷平均是 3.96 毫升, 样本标准差为 0.40 毫升, 试以显著水平 $\alpha = 0.05$ 检验马与羊的血清中含无机磷的平均含量是否有显著性差异?

解 这是两总体均值的假设检验. 设 X 表示马每 100 毫升的血清中所含的无机磷的量, Y 表示羊每 100 毫升的血清中所含的无机磷的量, 则马与羊每 100 毫升的血清中所含的无机磷的量的样本均值、样本标准差分别为 $\overline{X} = 3.29, \overline{Y} = 3.96$, $S_1 = 0.27, S_2 = 0.40$. 设 X 与 Y 的均值分别为 μ_1, μ_2, 提出原假设: $H_0 : \mu_1 = \mu_2$, 备择假设 $H_1 : \mu_1 \neq \mu_2$. 在 H_0 成立的前提下, 构造检验统计量

$$U = \frac{\overline{X} - \overline{Y}}{\sqrt{\dfrac{S_1^2}{n_1} + \dfrac{S_2^2}{n_2}}} \text{近似服从} N(0,1).$$

由给定的显著性水平 $\alpha = 0.05$, 查附表 3 标准正态分布上侧分位数 $u_{\frac{\alpha}{2}}$ 得临界值 $u_{\frac{\alpha}{2}} = 1.96$, 由样本数据算出检验统计量 U 的值

$$|U_0| = \left| \frac{\overline{X} - \overline{Y}}{\sqrt{\dfrac{S_1^2}{n_1} + \dfrac{S_2^2}{n_2}}} \right| = \left| \frac{3.29 - 3.96}{\sqrt{\dfrac{0.27^2}{26} + \dfrac{0.4^2}{18}}} \right| = 6.192 > 1.96,$$

故拒绝 H_0, 即马与羊的血清中无机磷的平均含量有显著性差异.

*8.5 总体分布的拟合检验

上面介绍的各种检验方法都是在总体分布形式为已知的前提下, 对参数建立假设并进行检验的, 它们都属于参数假设检验问题. 但在实际问题中, 有时并不知道

总体服从什么分布, 这就需要对总体分布的形式建立假设并进行检验, 这一类检验问题统称为**分布的拟合检验**, 它们属非参数假设检验问题. 总体分布的检验方法较多, 本节仅介绍常用的 χ^2 拟合检验法.

设总体 X 的分布未知, $(X_1, X_2, \cdots, X_n)$ 是来自 X 的样本, 根据样本来检验原假设 H_0: 总体 X 的分布函数为 $F(x)$, 备择假设 H_1: 总体 X 的分布函数不是 $F(x)$, 其中备择假设 H_1 也可以不写.

如果总体 X 为离散型随机变量, 则上述原假设 H_0 相当于: 总体 X 的概率分布为 $P\{X = x_i\} = p_i, i = 1, 2, \cdots$; 如果总体 X 为连续型随机变量, 则上述原假设 H_0 相当于: 总体 X 的概率密度为 $f(x) = f_0(x)(f_0(x)$ 为已知的概率密度).

先设 H_0 中所假设的 X 的分布函数 $F(x)$ 不含未知参数. 将在原假设 H_0 成立的前提下, 把 X 可能取值的全体 Ω 分成 k 个两两不相交的子集 $A_1, A_2, \cdots, A_k$, 以 $n_i(i = 1, 2, \cdots, k)$ 记样本观察值 $x_1, x_2, \cdots, x_n$ 中落在 A_i 中的个数, 这表示在 n 次试验中事件 A_i 发生的频率为 n_i/n. 另一方面, 我们可以根据 H_0 所假设的 X 的分布函数来计算事件 A_i 的概率, 得到 $p_i = P(A_i), i = 1, 2, \cdots, k$. 频率 n_i/n 与概率 p_i 会有差异, 但一般来说, 若 H_0 为真, 且试验的次数又比较多时, 这种差异不应太大, 因此 $\left(\dfrac{n_i}{n} - p_i\right)^2$ 不应太大. 我们采用形如 $\sum\limits_{i=1}^{k} C_i \left(\dfrac{n_i}{n} - p_i\right)^2$ 的统计量来度量样本与 H_0 中所假设的分布的吻合程度, 其中 $C_i(i = 1, 2, \cdots, k)$ 为给定的常数 (在每一项前乘以 C_i, 是为了能够适当选择 C_i, 使得上述统计量有一个理想的极限分布). 皮尔逊在 1900 年证明, 如果选取

$$C_i = \frac{n}{p_i} \ (i = 1, 2, \cdots, k),$$

则上述的统计量就具有下述定理中所述的简单性质. 于是我们就采用

$$\chi^2 = \sum_{i=1}^{k} \frac{n}{p_i} \left(\frac{n_i}{n} - p_i\right)^2 = \sum_{i=1}^{k} \frac{n_i^2}{np_i} - n \tag{8.1}$$

作为检验统计量, 也称皮尔逊统计量.

当 H_0 中所假设的 X 的分布函数 $F(x)$ 包含未知参数时, 需先利用样本值求出未知参数的最大似然估计量 (在 H_0 下), 以估计值作为参数值, 再由 H_0 中所假设的分布函数, 求出 p_i 的估计值

$$\hat{p}_i = \hat{P}(A_i) \ (i = 1, 2, \cdots, k),$$

在式 (8.1) 中以 $\hat{p}_i$ 代替 p_i, 取

$$\chi^2 = \sum_{i=1}^{k} \frac{n}{\hat{p}_i} \left(\frac{n_i}{n} - \hat{p}_i\right)^2 = \sum_{i=1}^{k} \frac{n_i^2}{n\hat{p}_i} - n$$

作为检验统计量.

定理 1 若 n 充分大 $(n \geqslant 50)$, 则当 H_0 为真时, 统计量

$$\chi^2 = \sum_{i=1}^{k} \frac{n}{p_i}\left(\frac{n_i}{n} - p_i\right)^2 = \sum_{i=1}^{k} \frac{n_i^2}{n\,p_i} - n$$

近似服从 $\chi^2(k-1)$ 分布; 而统计量

$$\chi^2 = \sum_{i=1}^{k} \frac{n}{\hat{p}_i}\left(\frac{n_i}{n} - \hat{p}_i\right)^2 = \sum_{i=1}^{k} \frac{n_i^2}{n\hat{p}_i} - n$$

近似服从 $\chi^2(k-r-1)$ 分布, 其中 r 为被估计的参数的个数 (证明略).

根据以上讨论, 当 H_0 为真时, 这两个统计量不应太大, 若过分大, 就拒绝 H_0, 因此拒绝域的形式为

$$\chi^2 > G(G为正常数).$$

对于给定的显著性水平 α, 确定 G 使

$$P\left\{拒绝 H_0 | H_0 为真\right\} = P_{H_0}\left\{\chi^2 \geqslant G\right\} = \alpha.$$

由定理 1 得 $G = \chi^2(k-r-1)$(当 H_0 中所假设的分布函数不含未知参数时, $r = 0$), 其中 r 为被估计的参数的个数. 于是得拒绝域 $\chi^2 \geqslant \chi^2(k-r-1)$, 即当样本观察值使得 $\chi^2 \geqslant \chi^2(k-r-1)$, 则在显著性水平 α 下拒绝 H_0; 否则不能拒绝 H_0. 这就是 χ^2 拟合检验法.

χ^2 拟合检验法是基于上述定理得到的, 所以在使用时必须注意 n 不能小于 50. 另外 np_i 或 $n\hat{p}_i$ 不能太小, 根据实践, 应有 $np_i \geqslant 5$ 或 $n\hat{p}_i \geqslant 5$, 否则应适当地合并 A_i, 以满足这个要求.

例 11 检查了一本书的 100 页, 记录各页中印刷错误的个数, 其结果如下.

错误个数	0	1	2	3	4	5	$\geqslant 6$
页数	35	40	19	3	2	1	0

设 X 为印刷错误的个数, 试检验印刷错误个数 X 是否服从泊松分布?

解 设 X 为印刷错误的个数, 频数 n_i 是记录有 i 个错误的页数. 提出原假设 $H_0 : X$ 服从泊松分布, $H_1 : X$ 不服从泊松分布, 在原假设 H_0 成立的前提下, 总体 X 服从泊松分布, 即

$$P\{X = i\} = \frac{\lambda^i}{i!}\mathrm{e}^{-\lambda}, \quad i = 0, 1, 2, \cdots,$$

其中 λ 为未知参数. 由最大似然估计法得 $\hat{\lambda} = \overline{X} = \dfrac{1}{100}\sum_{i=0}^{5} i n_i = 1$. 当 H_0 成立时,

X 的所有可能取值为 $0, 1, 2, \cdots$, 将这些值分成两两不相交的子集 $A_0, A_1, \cdots, A_6$, 则有

$$\hat{p}_i = p\{X = i\} = \frac{\hat{\lambda}^i}{i!} \mathrm{e}^{-\hat{\lambda}} = \frac{1}{i!} \mathrm{e}^{-1}, \quad i = 0, 1, \cdots, 6,$$

$$n\hat{p}_i = 100 \frac{1}{i!} \mathrm{e}^{-1}, \quad i = 0, 1, \cdots, 6.$$

将计算结果列于下表, 并将 $n\hat{p}_i$ 小于 5 的组加以合并, 保证 $n\hat{p}_i \geqslant 5$. 比如, 大括号所示, 合并后的组数为 $k = 4$.

i	A_i	n_i	$n\hat{p}_i$	$n_i^2/n\hat{p}_i$
0	A_0	35	36.79	33.297
1	A_1	40	36.79	43.490
2	A_2	19	18.40	19.620
3	A_3	3	6.13 ⎫	4.489
4	A_4	2	1.53 ⎬ 8.02	
5	A_5	1	0.31	
$\geqslant 6$	A_6	0	0.05 ⎭	
$\sum$		100	100	100.896

由此可得

$$\chi^2 = \sum_{i=1}^4 \frac{n}{\hat{p}_i} \left(\frac{n_i}{n} - \hat{p}_i \right)^2 = \sum_{i=1}^4 \frac{n_i^2}{n\hat{p}_i} - n = 100.896 - 100 = 0.896,$$

由于未知参数个数 $r = 1$, 所以检验统计量 χ^2 的自由度为

$$k - r - 1 = 4 - 1 - 1 = 2.$$

对于给定的显著性水平 $\alpha = 0.05$, 查附表 4 χ^2 分布上侧分位数 $\chi_\alpha^2(k - r - 1)$ 可得临界值

$$\chi_\alpha^2(k - r - 1) = \chi_{0.05}^2(2) = 5.991.$$

由此可得 H_0 的拒绝域 $\{\chi^2 \geqslant 5.991\}$. 因为 $\chi^2 = 0.896 < 5.991$, 所以不能拒绝 H_0, 即认为 X 服从参数为 1 的泊松分布.

习　题　八

1. 某百货商场的日销售额服从正态分布, 去年的日均销售额为 53.6(万元), 方差为 6^2, 今年随机抽查了 10 个日销售额, 分别是

$$57.2, \quad 57.8, \quad 58.4, \quad 59.3, \quad 60.7, \quad 71.3, \quad 56.4, \quad 58.9, \quad 47.5, \quad 49.5.$$

根据经验, 方差没有变化, 问今年的日均销售额与去年相比有无显著变化? $\alpha = 0.05$.

2. 用传统工艺加工红果罐头, 每瓶平均维生素 C 的含量为 19 毫克. 现改进工艺, 抽查 16 瓶罐头, 测得 V_C 含量为

$$23, \quad 20.5, \quad 21, \quad 22, \quad 20, \quad 22.5, \quad 19, \quad 20,$$

$$23, \quad 20.5, \quad 18.8, \quad 20, \quad 19.5, \quad 22, \quad 18, \quad 23.$$

若假定新工艺方差 $\sigma^2 = 4$, 问新工艺下 V_C 含量是否比旧工艺下高? $\alpha = 0.05$.

3. 以往一台机器生产的垫圈的平均厚度为 0.050 厘米, 为检查这台机器是否处于正常工作状态, 现抽取 10 个垫圈的一组样本, 测得其平均厚度为 0.053 厘米, 样本方差为 0.0032^2, 在显著水平 (1) $\alpha = 0.05$; (2) $\alpha = 0.01$ 下, 检查机器是否处于正常工作状态.

4. 某厂生产的缆绳, 其抗拉强度的均值为 10600kg, 今改进工艺后, 生产一批缆绳, 抽取 10 根, 测得抗拉强度 (kg/cm^2) 为

$$10533, \quad 10641, \quad 10688, \quad 10572, \quad 10793,$$

$$10729, \quad 10600, \quad 10683, \quad 10721, \quad 10570,$$

认为抗拉强度服从正态分布. 当显著水平 $\alpha = 0.05$ 时, 问新生产的缆绳的抗拉强度是否比过去生产的缆绳要高.

5. 某炼铁厂铁水的含碳量 X 在正常情况下服从正态分布, 现对操作工艺进行了某些改变, 从中抽取 7 炉铁水的试样, 测得含碳量数据如下

$$4.421, \quad 4.052, \quad 4.357, \quad 4.394, \quad 4.326, \quad 4.287, \quad 4.683.$$

问是否可以认为新工艺炼出的铁水含碳量的方差仍为 0.112^2? $(\alpha = 0.05)$

6. 某洗衣粉包装机, 在正常情况下, 每袋标准重量为 1000 克. 假设每袋洗衣粉的净重服从正态分布, 某天为检查机器工作是否正常, 从已装好的袋中, 随机抽查 10 袋, 测其净重 (克) 为

$$1020, \quad 1030, \quad 968, \quad 994, \quad 1014, \quad 998, \quad 976, \quad 982, \quad 950, \quad 1048.$$

问这天机器工作是否正常? $(\alpha = 0.05)$

7. 假设甲厂生产的灯泡的使用寿命 $X \sim N(\mu_1, 95^2)$, 乙厂生产的灯泡的使用寿命 $Y \sim N(\mu_2, 120^2)$. 在两厂产品中各抽取了 100 只和 75 只样本, 测得灯泡的平均寿命相应为 1180 小时和 1220 小时. 问在显著水平 $\alpha = 0.05$ 下, 这两个工厂生产的灯泡的平均寿命有无显著差异?

8. 在某学院中, 从比较喜欢参加体育运动的男生中, 随意选出 50 名, 测得平均身高是 174.34 厘米, 在不愿参加运动的男生中随意选出 50 名, 测得平均身高是 172.42 厘米, 假设两种情况下, 男生的身高都服从正态分布, 其标准差相应为 5.35 厘米和 6.11 厘米. 问学院中参加体育运动的男生是否比不参加体育运动的男生身体要高些? $(\alpha = 0.05)$

9. 某纺织厂生产的纱线, 其强力服从正态分布, 设其方差相等. 比较甲乙两地生产的棉花所纺纱线的强力, 各抽取 7 个和 8 个样本进行测量, 数据如下 (单位: kg)

$$甲地: 1.55, 1.47, 1.52, 1.60, 1.43, 1.53, 1.54;$$

$$乙地: 1.42, 1.49, 1.46, 1.34, 1.38, 1.54, 1.38, 1.51.$$

问两种棉花所纺纱线的强力有无显著差异?

10. 有两台机床生产同一型号的滚珠, 根据已有经验, 这两台机床生产的滚珠直径都服从正态分布. 现从这两台机床生产的滚珠中分别抽取 7 个和 9 个样本, 测得滚珠直径如下 (单位: 毫米)

$$甲机床: 15.2, 14.5, 15.5, 14.8, 15.1, 15.6, 14.7;$$

$$乙机床: 15.2, 15.0, 14.8, 15.2, 15.0, 14.9, 15.1, 14.8, 15.3.$$

问乙机床产品直径的方差是否比甲机床小? $\alpha = 0.05$.

11. 测得两批电子器材的样品的电阻 (欧姆) 为

A 批 X	0.140	0.138	0.143	0.142	0.144	0.137
B 批 Y	0.135	0.140	0.142	0.136	0.138	0.140

设这两批器材的电阻值总体分别服从正态分布 $N(\mu_1, \sigma_1^2)$ 和 $N(\mu_2, \sigma_2^2)$, 其中 $\mu_1, \mu_2, \sigma_1^2, \sigma_2^2$ 均未知, 且两样本相互独立. 试检验假设: $H_0 : \sigma_1^2 = \sigma_2^2$, $H_1 : \sigma_1^2 \neq \sigma_2^2 (\alpha = 0.05)$?

选 做 题 八

1. 设总体 $X \sim N(\mu, \sigma^2)$, 其中 σ^2 未知, 检验假设 $H_0{:}\mu = \mu_0$, $H_1{:}\mu \neq \mu_0$, 应采用 _____ 检验法, 相应的检验统计量为 _____, 临界值为 _____.

2. 设总体 $X \sim N(\mu, \sigma^2)$, 其中 μ 未知, 检验假设 $H_0 : \sigma^2 = \sigma_0^2$, $H_1 : \sigma^2 \neq \sigma_0^2$, 显著性水平 α, 则拒绝域 _____.

3. 设总体 $X \sim N(\mu, \sigma^2)$, 其中 σ^2 已知, 检验假设: $H_0 : \mu = \mu_0$ 时, 应采用 _____ 检验法, 相应的检验统计量为 _____.

4. 设总体 $X \sim N(\mu_1, \sigma_1^2), Y \sim N(\mu_2, \sigma_2^2)$, 且 X 与 Y 相互独立. 检验假设: $H_0 : \sigma_1^2 = \sigma_2^2$, $H_1 : \sigma_1^2 \neq \sigma_2^2$, 应采用 _____ 检验法, 相应的检验统计量为 _____.

5. 在假设检验中, 对选取的统计量, 下列哪种说法错误的是 ( ).

(A) 是样本的函数

(B) 不能包含总体分布中的任何参数

(C) 可以包含总体分布中的已知参数

(D) 其值可以由取定的样本值算出

6. 在假设检验中, 显著性水平 α 的意义是 ( ).

(A) 原假设 H_0 成立, 经检验被拒绝的概率

(B) 原假设 H_0 成立, 经检验不能拒绝的概率

(C) 原假设 H_0 不成立, 经检验被拒绝的概率

(D) 原假设 H_0 不成立, 经检验不能拒绝的概率

7. 总体 $X \sim N(\mu, \sigma^2)$, 抽取容量为 10 的样本, 算得 $\overline{X} = 67.4$, $S^2 = 35.15$, 检验假设 $H_0 : \mu = 72$, $H_1 : \mu \neq 72$, 检验水平 $\alpha = 0.05$, 下面正确结论与方法是 (   ).

(A) 用 U 检验法, 临界值 $u_{0.025} = 1.96$, 拒绝 H_0

(B) 用 T 检验法, 临界值 $t_{0.025}(9) = 2.262$, 拒绝 H_0

(C) 用 T 检验法, 临界值 $t_{0.05}(9) = 1.83$, 拒绝 H_0

(D) 用 U 检验法, 临界值 $u_{0.05} = 1.64$, 拒绝 H_0

8. 设总体 $X \sim N(\mu, \sigma^2)$, 均值 μ 未知, 检验假设: $H_0 : \sigma^2 = \sigma_0^2$, $\overline{X}$, S^2 分别为样本均值和样本方差, 则选取的样本统计量为 (   ).

(A) $\dfrac{\overline{X} - 10}{\sigma_0/\sqrt{n}}$ (B) $\dfrac{\overline{X} - 10}{S/\sqrt{n}}$

(C) $\dfrac{(n-1)S^2}{\sigma_0^2}$ (D) $\dfrac{\sum\limits_{i=1}^{n}(X_i - \overline{X})^2}{\sigma_0^2}$

9. 在假设检验中, H_0 表示原假设, H_1 为备选假设, 则称犯第二类错误的是 (   ).

(A) H_1 不真, 接受 H_1 (B) H_0 不真, 接受 H_1

(C) H_0 不真, 接受 H_0 (D) H_0 为真, 接受 H_1

习题参考答案及部分解答

习 题 一

1. (1){(1,2),(1,3),(1,4),(2,3),(2,4),(3,4)}, 其中 (1,2) 表示由数字 1 和 2 组成的无序数组; (2) $\{3,4,5,6,7,8,9,10\}$.

2. (1) $A\overline{B}\,\overline{C}$; (2) ABC; (3) $\overline{A}\,\overline{B}\,\overline{C}$ 或 $\overline{A+B+C}$; (4) $A\overline{BC}$; (5) $(B+C)-A$.

3. (1) $A_1 A_2 A_3 A_4$;

(2) $\overline{A_1 A_2 A_3 A_4}$ 或 $\overline{A_1} + \overline{A_2} + \overline{A_3} + \overline{A_4}$;

(3) $\overline{A_1} A_2 A_3 A_4 + A_1 \overline{A_2} A_3 A_4 + A_1 A_2 \overline{A_3} A_4 + A_1 A_2 A_3 \overline{A_4}$;

(4) $A_1 A_2 A_3 + A_1 A_2 A_4 + A_1 A_3 A_4 + A_2 A_3 A_4$.

4. (1) 该生是三年级男生但不是运动员;

(2) 运动员全是三年级男生;

(3) 运动员都是三年级学生;

(4) 三年级学生全是女生而其他年级无女生.

5. 0.4.

6. $\dfrac{1}{6}, \dfrac{1}{6}, \dfrac{1}{3}, \dfrac{1}{3}$.

7. (1) $\dfrac{1}{6}$; (2) $\dfrac{5}{18}$; (3) $\dfrac{1}{6}$.

8. $\dfrac{8}{15}$.

9. $\dfrac{15}{28}, \dfrac{9}{14}$.

10. (1) 0.105; (2) 0.3.

11. $\dfrac{1}{2}$.

12. $\dfrac{1}{42}$.

13. 0.0073.

14. $1 - P$.

15. 0.1.

16. 0.2735.

17. 0.24.

18. 0.62.

19. $\dfrac{3}{4}$, 0.1, $\dfrac{1}{6}$.

20. 0.5.

21. 0.1, 0.5, 0.9, 0.2.

22. 0.3, 0.5.

23. 0.896.

24. $1 - (1-p)^3$.

25. 0.61.

26. 0.905.

27. 0.82.

28. 0.0038.

29. 0.96, $\dfrac{1}{6}$.

30. $\dfrac{40}{49}$.

选 做 题 一

1. (B).

提示: $P[(A_1 + A_2)|B] = \dfrac{P(A_1B + A_2B)}{P(B)}$,

$$P(A_1|B) = \dfrac{P(A_1B)}{P(B)}, \quad P(A_2|B) = \dfrac{P(A_2B)}{P(B)},$$

又因为 $P[(A_1 + A_2)|B] = P(A_1|B) + P(A_2|B)$, 所以 $P(A_1B + A_2B) = P(A_1B) + P(A_2B)$.

2. (B).

提示: 因为 $A \subset B$, 所以 $AB = A$. 故 $P(A \backslash B) = \dfrac{P(AB)}{P(B)} = \dfrac{P(A)}{P(B)} \geqslant P(A)$.

3. (C).

提示: $P = \dfrac{C_7^1 4! 6!}{10!} = \dfrac{4! 7!}{10!}$.

4. (A).

提示: 由于 $P(A) = P(A \backslash B) = 0.8$, 故 A 与 B 相互独立.

5. (B).

提示: 由已知 $AB \subset C$, 故 $P(C) \geqslant P(AB)$. 而

$$P(AB) = P(A) + P(B) - P(A+B), \quad P(A+B) \leqslant 1,$$

故 $P(AB) \geqslant P(A) + P(B) - 1$, 从而 $P(C) \geqslant P(A) + P(B) - 1$.

6. 提示: 设 $A_i = $ "第 i 次拨通电话", $i = 1, 2, 3$.

(1) $P(A_1) = \dfrac{C_1^1}{C_{10}^1} = \dfrac{1}{10}$;

(2) 设 $A = $ "不超过三次拨通电话", 则 $A = A_1 + A_2 + A_3$, $P(A) = 1 - P(\overline{A})$, 故

$$P(A) = P(A_1 + A_2 + A_3) = 1 - P(\overline{A_1}\,\overline{A_2}\,\overline{A_3})$$

$$= 1 - P(\overline{A_1})P(\overline{A_2}\backslash\overline{A_1})P(\overline{A_3}\backslash\overline{A_1}\,\overline{A_2})$$

$$= 1 - \frac{9}{10} \cdot \frac{8}{9} \cdot \frac{7}{8} = \frac{3}{10};$$

(3) 设 $B_i =$ "第 i 次拨通电话", $i = 1, 2, 3$, $B =$ "不超过三次拨通电话", 则 $B = B_1 + B_2 + B_3$, 同 (2) 有

$$P(B) = P(B_1 + B_2 + B_3) = 1 - P(\overline{B_1}\,\overline{B_2}\,\overline{B_3})$$

$$= 1 - P(\overline{B_1})P(\overline{B_2}|\overline{B_1})P(\overline{B_3}|\overline{B_1}\,\overline{B_2})$$

$$= 1 - \frac{4}{5} \times \frac{3}{4} \times \frac{2}{3} = \frac{3}{5}.$$

7. 提示: (1) 因为 $AB \subset A$, $AB \subset B$, 所以 $P(AB) \leqslant P(A)$, $P(AB) \leqslant P(B)$. 由此可知 $P(AB) \leqslant \min\{P(A), P(B)\} = P(A) = 0.5$.

当 $A \subset B$ 时, 有 $AB = A$, 从而 $P(AB) = P(A) = 0.5$, 故在 $A \subset B$ 时, $P(AB)$ 取最大值 0.5.

(2) 由 $P(A + B) = P(A) + P(B) - P(AB)$ 知,

$$P(AB) = 0.5 + 0.7 - P(A + B),$$

故当 $P(A + B)$ 取最大值 1 时, $P(AB)$ 取最小值 0.2.

8. 提示: 由于

$$P(A - B) = P(A\overline{B}) = P(A)P(\overline{B}|A)$$

$$= P(A)[1 - P(B|A)] = 0.7[1 - P(B|A)] = 0.3,$$

所以

$$1 - P(B|A) = \frac{0.3}{0.7} = \frac{3}{7}, \quad P(B|A) = \frac{4}{7},$$

故

$$P(\overline{AB}) = 1 - P(AB) = 1 - P(A)P(B|A) = 0.6.$$

9. 提示:

$$P(A + B + C) = P(A) + P(B) + P(C) - P(AB) - P(AC) - P(BC) + P(ABC)$$

$$= 3P(A) - 3P(A)P(A) = \frac{9}{16},$$

所以 $P(A) = \frac{1}{4}$.

10. 提示: (1) 由于 A 与 B 互斥, 所以 $B \subset \overline{A}$, 于是 $B = B\overline{A} = \overline{A}B$, 从而 $P(\overline{A}B) = P(B) = \frac{1}{2}$;

(2) 由于 $A \subset B$, 所以 $P(\overline{A}B) = P(B - A) = P(B) - P(A) = \frac{1}{6}$;

(3) 由于 $P(B) = P(AB + \overline{A}B) = P(AB) + P(\overline{A}B)$, 所以 $P(\overline{A}B) = P(B) - P(AB) = \frac{3}{8}$.

11. 提示: 设 A, B, C 分别表示 "第 1, 2, 3 人能译出密码", 则

$$P(A+B+C) = P(A) + P(B) + P(C) - P(AB) - P(AC) - P(BC) + P(ABC)$$
$$= \frac{1}{5} + \frac{1}{3} + \frac{1}{4} - \frac{1}{15} - \frac{1}{12} - \frac{1}{20} + \frac{1}{60} = 0.6.$$

12. 提示: 由已知, 有 $P(\overline{A+B}) = 1 - P(A+B) = \frac{1}{9}$, $P(A\overline{B}) = P(\overline{A}B)$,

$$P(A) = P(A\overline{B}) + P(AB), \quad P(B) = P(\overline{A}B) + P(AB),$$

所以 $P(A) = P(B)$,

$$\frac{1}{9} = 1 - P(A+B) = 1 - P(A) - P(B) + P(A)P(B)$$
$$= [P(A)]^2 - 2P(A) + 1,$$

从而可得 $P(A) = \frac{2}{3}$.

13. 提示: 设该单位有 n 个人, $A_i = $"第 i 个人生日在一月份"$(i = 1, 2, \cdots, n)$, 则 $P(A_i) = \frac{1}{12}$. 由已知

$$P(A_1 + A_2 + \cdots + A_n) = 1 - P(\overline{A_1 + A_2 + \cdots + A_n}) = 1 - P(A_1)P(A_2)\cdots P(A_n)$$
$$= 1 - \left(\frac{11}{12}\right)^n \geqslant 0.96.$$

解得 $n \geqslant \dfrac{\lg 0.04}{\lg(11/12)} \approx 36.9937$, 即该单位至少有 37 人.

14. 提示: 正好查完 22 个零件时, 挑全了 8 个次品, 这意味着第 22 次查出的是次品, 而前 21 个中查出 7 个次品. 设 $A = $"逐个不放回检查 21 次查出 7 个次品", $B = $"第 22 次检查出一个次品", 则所求的概率是 $P(AB)$.

事件 A 的检查相当于不放回抽样, 依题意知

$$P(A) = \frac{\mathrm{C}_8^7 \mathrm{C}_{40-8}^{21-7}}{\mathrm{C}_{40}^{21}} = 0.028728, \quad P(B\backslash A) = \frac{1}{19}.$$

所以 $P(AB) = P(A)P(B\backslash A) = 0.001512$.

15. 提示: 由题意知

$$P(A\overline{B}) = \frac{1}{4} = P(\overline{A}B), \quad P(AB) = P(A)P(B).$$

而

$$P(A) = P(A\overline{B}) + P(AB) = P(AB) + \frac{1}{4},$$
$$P(B) = P(\overline{A}B) + P(AB) = P(AB) + \frac{1}{4}.$$

可见 $P(A) = P(B)$, 所以 $P(A) = [P(A)]^2 + \frac{1}{4}$, 得到 $P(A) = P(B) = \frac{1}{2}$.

16. 提示: (1) $P(ABC) = P(A)P(B)P(C) = \dfrac{2}{5} \times \dfrac{3}{4} \times \dfrac{1}{3} = \dfrac{1}{10}$.

(2) $P(AB\overline{C} + A\overline{B}C + \overline{A}BC) = \dfrac{23}{60}$.

(3) 每个人都没考中的时间为 $\overline{A}\ \overline{B}\ \overline{C}$, $P(\overline{A}\ \overline{B}\ \overline{C}) = \dfrac{1}{10}$. 故只有一人考中的概率为 $1 -$ $\dfrac{1}{10} - \dfrac{23}{60} - \dfrac{1}{10} = \dfrac{25}{60}$. 所以只有一人考中的概率最大.

17. 提示: 设 A 表示 "数学不及格", B 表示 "物理不及格", C 表示 "化学不及格", 则 $A + B + C$ 表示 "数理化至少有一门不及格". 所以

$$P(A + B + C) = P(A) + P(B) + P(C) - P(AB) - P(AC) - P(BC) + P(ABC)$$
$$= 0.1 + 0.09 + 0.08 - 0.05 - 0.04 - 0.04 + 0.02 = 0.16,$$

$$P(\overline{A + B + C}) = 1 - P(A + B + C) = 0.84.$$

故全及格人数为 $100 \times 0.84 = 84$ 人.

习 题 二

1. $P\{X = 0\} = \dfrac{1}{3}, P\{X = 1\} = \dfrac{2}{3}$.

2. (1) $P\{X = k\} = \dfrac{10}{13} \times \left(\dfrac{3}{13}\right)^{k-1}$ $(k = 1, 2, \cdots)$;

(2)

X	1	2	3	4
P	10/13	33/169	72/2197	6/2197

3. (1) $\dfrac{1}{5}$; (2) $\dfrac{2}{5}$; (3) $\dfrac{3}{5}$.

4. $P\{X = 2\} = 0.1, P\{X = 3\} = 0.9$.

5. (1)

X	1	2	3	4
P	$\dfrac{35}{56}$	$\dfrac{15}{56}$	$\dfrac{5}{56}$	$\dfrac{1}{56}$

(2)

Y	0	1	2	3
P	$\dfrac{35}{56}$	$\dfrac{15}{56}$	$\dfrac{5}{56}$	$\dfrac{1}{56}$

6. $C = 2$.

7.

X	0	1	2	3	4
P	0.4	0.24	0.144	0.0864	0.1296

8. $X \sim B(4, 0.2)$.

9. 0.0009, 0.9984.

10. $P\{X = k\} = \dfrac{11}{36} \times \left(\dfrac{25}{36}\right)^{k-1}$ $(k = 1, 2, \cdots)$.

11. 0.271.

12. $N \geqslant 16$, 即月初进货数不少于 16 件能使不脱销概率大于 0.999.

13. 0.997.

14. $F(x) = \begin{cases} 0, & x < -1, \\ \dfrac{1}{3}, & -1 \leqslant x < 0, \\ \dfrac{1}{2}, & 0 \leqslant x < 1, \\ 1, & x \geqslant 1. \end{cases}$

15.

X	-1	1	3
P	0.4	0.4	0.2

16. $\dfrac{4}{15}$.

17. 不是.

18. $a = -0.5, b = 1; P\{X > 1.5\} = 0.0625$.

19. (1) $a = 1, b = -1$; (2) $f(x) = F'(x) = \begin{cases} 1 - \mathrm{e}^{-\frac{x^2}{2}}, & x > 0, \\ 0, & x \leqslant 0. \end{cases}$

20. (1) $\dfrac{1}{\pi}$; (2) $\dfrac{1}{3}$; (3) $F(x) = \begin{cases} 0, & x < -1, \\ \dfrac{1}{2} + \dfrac{1}{\pi} \arcsin x, & -1 \leqslant x < 1, \\ 1, & x \geqslant 1. \end{cases}$

21. $A = 1, P\{0 \leqslant X \leqslant 0.25\} = 0.5$,

$$f(x) = \begin{cases} \dfrac{1}{2\sqrt{x}}, & 0 < x < 1, \\ 0, & \text{其他}. \end{cases}$$

22. $A = 4, P\{0 \leqslant X \leqslant 4\} = 0.75$.

23. $A = 1, P\{|X| < 2\} = 1 - \mathrm{e}^{-4}$;

$$f(x) = \begin{cases} 2\mathrm{e}^{-2x}, & x > 0, \\ 0, & x \leqslant 0. \end{cases}$$

24. $A = \dfrac{1}{2}$, $B = \dfrac{1}{\pi}$; $\dfrac{1}{2}$; $f(x) = \dfrac{1}{\pi(1 + x^2)}$, $-\infty < x < +\infty$.

25. $\lambda = 2$; e^{-4}.

26. $\dfrac{3}{5}$.

27. 0.6826, 0.9545, 0.9973.

28. (1) 0.4013; (2) 0.8023; (3) 0.44.

29. $\mu = 5.08$, $\sigma = 2$, $p\{x > 6\} = 0.3228$.

30.

X^2	1	0
P	0.7	0.3

$X^2 - 2X$	-1	0
P	0.7	0.3

31.

$3X + 2$	-1	2	5	17
P	0.1	0.2	0.3	0.4

$2X^2 - 1$	-1	1	49
P	0.2	0.4	0.4

32. $f_Y(y) = \mathrm{e}^{y - \mathrm{e}^y}$, $-\infty < y < +\infty$.

33. $f_Y(y) = \begin{cases} \dfrac{1}{\pi\sqrt{1 - y^2}}, & -1 < y < 1, \\ 0, & \text{其他}. \end{cases}$

34. $f_Y(y) = \begin{cases} \dfrac{1}{3}\mathrm{e}^y(4\mathrm{e}^y + 1), & y < 0, \\ 0, & \text{其他}. \end{cases}$

35. $f_Y(y) = \begin{cases} \dfrac{1}{\sqrt{2\pi}\sigma y}\mathrm{e}^{-\frac{(\ln y - \mu)^2}{2\sigma^2}}, & y > 0, \\ 0, & y \leqslant 0. \end{cases}$

选 做 题 二

1. 提示:

(1) $F(-a) = \displaystyle\int_{-\infty}^{-a} f(x)\mathrm{d}x \xlongequal{\ \diamondsuit x = -t\ } -\int_{+\infty}^{a} f(t)\mathrm{d}t = \int_{a}^{+\infty} f(x)\mathrm{d}x = 1 - F(a)$;

(2) $P\{|x| \leqslant a\} = P\{-a \leqslant x \leqslant a\} = \displaystyle\int_{-a}^{a} f(x)\mathrm{d}x$

$$= 2 \int_0^a f(x)\mathrm{d}x = 2\left[F(a) - \frac{1}{2}\right] = 2F(a) - 1.$$

2. 提示: 由于 $X \sim B(2,p)$, 而 $P\{X = 0\} = 1 - P\{X \geqslant 1\} = 1 - \frac{5}{9} = \frac{4}{9}$, $P\{X = 0\} = (1-p)^2$, 所以 $(1-p)^2 = \frac{4}{9}$, 解得 $p = \frac{1}{3}$, 或 $p = \frac{5}{3}$(舍去). 因为 $Y \sim B\left(3, \frac{1}{3}\right)$, 所以

$$P\{Y \geqslant 1\} = 1 - P\{Y = 0\} = 1 - \left(1 - \frac{1}{3}\right)^3 = \frac{19}{27}.$$

3. 提示: 因 $P\{X > C\} = P\{X \leqslant C\}$, $X \sim N(3, 2^2)$,

$$1 - P\{X \leqslant C\} = P\{X \leqslant C\}.$$

故 $P\{X \leqslant C\} = \frac{1}{2}$, 即 $\Phi\left(\frac{C-3}{2}\right) = \frac{1}{2}$. 又 $\Phi(0) = \frac{1}{2}$, 故 $\frac{C-3}{2} = 0$, 得 $C = 3$.

4. 提示: 因 $p = P\left\{X \leqslant \frac{1}{2}\right\} = \int_0^{\frac{1}{2}} 2x\mathrm{d}x = \frac{1}{4}$, 故 $Y \sim B\left(3, \frac{1}{4}\right)$, 从而 $P\{Y = 2\} = C_3^2 \left(\frac{1}{4}\right)^2 \left(\frac{3}{4}\right)^1 = \frac{9}{64}$.

5. 提示: 由于 X 服从指数分布, 故 X 的分布函数为

$$F(x) = \begin{cases} 0, & x \leqslant 0, \\ 1 - \mathrm{e}^{-\lambda x}, & x > 0. \end{cases}$$

由 $y = \min\{X, 2\} = \begin{cases} X, & x < 2, \\ 2, & x \geqslant 2, \end{cases}$

当 $x \leqslant 0$ 时, $F_y(x) = P\{y \leqslant x\} = P\{X \leqslant x\} = 0$;
当 $0 < x < 2$ 时, $F_y(x) = P\{y \leqslant x\} = P\{X \leqslant x\} = 1 - \mathrm{e}^{-\lambda x}$;
当 $x \geqslant 2$ 时, $F_y(x) = P\{y \leqslant x\} = 1$,

故当 $x \leqslant 0$ 时, $F_y(x) = \begin{cases} 0, & x \leqslant 0, \\ 1 - \mathrm{e}^{-\lambda x}, & 0 < x < 2, \\ 1, & x \geqslant 2. \end{cases}$

6. 提示: 由于 X 的概率密度为

$$f_X(x) = \frac{1}{\sqrt{2\pi}} \mathrm{e}^{-\frac{x^2}{2}}, \quad -\infty < x < +\infty.$$

对于 $y \geqslant 1$, 有

$$F_Y(y) = P\{1 - 2|X| \leqslant y\} = 1;$$

对于 $y < 1$, 有

$$F_Y(y) = P\{Y \leqslant y\} = P\{1 - 2|X| \leqslant y\} = P\left\{|X| \geqslant \frac{1-y}{2}\right\}$$

$$= 1 - P\left\{|X| < \frac{1-y}{2}\right\} = 1 - \left[\Phi\left(\frac{1-y}{2}\right) - \Phi\left(-\frac{1-y}{2}\right)\right]$$

$$= 2 - 2\Phi\left(\frac{1-y}{2}\right),$$

故 $f_Y(y) = F_{Y'}(y) = \begin{cases} \dfrac{1}{\sqrt{2\pi}}\mathrm{e}^{-\frac{(1-y)^2}{8}}, & y < 1, \\ 0, & y \geqslant 1. \end{cases}$

7. 提示: (1) 设 $A_i =$ "第 i 个邮筒没信" $(i = 1, 2, 3, 4)$, 由题意有 $\{X = 1\} = \overline{A_1}, \{X = 2\} = A_1\overline{A_2}$,

$$\{X = 3\} = A_1A_2\overline{A_3}, \quad \{X = 4\} = A_1A_2A_3,$$

且 $P(A_1) = \dfrac{3^3}{4^3} = \dfrac{27}{64}$, 所以, 有

$$P\{X = 1\} = P(\overline{A_1}) = 1 - P(A_1) = 1 - \frac{27}{64} = \frac{37}{64},$$

$$P\{X = 2\} = P(A_1\overline{A_2}) = P(A_1) - P(A_1A_2) = \frac{27}{64} - \frac{2^3}{4^3} = \frac{19}{64},$$

$$P\{X = 3\} = P(A_1A_2\overline{A_3}) = P(A_1A_2) - P(A_1A_2A_3) = \frac{2^3}{4^3} - \frac{1}{64} = \frac{7}{64},$$

$$P\{X = 4\} = P(A_1A_2A_3) = \frac{1}{64}.$$

(2) X 的分布函数为

$$F(x) = \begin{cases} 0, & x < 1, \\ \dfrac{37}{64}, & 1 \leqslant x < 2, \\ \dfrac{56}{64}, & 2 \leqslant x < 3, \\ \dfrac{63}{64}, & 3 \leqslant x < 4, \\ 1, & 4 \leqslant x. \end{cases}$$

8. 提示: 因为二次方程 $y^2 + 4y + X = 0$ 无实根的概率为 $\dfrac{1}{2}$, 即

$$P\{4^2 - 4X < 0\} = P\{X > 4\} = \frac{1}{2},$$

而 $X : N(\mu, \sigma^2)$, X 的概率密度曲线关于直线 $x = \mu$ 对称, 所以 $\mu = 4$.

9. 提示: 函数 $Y = 1 - \sqrt[3]{x}, x \in \mathbf{R}$ 的反函数为 $X = h(y) = (1 - y)^3, y \in \mathbf{R}$, 而 $h'(y) = -3(1 - y)^2 < 0(y \neq 1, y \in \mathbf{R})$, 故随机变量 $Y = 1 - \sqrt[3]{x}$ 的概率密度为

$$f_Y = f_X[h(y)]\left|h'(y)\right| = \frac{3(1 - y)^2}{\pi[1 + (1 - y)^6]}, \quad y \in \mathbf{R}.$$

10. 提示: 设 $F_Y(y)$ 为 Y 的分布函数, 则

$$F_Y(y) = P\{Y \leqslant y\} = P\left\{\frac{1}{X} \leqslant y\right\} = P\left\{X \geqslant \frac{1}{y}\right\}$$

$$= 1 - P\left\{X < \frac{1}{y}\right\} = 1 - \int_0^{\frac{1}{y}} \frac{2}{\pi(1+x^2)} \, dx,$$

两边对 y 求导, 得

$$f_Y(y) = \frac{-2}{\pi\left(1+\left(\frac{1}{y}\right)^2\right)} \times (-1)y^{-2} = \frac{2}{\pi(1+y^2)} \, (y > 0),$$

可见, X 与 Y 的概率密度相同, X 与 Y 服从同一分布, 即 $Y = F(X)$ 服从区间 $[0,1]$ 上的均匀分布.

11. 提示: 因 $\Phi(x) = \dfrac{1}{\sqrt{2\pi}} \displaystyle\int_{-\infty}^{x} \mathrm{e}^{-\frac{t^2}{2}} \, dt = 1 - \dfrac{1}{\sqrt{2\pi}} \displaystyle\int_{x}^{+\infty} \mathrm{e}^{-\frac{t^2}{2}} \, dt,$

$$\Phi\left(x + \frac{a}{x}\right) = \frac{1}{\sqrt{2\pi}} \int_{-\infty}^{x+\frac{a}{x}} \mathrm{e}^{-\frac{t^2}{2}} \, dt = 1 - \frac{1}{\sqrt{2\pi}} \int_{x+\frac{a}{x}}^{+\infty} \mathrm{e}^{-\frac{t^2}{2}} \, dt,$$

故 $\dfrac{1 - \Phi\left(x + \dfrac{a}{x}\right)}{1 - \Phi(x)} = \dfrac{\dfrac{1}{\sqrt{2\pi}} \displaystyle\int_{x+\frac{a}{x}}^{+\infty} \mathrm{e}^{-\frac{t^2}{2}} \, dt}{\dfrac{1}{\sqrt{2\pi}} \displaystyle\int_{x}^{+\infty} \mathrm{e}^{-\frac{t^2}{2}} \, dt}$, 由洛必达法则可得

$$\lim_{x \to +\infty} \frac{1 - \Phi\left(x + \dfrac{a}{x}\right)}{1 - \Phi(x)} = \lim_{x \to +\infty} \frac{\mathrm{e}^{-\frac{\left(x+\frac{a}{x}\right)^2}{2}}\left(1 - \dfrac{a}{x^2}\right)}{\mathrm{e}^{-\frac{x^2}{2}}} = \mathrm{e}^{-a}.$$

习　题　三

1.

Y \ X	0	1	2	$P\{X = x_i\}$
0	$\frac{1}{9}$	$\frac{2}{9}$	$\frac{1}{9}$	$\frac{4}{9}$
1	$\frac{2}{9}$	$\frac{2}{9}$	0	$\frac{4}{9}$
2	$\frac{1}{9}$	0	0	$\frac{1}{9}$
$P\{Y = y_j\}$	$\frac{4}{9}$	$\frac{4}{9}$	$\frac{1}{9}$	

2. (1) 0.05; (2) 0.3; (3) 0.35; (4) 0.3; (5) 0.6.

3.

X \ Y	1	2	$P\{X=x_i\}$
2	0	$\dfrac{3}{5}$	$\dfrac{3}{5}$
3	$\dfrac{2}{5}$	0	$\dfrac{2}{5}$
$P\{Y=y_j\}$	$\dfrac{2}{5}$	$\dfrac{3}{5}$	1

4.

X \ Y	1	2	3	4	5	6	$P\{X=x_i\}$
1	$\dfrac{1}{36}$	$\dfrac{1}{36}$	$\dfrac{1}{36}$	$\dfrac{1}{36}$	$\dfrac{1}{36}$	$\dfrac{1}{36}$	$\dfrac{1}{6}$
2	0	$\dfrac{1}{18}$	$\dfrac{1}{36}$	$\dfrac{1}{36}$	$\dfrac{1}{36}$	$\dfrac{1}{36}$	$\dfrac{1}{6}$
3	0	0	$\dfrac{1}{12}$	$\dfrac{1}{36}$	$\dfrac{1}{36}$	$\dfrac{1}{36}$	$\dfrac{1}{6}$
4	0	0	0	$\dfrac{1}{9}$	$\dfrac{1}{36}$	$\dfrac{1}{36}$	$\dfrac{1}{6}$
5	0	0	0	0	$\dfrac{5}{36}$	$\dfrac{1}{36}$	$\dfrac{1}{6}$
6	0	0	0	0	0	$\dfrac{1}{6}$	$\dfrac{1}{6}$
$P\{Y=y_j\}$	$\dfrac{1}{36}$	$\dfrac{1}{12}$	$\dfrac{5}{36}$	$\dfrac{7}{36}$	$\dfrac{1}{4}$	$\dfrac{11}{36}$	

5.

X \ Y	0	1
0	$\dfrac{4}{25}$	$\dfrac{6}{25}$
1	$\dfrac{6}{25}$	$\dfrac{4}{25}$

6. (1) 4; (2) $F(x,y)=\begin{cases}(1-\mathrm{e}^{-2x})(1-\mathrm{e}^{-2y}), & 0<x<+\infty, 0<y<+\infty, \\ 0, & \text{其他};\end{cases}$

(3) $f_X(x)=\begin{cases}2\mathrm{e}^{-2x}, & 0<x<+\infty, \\ 0 & \text{其他},\end{cases}$ $f_Y(y)=\begin{cases}2\mathrm{e}^{-2y}, & 0<y<+\infty, \\ 0, & \text{其他};\end{cases}$

(4) $1-3\mathrm{e}^{-2}$.

7.

Y	1	$\dfrac{3}{2}$	2
p	0.4	0.4	0.2

8.

$$P\{Y=k|X=1\}=\frac{1}{6}\ (k=1,2,3,4,5,6),$$

$$P\{Y=2|X=2\}=\frac{1}{3},\quad P\{Y=k|X=2\}=\frac{1}{6}\ (k=3,4,5,6),$$

$$P\{Y=3|X=3\}=\frac{1}{2},\quad P\{Y=k|X=3\}=\frac{1}{6}\ (k=4,5,6),$$

$$P\{Y=4|X=4\}=\frac{2}{3},\quad P\{Y=k|X=4\}=\frac{1}{6}\ (k=5,6),$$

$$P\{Y=5|X=5\}=\frac{5}{6},\quad P\{Y=6|X=5\}=\frac{1}{6},$$

$$P\{Y=6|X=6\}=\frac{1}{6}.$$

9.

$$f_{X|Y}(x|y)=\begin{cases}2x, & 0\leqslant x\leqslant 1,\\ 0, & \text{其他,}\end{cases}\qquad f_{Y|X}(y|x)=\begin{cases}2y, & 0\leqslant y\leqslant 1,\\ 0, & \text{其他.}\end{cases}$$

10. 证明略.

11.

X \ Y	-1	0	2
0	0.1	0.05	0.1
1	0.1	0.05	0.1
2	0.2	0.1	0.2

12.

$$F(x,y)=\begin{cases}\left(1-\mathrm{e}^{-2x}\right)\left(1-\mathrm{e}^{-3y}\right), & x\geqslant 0, y\geqslant 0,\\ 0, & \text{其他;}\end{cases}\qquad 1-7^{-6}.$$

13. (1) $f(x,y)=\begin{cases}\dfrac{1}{2}, & 0\leqslant x\leqslant 1, 2\leqslant y\leqslant 4,\\ 0, & \text{其他;}\end{cases}$

(2) $f(x,y)=\begin{cases}\dfrac{1}{6\pi}, & \dfrac{x^2}{9}+\dfrac{y^2}{4}\leqslant 1,\\ 0, & \text{其他;}\end{cases}$

(3) $f(x,y)=\begin{cases}\dfrac{1}{\pi}, & x^2+y^2\leqslant 2y,\\ 0, & \text{其他.}\end{cases}$

14. (1) $f_X(x) = \begin{cases} 1, & 0 \leqslant x \leqslant 1, \\ 0, & \text{其他}, \end{cases}$ $f_Y(y) = \begin{cases} \dfrac{1}{2}, & 2 \leqslant y \leqslant 4, \\ 0, & \text{其他}; \end{cases}$

(2) $f_X(x) = \begin{cases} \dfrac{2}{9\pi}\sqrt{9-x^2}, & -3 \leqslant x \leqslant 3, \\ 0, & \text{其他}, \end{cases}$ $f_Y(y) = \begin{cases} \dfrac{1}{2\pi}\sqrt{4-y^2}, & -2 \leqslant y \leqslant 2, \\ 0, & \text{其他}; \end{cases}$

(3) $f_X(x) = \begin{cases} \dfrac{2}{\pi}\sqrt{1-x^2}, & -1 \leqslant x \leqslant 1, \\ 0, & \text{其他}, \end{cases}$ $f_Y(y) = \begin{cases} \dfrac{2}{\pi}\sqrt{1-(y-1)^2}, & 0 \leqslant y \leqslant 2, \\ 0, & \text{其他}. \end{cases}$

15. (1) 独立; (2) 不独立; (3) 不独立.

16. (1) $a = \dfrac{3}{2}$; (2) 独立.

17. (1) $c = \dfrac{3}{\pi}$; (2) $3r^2 - 2r^3$.

18.

X_1 \ X_2	1	2	3
0	0.3	0.18	0.12
1	0.12	0.12	0.08

Y	1	2	3	4
P	0.3	0.38	0.24	0.08

Z	0	1	2	3
P	0.6	0.2	0.12	0.08

19. (1) $X \sim B(4, 0.8)$;

(2)

Y	0	1	2	3
P	0.0784	0.1024	0.4096	0.4096

20.
$$f_Z(z) = \begin{cases} 4z\mathrm{e}^{-2z}, & z > 0, \\ 0, & \text{其他}. \end{cases}$$

21. $f_{Z_1}(z_1) = \begin{cases} \dfrac{1}{2}(\ln 2 - \ln z_1), & 0 < z_1 < 2, \\ 0, & \text{其他}, \end{cases}$ $f_{Z_2}(z_2) = \begin{cases} \dfrac{3}{2} - z_2, & 0 < z_2 < 1, \\ 0, & \text{其他}. \end{cases}$

22. $f_T(t) = \begin{cases} 0, & t \leqslant 0, \\ 1 - \mathrm{e}^{-t}, & 0 < t \leqslant 1, \\ \mathrm{e}^{-t}(\mathrm{e}-1), & t > 1. \end{cases}$

23. $f_Z(z) = \begin{cases} \dfrac{1}{(1+z)^2}, & z > 0, \\ 0, & \text{其他}. \end{cases}$

选 做 题 三

1. (A).

2. (A).

3. (B).

4. (A).

5. (1) $\dfrac{7}{24}$;

(2) $f_Z(z) = \begin{cases} 2z - z^2, & 0 < z < 1, \\ 0(2-z)^2, & 1 \leqslant z < 2, \\ 0, & \text{其他}. \end{cases}$

6. (1) $\dfrac{1}{2}$;

(2) $f_Z(z) = \begin{cases} \dfrac{1}{3}, & -1 \leqslant z < 2, \\ 0, & \text{其他}. \end{cases}$

7. (1) $\dfrac{4}{9}$;

(2)

X \ Y	0	1	2
0	$\dfrac{1}{4}$	$\dfrac{1}{3}$	$\dfrac{1}{9}$
1	$\dfrac{1}{6}$	$\dfrac{1}{9}$	0
2	$\dfrac{1}{36}$	0	0

8. (1) $f_{Y|X}(y|x) = \begin{cases} \dfrac{1}{x}, & 0 < y < x, \\ 0, & \text{其他}; \end{cases}$

(2) $\dfrac{e-2}{e-1}$.

9. (1) $\dfrac{1}{\pi}$;

(2) $f_{Y|X}(y|x) = \dfrac{1}{\sqrt{\pi}}e^{-(y-x)^2}, -\infty < x, y < +\infty.$

10.

X \ Y	0	1	2
0	$\dfrac{3}{15}$	$\dfrac{6}{15}$	$\dfrac{1}{15}$
1	$\dfrac{3}{15}$	$\dfrac{2}{15}$	0

11. (1)

X \ Y	-1	0	1
0	0	$\dfrac{1}{3}$	0
1	$\dfrac{1}{3}$	0	$\dfrac{1}{3}$

(2)

Z	-1	0	1
P	$\dfrac{1}{3}$	$\dfrac{1}{3}$	$\dfrac{1}{3}$

12. (1) $f_X(x) = \begin{cases} x, & 0 < z \leqslant 1, \\ 2-x, & 1 < x < 2, \\ 0, & \text{其他}; \end{cases}$

(2) $f_{X|Y}(x|y) = \begin{cases} \dfrac{1}{2-2y}, & (x,y) \in G, y \neq 1, \\ 0, & \text{其他}. \end{cases}$

13. $\dfrac{1}{4}$.

14. $\dfrac{1}{4}$.

15. $f_V(v) = \begin{cases} 2\mathrm{e}^{-2v}, & v > 0, \\ 0, & \text{其他}. \end{cases}$

习　题　四

1. $EX = \dfrac{6}{5}, DX = \dfrac{9}{25}$.

2. 11.

3. 4.5.

4. $-0.2, 2.8, 13.4$.

5. (1) $k = 3, \alpha = 2$; (2) $DX = \dfrac{3}{80}$.

6. 1000 克, 100 克.

7. $0, \dfrac{1}{6}$.

8. $0, \dfrac{1}{2}$.

9. (1) 2; (2) $\dfrac{1}{3}$.

10. 4.

11. 1.5.

12. 略.

13. $\dfrac{1}{\lambda}, \dfrac{1}{\lambda^2}$.

14. 0.9, 0.61.

15. 4.47, 1.97.

16. 1.27, 0.414.

17. 0.3, 0.32.

18. (1) $\dfrac{1}{2} 60^{-5}$; (2) 41.

19. $\dfrac{1}{2}\sqrt{\dfrac{\pi}{\lambda}}, \left(1 - \dfrac{\pi}{4}\right)\dfrac{1}{\lambda}$.

20. $\dfrac{1}{2}, \dfrac{1}{12}$.

21. (1) $\dfrac{1}{p}, \dfrac{1-p}{p^2}$; (2) $\dfrac{k}{p}, k\dfrac{1-p}{p^2}$.

22. 4, 18, 6, 1.

23. $\dfrac{7}{6}, \dfrac{7}{6}, -\dfrac{1}{36}, -\dfrac{1}{11}, \dfrac{5}{9}$.

24. 0.

25. 61, 21.

26. 略.

27. $V = \begin{bmatrix} \dfrac{9}{16} & -\dfrac{3}{16} \\ -\dfrac{3}{16} & \dfrac{9}{16} \end{bmatrix}$.

28. 原点矩为 $\dfrac{4}{3}, 2, 3.2, \dfrac{16}{3}$; 中心矩为 $0, \dfrac{2}{9}, -\dfrac{8}{135}, \dfrac{6}{135}$.

29. $E[(X - EX)^k] = \begin{cases} 0, & k\text{为奇数时,} \\ \lambda^k k!, & k\text{为偶数时.} \end{cases}$

30. $\mu = \begin{bmatrix} \dfrac{4}{3} \\ \dfrac{3}{4} \end{bmatrix}$, $V = \begin{bmatrix} \dfrac{2}{9} & 0 \\ 0 & \dfrac{3}{80} \end{bmatrix}$.

31. $A = \dfrac{3}{\pi}$, $R = \begin{bmatrix} 1 & -0.8 \\ -0.8 & 1 \end{bmatrix}$.

32. (1) $\dfrac{1}{2}$; (2) $\dfrac{\pi}{4}$, $\dfrac{\pi}{4}$, $\dfrac{\pi^2}{16} + \dfrac{\pi}{2} - 2$, $\dfrac{\pi^2}{16} + \dfrac{\pi}{2} - 2$; (3) $\dfrac{\pi}{2} - 1 - \dfrac{\pi^2}{16}$, -0.245;

(4) $C = \begin{bmatrix} \dfrac{\pi^2}{16} + \dfrac{\pi}{2} - 2 & \dfrac{\pi}{2} - 1 - \dfrac{\pi^2}{16} \\ \dfrac{\pi}{2} - 1 - \dfrac{\pi^2}{16} & \dfrac{\pi^2}{16} + \dfrac{\pi}{2} - 2 \end{bmatrix}$, $R = \begin{bmatrix} 1 & -0.245 \\ -0.245 & 1 \end{bmatrix}$.

选 做 题 四

1. $E(X) = \dfrac{1}{p}$; $D(X) = \dfrac{1-p}{p^2}$.

2. (1) $E(X) = \dfrac{3}{2}$; (2) $P(A) = \dfrac{1}{4}$.

3. 5.

4. $1 - \dfrac{2}{\pi}$.

5. (1)

U \ V	0	1
0	$\dfrac{1}{4}$	0
1	$\dfrac{1}{4}$	$\dfrac{1}{2}$

(2) $\dfrac{\sqrt{3}}{3}$.

6. (1)

X \ Y	0	1	2
0	$\dfrac{1}{5}$	$\dfrac{2}{5}$	$\dfrac{1}{15}$
1	$\dfrac{1}{5}$	$\dfrac{2}{15}$	0

(2) $-\dfrac{4}{45}$.

7. (1) $\dfrac{1}{4}$; (2) $-\dfrac{2}{3}$.

8. (1)

X \ Y	0	1
0	$\dfrac{2}{3}$	$\dfrac{1}{12}$
1	$\dfrac{1}{6}$	$\dfrac{1}{12}$

(2) $\dfrac{\sqrt{15}}{15}$.

9. $\dfrac{35}{3}$.

10. $f(t) = \begin{cases} 25te^{-5t}, & t > 0, \\ 0, & t \leqslant 0, \end{cases}$ $\dfrac{2}{5}, \dfrac{2}{25}$.

11. 14166.67(元).

12. 略.

13. (1)

X \ Y	-1	1
-1	$\dfrac{1}{4}$	0
1	$\dfrac{1}{2}$	$\dfrac{1}{4}$

(2) 2.

14. (1) $f_{Y(y)} = \begin{cases} \dfrac{3}{8\sqrt{y}}, & 0 < y < 1, \\ \dfrac{1}{8\sqrt{y}}, & 0 \leqslant y < 4, \\ 0, & \text{其他}; \end{cases}$ (2) $\dfrac{2}{3}$; (3) $\dfrac{1}{4}$.

习 题 五

1. $\dfrac{1}{2}$. 2. $\dfrac{8}{9}$. 3. 0.271. 4. $P\{|\overline{X} - \mu| < \varepsilon\} \geqslant 1 - \dfrac{8}{n\varepsilon^2}$; $1 - \dfrac{1}{2n}$.

5. 不满足, 因为 X_i 的期望不存在.

6. (1) 0.875, 0.995; (2) 0.709, 0.936.

7. 0.0002.

8. 0.0228.

9. 0.0470.

10. 0.9232.

11. 良种数在 927 与 1073 之间.

12. 0.1574.

13. 0.4714.

14. (1) 用泊松逼近, 0.6160; (2) 用正态逼近, 0.4878.

15. 14.

16. 85.

17. (1) 0.1802; (2) 443.

18. 0.1814.

选 做 题 五

1. $P\{|X - Y| \geqslant 6\} \leqslant \dfrac{1}{12}$.

2. $\dfrac{1}{2}$.

3. 98.

4. 0.0062.

5. (1) 0.9525; (2) 25.

6. 0.34.

7. $118a$.

8. 0.927.

9. 0.7698.

习 题 六

1. (B).

2. $\overline{x} = 67.4$, $s^2 = 31.647$, $s^2_{修正} = 35.16$.

3. (1) $N\left(10, \dfrac{3}{2}\right)$; (2) 0.2071.

4. (1) $D(\overline{x}) = \dfrac{1}{n}$; (2) $E(s^2) = 1$.

5. (1) 0.98; (2) 0.97.

6. (1) 3.325; (2) 2.088; (3) 27.488; (4) 6.262.

7. (1) -2.764; (2) 1.96.

选 做 题 六

1. np^2.

2. $\sigma^2 + \mu^2$.

3. (D).

4. (B).

习　题　七

1. $\hat{\mu}_2$ 更有效.

2. $\hat{\theta} = 2\overline{x} = 0.9267$.

3. 略.

4. $\hat{p} = \hat{p}_L = \dfrac{\overline{x}}{n}$.

5. 均为 $\dfrac{1}{x} = \dfrac{1}{2013}$.

6. (1) 6.35, 5.5×10^{-4}; (2) (6.33, 6.37), (0.00023, 0.00309).

7. (1) (14.75, 15.15); (2) (20.976, 92.16).

8. (1156.08, 1163.92).

9. (30.789, 31.211), (0.039, 0.22).

10. $\hat{\theta}_L = -\dfrac{n}{\displaystyle\sum_{i=1}^{n} \ln X_i}$, $\hat{\theta} = \dfrac{\overline{x}}{1 - \overline{x}}$.

11. (863.56, 987.24).

12. 0.504, 0.696

选　做　题　七

1. -1.

2. (1) $2\overline{x} - \dfrac{1}{2}$, (2) 不是无偏估计.

3. (1) 证明略; (2) $DT = \dfrac{2}{n(n-1)}$.

4. (1) 和 (2) 均为 $\dfrac{2}{\overline{x}}$.

5. $a_1 = 0, a_2 = a_3 = \dfrac{1}{n}, DT = \dfrac{1}{n}\theta(1-\theta)$.

6. (1) $\hat{\sigma}^2 = \dfrac{1}{n}\displaystyle\sum_{i=1}^{n}(x_i - \mu_0)^2$; (2) $\sigma^2, \dfrac{2\sigma^4}{n}$.

7. (1) $f_Z(z) = \dfrac{1}{\sqrt{6\pi}\sigma}\mathrm{e}^{-\frac{z^2}{6\sigma^2}} \ (-\infty < z < +\infty)$;

(2) $\hat{\sigma}^2 = \dfrac{1}{3n}\displaystyle\sum_{i=1}^{n} Z_i^2$;

(3) 略.

习　题　八

1. 有显著性变化.

2. 高.

3. (1) 不正常; (2) 正常.

4. 有明显提高.

5. 不能.

6. 正常.

7. 有显著差异.

8. 明显偏高.

9. 有显著差异.

10. 明显小.

11. 拒绝 H_0.

选 做 题 八

1. T, $T = \dfrac{\overline{X} - \mu_0}{S/\sqrt{n}}$, $t_{\frac{\alpha}{2}}(n-1)$.

2. $\chi^2 < \chi^2_{1-\frac{\alpha}{2}}(n-1)$ 或 $\chi^2 > \chi^2_{\frac{\alpha}{2}}(n-1)$.

3. U, $U = \dfrac{\overline{X} - \mu_0}{\sigma/\sqrt{n}}$.

4. F, $F = \dfrac{S_1^2}{S_2^2}$.

5. (B).

6. (A).

7. (B).

8. (C).

9. (C).

参 考 文 献

陈文灯. 2009. 考研数学复习指导. 北京: 世界图书出版社.

龚德恩. 2005. 经济数学基础 (第三分册 —— 概率统计). 4 版. 成都: 四川人民出版社.

李延敏, 李丽. 1993. 经济应用数学基础 (三) —— 概率论与数理统计. 北京: 学苑出版社.

李延敏, 于卓熙, 冯由玲, 王雷. 2012. 经济数学 —— 概率论与数理统计学习辅导. 北京: 清华大学出版社.

李延敏, 于卓熙, 李辉. 2010. 经济数学 —— 概率论与数理统计. 北京: 高等教育出版社.

龙永红. 2004. 概率论与数理统计. 2 版. 北京: 高等教育出版社.

吴赣昌. 2009. 概率论与数理统计 (经管类). 3 版. 北京: 中国人民大学出版社.

周概容. 2008. 经济应用数学基础 (三)—— 概率论与数理统计. 北京: 高等教育出版社.

附录　常用概率统计数值表

附表 1　泊松分布概率值表

$$P\{X = m\} = \frac{\lambda^m e^{-\lambda}}{m!}$$

m \ λ	0.1	0.2	0.3	0.4	0.5	0.6	0.7	0.8
0	0.904837	0.818731	0.740818	0.670320	0.606531	0.548812	0.496585	0.449329
1	0.090484	0.163746	0.222245	0.268128	0.303265	0.329287	0.347610	0.359463
2	0.004524	0.016375	0.033337	0.053626	0.075816	0.098786	0.121663	0.143785
3	0.000151	0.001092	0.003334	0.007150	0.012636	0.019757	0.028388	0.038343
4	0.000004	0.000055	0.000250	0.000715	0.001580	0.002964	0.004968	0.007669
5		0.000002	0.000015	0.000057	0.000158	0.000356	0.000696	0.001227
6			0.000001	0.000004	0.000013	0.000036	0.000081	0.000164
7					0.000001	0.000003	0.000008	0.000019
8							0.000001	0.000002
9								
10								
11								
12								
13								
I4								
15								
16								
17								

m \ λ	0.9	1.0	1.5	2.0	2.5	3.0	3.5	4.0
0	0.406570	0.367879	0.223130	0.135335	0.082085	0.049787	0.030197	0.018316
1	0.365913	0.367879	0.334695	0.270671	0.205212	0.149361	0.105691	0.073263
2	0.164661	0.183940	0.251021	0.270671	0.256516	0.224042	0.184959	0.146525
3	0.049398	0.061313	0.125511	0.180447	0.213763	0.224042	0.215785	0.195367
4	0.011115	0.015328	0.047067	0.090224	0.133602	0.168031	0.188812	0.195367
5	0.002001	0.003066	0.014120	0.036089	0.066801	0.100819	0.132169	0.156293
6	0.000300	0.000511	0.003530	0.012030	0.027834	0.050409	0.077098	0.104196
7	0.000039	0.000073	0.000756	0.003437	0.009941	0.021604	0.038549	0.059540
8	0.000004	0.000009	0.000142	0.000859	0.003106	0.008102	0.016865	0.029770

续表

m \ λ	0.9	1.0	1.5	2.0	2.5	3.0	3.5	4.0
9		0.000001	0.000024	0.000191	0.000863	0.002701	0.006559	0.013231
10			0.000004	0.000038	0.000216	0.000810	0.002296	0.005292
11				0.000007	0.000049	0.000221	0.000730	0.001925
12				0.000001	0.000010	0.000055	0.000213	0.000642
13					0.000002	0.000013	0.000057	0.000197
14						0.000003	0.000014	0.000056
15						0.000001	0.000003	0.000015
16							0.000001	0.000004
17								0.000001

m \ λ	4.5	5.0	5.5	6.0	6.5	7.0	7.5	8.0
0	0.011109	0.006738	0.004087	0.002479	0.001503	0.000912	0.000553	0.000335
1	0.049990	0.033690	0.022477	0.014873	0.009772	0.006383	0.004148	0.002684
2	0.112479	0.084224	0.061812	0.044618	0.031760	0.022341	0.015555	0.010735
3	0.168718	0.140374	0.113323	0.089235	0.068814	0.052129	0.038889	0.028626
4	0.189808	0.175467	0.155819	0.133853	0.111822	0.091226	0.072916	0.057252
5	0.170827	0.175467	0.171401	0.160623	0.145369	0.127717	0.109375	0.091604
6	0.128120	0.146223	0.157117	0.160623	0.157483	0.149003	0.136718	0.122138
7	0.082363	0.104445	0.123449	0.137677	0.146234	0.149003	0.146484	0.139587
8	0.046329	0.065278	0.084871	0.103258	0.118815	0.130377	0.137329	0.139587
9	0.023165	0.036266	0.051866	0.068838	0.085811	0.101405	0.114440	0.124077
10	0.010424	0.018133	0.028526	0.041303	0.055777	0.070983	0.085830	0.099262
11	0.004264	0.008242	0.014263	0.022529	0.032959	0.045171	0.058521	0.072190
12	0.001599	0.003434	0.006537	0.011264	0.017853	0.026350	0.036575	0.048127
13	0.000554	0.001321	0.002766	0.005199	0.008926	0.014188	0.021101	0.029616
14	0.000178	0.000472	0.001087	0.002228	0.004144	0.007094	0.011304	0.016924
15	0.000053	0.000157	0.000398	0.000891	0.001796	0.003311	0.005652	0.009026
16	0.000015	0.000049	0.000137	0.000334	0.000730	0.001448	0.002649	0.004513
17	0.000004	0.000014	0.000044	0.000118	0.000279	0.000596	0.001169	0.002124
18	0.000001	0.000004	0.000014	0.000039	0.000101	0.000232	0.000487	0.000944
19		0.000001	0.000004	0.000012	0.000034	0.000085	0.000192	0.000397
20			0.000001	0.000004	0.000011	0.000030	0.000072	0.000159
21				0.000001	0.000003	0.000010	0.000026	0.000061
22					0.000001	0.000003	0.000009	0.000022
23						0.000001	0.000003	0.000008
24							0.000001	0.000003
25								0.000001
26								
27								
28								
29								

续表

m \ λ	8.5	9.0	9.5	10.0	m \ λ	20	m \ λ	30
0	0.000203	0.000123	0.000075	0.000045	5	0.0001	12	0.0001
1	0.001729	0.001111	0.000711	0.000454	6	0.0002	13	0.0002
2	0.007350	0.004998	0.003378	0.002270	7	0.0005	14	0.0005
3	0.020826	0.014994	0.010696	0.007567	8	0.0013	15	0.0010
4	0.044255	0.033737	0.025403	0.018917	9	0.0029	16	0.0019
5	0.075233	0.060727	0.048266	0.037833	10	0.0058	17	0.0034
6	0.106581	0.091090	0.076421	0.063055	11	0.0106	18	0.0057
7	0.129419	0.117116	0.103714	0.090079	12	0.0176	19	0.0089
8	0.137508	0.131756	0.123160	0.112599	13	0.0271	20	0.0134
9.	0.129869	0.131756	0.130003	0.125110	14	0.0387	21	0.0192
10	0.110388	0.118580	0.123502	0.125110	15	0.0516	22	0.0261
11	0.085300	0.097020	0.106661	0.113736	16	0.0646	23	0.0341
12	0.060421	0.072765	0.084440	0.094780	17	0.0760	24	0.0426
13	0.039506	0.050376	0.061706	0.072908	18	0.0844	25	0.0511
14	0.023986	0.032384	0.041872	0.052077	19	0.0888	26	0.0590
15	0.013592	0.019431	0.026519	0.034718	20	0.0888	27	0.0655
16	0.007221	0.010930	0.015746	0.021699	21	0.0846	28	0.0702
17	0.003610	0.005786	0.008799	0.012764	22	0.0769	29	0.0726
18	0.001705	0.002893	0.004644	0.007091	23	0.0669	30	0.0726
19	0.000763	0.001370	0.002322	0.003732	24	0.0557	31	0.0703
20	0.000324	0.000617	0.001103	0.001866	25	0.0446	32	0.0659
21	0.000131	0.000264	0.000499	0.000889	26	0.0343	33	0.0599
22	0.000051	0.000108	0.000215	0.000404	27	0.0254	34	0.0529
23	0.000019	0.000042	0.000089	0.000176	28	0.0181	35	0.0453
24	0.000007	0.000016	0.000035	0.000073	29	0.0125	36	0.0378
25	0.000002	0.000006	0.000013	0.000029	30	0.0083	37	0.0306
26	0.000001	0.000002	0.000005	0.000011	31	0.0054	38	0.0242
27		0.000001	0.000002	0.000004	32	0.0034	39	0.0186
28			0.000001	0.000001	33	0.0020	40	0.0139
29				0.000001	34	0.0012	41	0.0102
					35	0.0007	42	0.0073
					36	0.0004	43	0.0051
					37	0.0002	44	0.0035
					38	0.0001	45	0.0023
					39	0.0001	46	0.0015
							47	0.0010
							48	0.0006

附表 2　标准正态分布函数值表

$$\Phi(x) = P\{X \leqslant x\} = \frac{1}{\sqrt{2\pi}} \int_{-\infty}^{x} e^{-\frac{t^2}{2}} dt$$

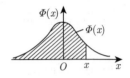

x	0.00	0.01	0.02	0.03	0.04
0.0	0.5000	0.5040	0.5080	0.5120	0.5160
0.1	0.5398	0.543 8	0.5478	0.5517	0.5557
0.2	0.5793	0.5832	0.5871	0.5910	0.594 8
0.3	0.6179	0.6217	0.6255	0.6293	0.6331
0.4	0.6554	0.6591	0.6628	0.6664	0.6700
0.5	0.6915	0.6950	0.6985	0.7019	0.705 4
0.6	0.7257	0.7291	0.7324	0.7357	0.7389
0.7	0.7580	0.7611	0.7642	0.7673	0.7703
0.8	0.7881	0.7910	0.7939	0.7967	0.7995
0.9	0.8159	0.8186	0.8212	0.8238	0.8264
1.0	0.8413	0.8438	0.8461	0.8485	0.8508
1.1	0.8643	0.8665	0.8686	0.8708	0.8729
1.2	0.8849	0.8869	0.8888	0.8907	0.8925
1.3	0.90320	0.90490	0.90678	0.90824	0.90988
1.4	0.91924	0.92073	0.92220	0.92364	0.92507
1.5	0.93319	0.93448	0.93574	0.93699	0.93822
1.6	0.94520	0.946 30	0.94738	0.94845	0.94950
1.7	0.95543	0.95637	0.95728	0.95818	0.95907
1.8	0.96407	0.96485	0.96562	0.96638	0.96712
1.9	0.97128	0.97193	0.97257	0.97320	0.97381
2.0	0.97725	0.97778	0.97831	0.97882	0.97932
2.1	0.98214	0.98257	0.98300	0.98341	0.98382
2.2	0.98610	0.98645	0.98679	0.98713	0.98745
2.3	0.98928	0.98956	0.98983	0.99010	0.99036
2.4	0.99180	0.99202	0.99224	0.99245	0.99266
2.5	0.99379	0.99396	0.99413	0.99430	0.99446
2.6	0.99534	0.99547	0.99560	0.99573	0.99586
2.7	0.99653	0.99664	0.99674	0.99683	0.99693
2.8	0.99745	0.99752	0.99760	0.99767	0.99774

x	0.00	0.01	0.02	0.03	0.04
2.9	0.99813	0.99819	0.99825	0.99831	0.99836
3.0	0.99865	0.99869	0.99874	0.99878	0.99882
3.1	0.99903	0.99906	0.99910	0.99913	0.99916
3.2	0.99931	0.99934	0.99936	0.99938	0.99940
3.3	0.99952	0.99953	0.99955	0.99957	0.99958
3.4	0.99966	0.99968	0.99969	0.99970	0.99971
3.5	0.99977	0.99978	0.99978	0.99979	0.99980
3.6	0.99984	0.99985	0.99985	0.99986	0.99986
3.7	0.99989	0.99990	0.99990	0.99990	0.99991
3.8	0.99993	0.99993	0.99993	0.99994	0.99994
3.9	0.99995	0.99995	0.99996	0.99996	0.99996
4.0	0.99997	0.99997	0.99997	0.99997	0.99997
4.1	0.99998	0.99998	0.99998	0.99998	0.99998
4.2	0.99999	0.99999	0.99999	0.99999	0.99999
4.3	0.99999	0.99999	0.99999	0.99999	0.99999
4.4	0.99999	0.99999	1.00000	1.00000	1.00000
x	0.05	0.06	0.07	0.08	0.09
0.0	0.5199	0.5239	0.5279	0.5319	0.5359
0.1	0.5596	0.5636	0.5675	0.5714	0.5753
0.2	0.5987	0.6026	0.606 4	0.6103	0.6141
0.3	0.6368	0.6406	0.6443	0.6480	0.6517
0.4	0.6736	0.6772	0.6808	0.6844	0.6879
0.5	0.7088	0.7123	0.7157	0.7190	0.7224
0.6	0.7422	0.7454	0.7486	0.7517	0.7549
0.7	0.7734	0.7764	0.7794	0.7823	0.7852
0.8	0.8023	0.8051	0.8078	0.8106	0.8133
0.9	0.8289	0.8315	0.8340	0.8365	0.8389
1.0	0.8531	0.8554	0.8577	0.8599	0.8621
1.1	0.8749	0.8770	0.8790	0.8810	0.8830
1.2	0.8944	0.8962	0.8980	0.8997	0.90147
1.3	0.91140	0.91309	0.91466	0.91621	0.91774
1.4	0.92647	0.92785	0.92922	0.93056	0.93189
1.5	0.93943	0.94062	0.94179	0.94295	0.94408
1.6	0.95053	0.95154	0.95254	0.95352	0.95449
1.7	0.95994	0.96080	0.96164	0.96246	0.96327

附表 3　标准正态分布上侧分位数 u_α

$$X \sim N(0,1), \quad P\{X > \mu_\alpha\} = \frac{1}{\sqrt{2\pi}} \int_{\mu_\alpha}^{+\infty} \mathrm{e}^{-\frac{x^2}{2}} \mathrm{d}x = \alpha$$

α	0.00	0.005	0.01	0.015	0.02
0.0	∞	2. 575829	2.326348	2.170090	2. 053749
0.1	1.281552	1.253565	1.226528	1.200359	1.174987
0.2	0.841621	0.823894	0.806421	0.789192	0.772193
0.3	0.524401	0..510073	0.495850	0.481727	0.467699
0.4	0.253347	0.240426	0.227545	0.214702	0.201893
α	0.025	0.03	0.035	0.04	0.045
0.0	1.959964	1. 880794	1.811911	1.750686	1.695398
0.1	1.150349	1.126391	1.103063	1.080319	1.058122
0.2	0.755415	0.738847	0.722479	0.706303	0.690309
0.3	0.453762	0.439913	0.420148	0.412463	0.398855
0.4	0.189113	0.176374	0.163658	0.150969	0.138304
α	0.05	0.055	0.06	0.065	0.07
0.0	1.644854	1.598198	1.554774	1.514102	1.475791
0.1	1.0.36433	1.015222	0.994458	0.974114	0.954165
0.2	0.674490	0.658838	0.643345	0.628006	0.612813
0.3	0.385320	0.371856	0.358459	0.345125	0.331853
0.4	0.125661	0.113039	0.100434	0.087845	0.075270
α	0.075	0.08	0.085	0.09	0.095
0.0	1.439531	1.405072	1.372204	1.340755	1.310579
0.1	0.934589	0.915365	0.896473	0.877896	0.859617
0.2	0.597760	0.582841	0.568051	0.553385	0.538836
0.3	0.318639	0.305481	0.292375	0.279319	0.266311
0.4	0.062707	0.050154	0.037608	0.025069	0.012533
α	5×10^{-4}	5×10^{-5}	5×10^{-6}	5×10^{-7}	5×10^{-8}
u_α	3.29053	3.89059	4.41717	4.89164	5.32672

附表 4　χ^2 分布上侧分位数 $\chi^2_\alpha(n)$

$$P\{\chi^2 > \chi^2_\alpha(n)\} = \alpha$$

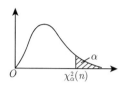

n \ α	$\alpha = 0.995$	0.99	0.975	0.95	0.90	0.75
1	—	—	0.001	0.004	0.016	0.102
2	0.010	0.020	0.051	0.103	0.211	0.575
3	0.072	0.115	0.216	0.352	0.584	1.213
4	0.207	0.297	0.484	0.711	1.064	1.923
5	0.412	0.554	0.831	1.145	1.610	2.675
6	0.676	0.872	1.237	1.635	2.204	3.455
7	0.989	1.239	1.690	2.167	2.833	4.255
8	1.344	1.646	2.180	2.733	3.490	5.071
9	1.735	2.088	2.700	3.325	4.168	5.899
10	2.156	2.558	3.247	3.940	4.865	6.737
11	2.603	3.053	3.816	4.575	5.578	7.584
12	3.074	3.571	4.404	5.226	6.304	8.438
13	3.565	4.107	5.009	5.892	7.042	9.299
14	4.075	4.660	5.629	6.571	7.790	10.165
15	4.601	5.229	6.262	7.261	8.547	11.037
16	5.142	5.812	6.908	7.962	9.312	11.912
17	5.697	6.408	7.564	8.672	10.085	12.792
18	6.265	7.015	8.231	9.390	10.865	13.675
19	6.844	7.633	8.907	10.117	11.651	14.562
20	7.434	8.260	9.591	10.851	12.443	15.452
21	8.034	8.897	10.283	11.591	13.240	16.344
22	8.643	9.542	10.982	12.338	14.042	17.240
23	9.260	10.196	11.689	13.091	14.848	18.137
24	9.886	10.856	12.401	13.848	15.659	19.037
25	10.520	11.524	13.120	14.611	16.473	19.939
26	11.160	12.198	13.844	15.379	17.292	20.843
27	11.808	12.879	14.573	16.151	18.114	21.749
28	12.461	13.565	15.308	16.928	18.939	22.657
29	13.121	14.257	16.047	17.708	19.768	23.567
30	13.787	14.954	16.791	18.493	20.599	24.478

续表

α n	$\alpha = 0.995$	0.99	0.975	0.95	0.90	0.75
31	14.458	15.655	17.539	19.281	21.434	25.390
32	15.134	16.362	18.291	20.072	-22.271	26.304
33	15.815	17.074	19.047	20.867	23.110	27.219
34	16.501	17.789	19.806	21.664	23.952	28.136
35	17.192	18.509	20.569	22.465	24.797	29.054
36	17.887	19.233	21.336	23.269	25.643	29.973
37	18.586	19.960	22.106	24.075	26.492	30.893
38	19.289	20.691	22.878	24.884	27.343	31.815
39	19.996	21.426	23.654	25.695	28.196	32.737
40	20.707	22.164	24.433	26.509	29.051	33.660
41	21.421	22.906	25.215	27.326	29.907	34.585
42	22.138	23.650	25.999	28.144	30.765	35.510
43	22.859	24.398	26.785	28.965	31.625	36.436
44	23.584	25.148	27.575	29.787	32.487	37.363
45	24.311	25.901	28.366	30.612	33.350	38.291

α n	$\alpha = 0.25$	0.10	0.05	0.025	0.01	0.005
1	1.323	2.706	3.841	5.024	6.635	7.879
2	2.773	4.605	5.991	7.378	9.210	10.597
3	4.108	6.251	7.815	9.348	11.345	12.838
4	5.385	7.779	9.488	11.143	13.277	14.860
5	6.626	9.236	11.071	12.833	15.086	16.750
6	7.841	10.45	12.592	14.449	16.812	18.548
7	9.037	12.017	14.067	16.013	18.475	20.278
8	10.219	13.362	15.507	17.535	20.090	21.955
9	11.389	14.684	16.919	19.023	21.666	23.589
10	12.549	15.987	18.307	20.483	23.209	25.188
11	13.701	17.275	19.675	21.920	24.725	26.756
12	14.845	18.549	21.026	23.337	26.217	28.299
13	15.984	19.812	22.362	24.736	27.688	29.819
14	17.117	21.064	23.685	26.119	29.141	31.319
15	18.245	22.307	24.996	27.488	30.578	32.801
16	19.369	23.542	26.296	28.845	32.000	34.267
17	20.489	24.769	27.587	30.191	33.409	35.718
18	21.605	25.989	28.869	31.526	34.805	37.156
19	22.718	27.204	30.144	32.852	36.191	38.582
20	23.828	28.412	31.410	34.170	37.566	39.997

n \ α	$\alpha=0.25$	0.10	0.05	0.025	0.01	0.005
21	24.935	29.615	32.671	35.479	38.932	41.401
22	26.039	30.813	33.924	36.781	40.289	42.796
23	27.141	32.007	35.172	38.076	41.638	44.181
24	28.241	33.196	36.415	39.364	42.980	45.559
25	29.339	34.382	37.652	40.646	44.314	46.928
26	30.435	35.563	38.885	41.923	45.642	48.290
27	31.528	36.741	40.113	43.194	46.963	49.645
28	32.620	37.916	41.337	44.461	48.278	50.993
29	33.711	39.087	42.557	45.722	49.588	52.336
30	34.800	40.256	43.773	46.979	50.892	53.672
31	35.887	41.422	44.985	48.232	52.191	55.003
32	36.973	42.585	46.194	49.480	53.486	56.328
33	38.058	43.745	47.400	50.725	54.776	57.648
34	39.141	44.903	48.602	51.966	56.061	58.964
35	40.223	46.059	49.802	53.203	57.342	60.275
36	41.304	47.212	50.998	54.437	58.619	61.581
37	42.383	48.363	52.192	55.668	59.892	62.883
38	43.462	59.513	58.384	56.896	61.162	64.181
39	44.539	50.660	54.572	58.120	62.428	65.476
40	45.616	51.805	55.758	59.342	63.691	66.766
41	56.692	52.949	56.942	60.561	64.950	68.053
42	47.766	54.090	58.124	61.777	66.206	69.336
43	48.840	55.230	59.304	62.990	67.459	70.616
44	49.913	56.369	60.481	64.201	68.710	71.893
45	50.985	57.505	61.656	65.410	69.957	73.166

附表 5　　t 分布上侧分位数 $t_\alpha(n)$

$$P\{t > t_\alpha(n)\} = \alpha$$

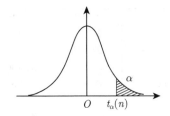

α \ n	0.10	0.05	0.025	0.01	0.005
1	3.078	6.314	12.706	31.821	63.657
2	1.886	2.920	4.303	6.965	9.925
3	1.638	2.353	3.182	4.541	5.841
4	1.533	2.132	2.776	3.747	4.604
5	1.476	2.015	2.571	3.365	4.032
6	1.440	1.943	2.447	3.143	3.707
7	1.415	1.895	2.365	2.998	3.499
8	1.397	1.860	2.306	2.896	3.355
9	1.383	1.833	2.262	2.821	3.250
10	1.372	1.812	2.228	2.764	3.169
11	1.363	1.796	2.201	2.718	3.106
12	1.356	1.782	2.179	2.681	3.055
13	1.350	1.771	2.160	2.650	3.012
14	1.345	1.761	2.145	2.624	2.977
15	1.341	1.753	2.131	2.602	2.947
16	1.337	1.746	2.120	2.583	2.921
17	1.333	1.740	2.110	2.567	2.898
18	1.330	1.734	2.101	2.552	2.878
19	1.328	1.729	2.093	2.539	2.861
20	1.325	1.725	2.086	2.528	2.845
21	1.323	1.721	2.080	2.518	2.831
22	1.321	1.717	2.074	2.508	2.819
23	1.319	1.714	2.069	2.500	2.807
24	1.318	1.711	2.064	2.492	2.797
25	1.316	1.708	2.060	2.485	2.787
26	1.315	1.706	2.056	2.479	2.779
27	1.314	1.703	2.052	2.473	2.771
28	1.313	1.701	2.048	2.467	2.763
29	1.311	1.699	2.045	2.462	2.756
30	1.310	1.697	2.042	2.457	2.750
40	1.303	1.684	2.021	2.423	2.704
60	1.296	1.671	2.000	2.390	2.660
120	1.289	1.658	1.980	2.358	2.617
∞	1.282	1.645	1.960	2.326	2.576

附表 6　F 分布上侧分位数 $F_\alpha(n_1, n_2)$

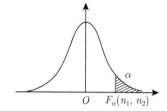

$$P\{F(n_1, n_2) > F_\alpha(n_1, n_2)\} = \alpha$$

$\alpha = 0.10$

n_2 ＼ n_1	1	2	3	4	5	6	7	8	9
1	39.86	49.50	53.59	55.83	57.24	58.20	58.91	59.44	59.86
2	8.53	9.00	9.16	9.24	9.29	9.33	9.35	9.37	9.38
3	5.54	5.46	5.39	5.34	5.31	5.28	5.27	5.25	5.24
4	4.54	4.32	4.19	4.11	4.05	4.01	3.98	3,95	3.94
5	4.06	3.78	3.62	3.52	3.45	3.40	3.37	3.34	3.32
6	3.78	3.46	3.29	3.18	3.11	3.05	3.01	2.98	2.96
7	3.59	3.26	3.07	2.96	−2.88	2.83	2.78	2.75	2.72
8	3.46	3.11	2.92	2.81	2.73	2.67	2.62	2.59	2.56
9	3.36	3.01	2.81	2.69	2.61	2.55	2.51	2.47	2.44
10	3.29	2.92	2.73	2.61	2.52	2.46	2.41	2.38	2.35
11	3.23	2.86	2.66	2.54	2.45	2.39	2.34	2.30	2.27
12	3.18	2.81	2.61	2.48	2.39	2.33	2.28	2.24	2.21
13	3.14	2.76	2.56	2.43	2.35	2.28	2.23	2.20	2.16
14	3.10	2.73	2.52	2.39	2.31	2.24	2.19	2.15	2.12
15	3.07	2.70	2.49	2.36	2.27	2.21	2.16	2.12	2.09
16	3.05	2.67	2.46	2.33	2.24	2.18	2.13	2.09	2.06
17	3.03	2.64	2.44	2.31	2.22	2.15	2.10	2.06	2.03
18	3.01	2.62	2.42	2.29	2.20	2.13	2.08	2.04	2.00
19	2.99	2.61	2.40	2.27	2.18	2.11	2.06	2.02	1.98
20	2.97	2.59	2.38	2.25	2.16	2.09	2.04	2.00	1.96
21	2.96	2.57	2.36	2.23	2.14	2.08	2.02	1.98	1.95
22	2.95	2.56	2.35	2.22	2.13	2.06	2.01	1.97	1.93
23	2.94	2.55	2.34	2.21	2.11	2.05	1.99	1.95	1.92
24	2.93	2.54	2.33	2.19	2.10	2.04	1.98	1.94	1.91
25	2.92	2.53	2.32	2.18	2.09	2.02	1.97	1.93	1.89
26	2.91	2.52	2.31	2.17	2.08	2.01	1.96	1.92	1.88
27	2.92	2.51	2.30	2.17	2.07	2.00	1.95	1.91	1.87
28	2.89	2.50	2.29	2.16	2.06	2.00	1.94	1.90	1.87
29	2.89	2.50	2.28	2.15	2.06	1.99	1.93	1.89	1.86
30	2.88	2.49	2.28	2.14	2.05	1.98	1.93	1.88	1.85
40	2.84	2.44	2.23	2.09	2.00	1.93	1.87	1.83	1.79
60	2.79	2.39	2.18	2.04	1.95	1.87	1.82	1.77	1.74
120	2.75	2.35	2.13	1.99	1.90	1.82	1.77	1.72	1.68
∞	2.71	2.30	2.08	1.94	1.85	1.77	1.72	1.67	1.63

$$\alpha = 0.10 \qquad\qquad\qquad\qquad\text{续表}$$

n_2 \ n_1	10	12	15	20	24	30	40	60	120	∞
1	60.19	60.17	61.22	61.74	62.00	62.26	62.53	62.79	63.06	63.33
2	9.39	9.41	9.42	9.44	9.45	9.46	9.47	9.47	9.48	9.49
3	5.23	5.22	5.20	5.18	5.18	5.17	5.16	5.15	5.14	5.13
4	3.92	3.90	3.87	3.84	3.83	3.82	3.80	3.70	3.78	3.76
5	3.30	3.27	3.24	3.21	3.19	3.17	3.16	3.14	3.12	3.10
6	2.94	2.90	2.87	2.84	2.82	2.80	2.78	2.76	2.74	2.72
7	2.70	2.67	2.63	2.59	2.58	2.56	2.54	2.51	2.49	2.47
8	2.54	2.50	2.46	2.42	2.40	2.38	2.36	2.34	2.32	2.29
9	2.42	2.38	2.34	2.30	2.28	2.25	2.23	2.21	2.18	2.16
10	2.32	2.28	2.24	2.20	2.18	2.16	2.13	2.11	2.08	2.06
11	2.25	2.21	2.17	2.12	2.10	2.08	2.05	2.03	2.00	1.97
12	2.19	2.15	2.10	2.06	2.04	2.01	1.99	1.96	1.93	1.90
13	2.14	2.10	2.05	2.01	1.98	1.96	1.93	1.90	1.88	1.85
14	2.10	2.05	2.01	1.96	1.94	1.91	1.89	1.86	1.83	1.80
15	2.06	2.02	1.97	1.92	1.90	1.87	1.85	1.82	1.79	1.76
16	2.03	1.99	1.94	1.89	1.87	1.84	1.81	1.78	1.75	1.72
17	2.00	1.96	1.91	1.86	1.84	1.81	1.78	1.75	1.72	1.69
18	1.98	1.93	1.89	1.84	1.81	1.78	1.75	1.72	1.69	1.66
19	1.96	1.91	1.86	1.81	1.79	1.76	1.73	1.70	1.67	1.63
20	1.94	1.89	1.84	1.79	1.77	1.74	1.71	1.68	1.64	1.61
21	1.92	1.87	1.83	1.78	1.75	1.72	1.69	1.66	1.62	1.59
22	1.90	1.86	1.81	1.76	1.73	1.70	1.67	1.64	1.60	1.57
23	1.89	1.84	1.80	1.74	1.72	1.69	1.66	1.62	1.59	1.56
24	1.88	1.83	1.78	1.73	1.70	1.67	1.64	1.61	1.57	1.53
25	1.87	1.82	1.77	1.72	1.69	1.66	1.63	1.59	1.56	1.52
26	1.86	1.81	1.76	1.71	1.68	1.65	1.61	1.58	1.54	1.50
27	1.85	1.80	1.75	1.70	1.67	1.64	1.60	1.57	1.53	1.49
28	1.84	1.79	1.74	1.69	1.66	1.63	1.59	1.56	1.52	1.48
29	1.83	1.78	1.73	1.68	1.65	1.62	1.58	1.55	1.51	1.47
30	1.82	1.77	1.72	1.67	1.64	1.61	1.57	1.54	1.50	1.46
40	1.76	1.71	1.66	1.61	1.57	1.54	1.51	1.47	1.42	1.38
60	1.71	1.66	1.60	1.54	1.51	1.48	1.44	1.40	1.35	1.29
120	1.65	1.60	1.55	1.48	1.45	1.41	1.37	1.32	1.26	1.19
∞	1.60	1.55	1.49	1.42	1.3S	1.34	1.30	1.24	1.17	1.10

$\alpha = 0.05$ 续表

n_2 \ n_1	1	2	3	4	5	6	7	8	9
1	161.4	199.5	215.7	224.6	230.2	234.0	236.8	238.9	240.5
2	18.51	19.00	19.16	19.25	19.30	19.33	19.35	19.37	19.38
3	10.13	9.55	9.28	9.12	9.01	8.94	8.89	8.85	8.81
4	7.71	6.94	6.59	6.39	6.26	6.16	6.09	6.04	6.00
5	6.61	5.79	5.41	5.19	5.05	4.95	4.88	4.82	4.77
6	5.99	5.14	4.76	4.53	4.39	4.28	4.21	4.15	4.10
7	5.59	4.46	4.07	3.84	3.69	3.58	3.50	3.44	3.39
8	5.32	4.46	4.07	3.84	3.69	3.58	3.50	3.44	3.39
9	5.12	4.26	3.86	3.63	3.48	3.37	3.29	3.23	3.18
10	4.96	4.10	3.71	3.48	3.33	3.22	3.14	3.07	3.02
11	4.84	3.98	3.59	3.36	3.20	3.09	3.01	2.95	2.90
12	4.75	3.89	3.49	3.26	3.11	3.00	2.91	2.85	2.80
13	4.67	3.81	3.41	3.18	3.03	2.92	2.83	2.77	2.71
14	4.60	3.74	3.34	3.11	2.96	2.85	2.76	2.70	2.65
15	4.54	3.68	3.29	3.06	2.90	2.79	2.71	2.64	2.59
16	4.49	3.63	3.24	3.01	2.85	2.74	2.66	2.59	2.54
17	4.45	3.59	3.20	2.96	2.81	2.70	2.61	2.55	2.49
18	4.41	3.55	3.16	2.93	2.77	2.66	2.58	2.51	2.46
19	4.38	3.52	3.13	2.90	2.74	2.63	2.54	2.48	2.42
20	4.35	3.49	3.10	2.87	2.71	2.60	2.51	2.45	2.39
21	4.32	3.47	3.07	2.84	2.68	2.57	2.49	2.42	2.37
22	4.30	3.44	3.05	2.82	2.66	2.55	2.46	2.40	2.34
23	4.28	3.42	3.03	2.80	2.64	2.53	2.44	2.37	2.32
24	4.26	3.40	3.01	2.78	2.62	2.51	2.42	2.36	2.30
25	4.24	3.39	2.99	2.76	2.60	2.49	2.40	2.34	2.28
26	4.23	3.37	2.98	2.74	2.59	2.47	2.39	2.32	2.27
27	4.21	3.35	2.96	2.73	2.57	2.46	2.37	2.31	2.25
28	4.20	3.34	2.95	2.71	2.56	2.45	2.36	2.29	2.24
29	4.18	3.33	2.93	2.70	2.55	2.43	2.35	2.28	2.22
30	4.17	3.32	2.92	2.69	2.53	2.42	2.33	2.27	2.21
40	4.08	3.23	2.84	2.61	2.45	2.34	2.25	2.18	2.12
60	4.06	3.15	2.76	2.53	2.37	2.25	2.17	2.10	2.04
120	3.92	3.07	2.68	2.45	2.29	2.17	2.09	2.02	1.96
∞	3.84	3.00	2.60	2.37	2.21	2.10	2.01	1.94	1.88

$$\alpha = 0.05 \qquad\qquad\qquad\qquad 续表$$

n_1 n_2	10	12	15	20	24	30	40	60	120	∞
1	241.9	243.9	245.9	248.0	249.1	250.1	251.1	252.2	253.3	254.3
2	19.40	19.41	19.43	19.45	19.45	19.46	19.47	19.48	19.49	19.50
3	8.79	8.74	8.70	8.66	8.64	8.62	8.59	8.57	8.55	8.53
4	5.96	5.91	5.86	5.80	5.77	5.75	5.72	5.69	5.66	5.63
5	4.74	4.68	4.62	4.56	4.53	4.50	4.46	4.43	4.40	4.36
6	4.06	4.00	3.94	3.87	3.84	3.81	3.77	3.74	3.70	3.67
7	3.64	3.57	3.51	3.44	3.41	3.38	3.34	3.30	3.27	3.23
8	3.35	3.28	3.22	3.15	3.12	3.08	3.04	3.01	2.97	2.93
9	3.14	3.07	3.01	2.94	2.90	2.86	2.83	2.79	2.75	2.71
10	2.98	2.91	2.85	2.77	2.74	2.70	2.66	2.62	2.58	2.54
11	2.85	2.79	2.72	2.65	2.61	2.57	2.53	2.49	2.45	2.40
12	2.75	2.69	2.62	2.54	2.51	2.47	2.43	2.38	2.34	2.30
13	2.67	2.60	2.53	2.46	2.42	2.38	2.34	2.30	2.25	2.21
14	2.60	2.53	2.46	2.39	2.35	2.31	2.27	2.22	2.18	2.13
15	2.54	2.48	2.40	2.33	2.29	2.25	2.20	2.16	2.11	2.07
16	2.49	2.42	2.35	2.28	2.24	2.19	2.15	2.11	2.06	2.01
17	2.45	2.38	2.31	2.23	2.19	2.15	2.10	2.06	2.01	1.96
18	2.41	2.34	2.27	2.19	2.15	2.11	2.06	2.02	1.97	1.92
19	2.38	2.31	2.23	2.16	2.11	2.07	2.03	1.98	1.93	1.88
20	2.35	2.28	2.20	2.12	2.08	2.04	1.99	1.95	1.90	1.84
21	2.32	2.25	2.18	2.10	2.05	2.01	1.96	1.92	1.87	1.81
22	2.30	2.23	2.15	2.07	2.03	1.98	1.94	1.89	1.84	1.78
23	2.27	2.20	2.13	2.05	2.01	1.96	1.91	1.86	1.81	1.76
24	2.25	2.18	2.11	2.03	1.98	1.94	1.89	1.84	1.79	1.73
25	2.24	2.16	2.09	2.01	1.96	1.92	1.87	1.82	1.77	1.71
26	2.22	2.15	2.07	1.99	1.95	1.90	1.85	1.80	1.75	1.69
27	2.20	2.13	2.06	1.97	1.93	1.88	1.84	1.79	1.73	1.67
28	2.19	2.12	2.04	1.96	1.91	1.87	1.82	1.77	1.71	1.65
29	2.18	2.10	2.03	1.94	1.90	1.85	1.81	1.75	1.70	1.64
30	2.16	2.09	2.01	1.93	1.89	1.84	1.79	1.74	1.68	1.62
40	2.08	2.00	1.92	1.84	1.79	1.74	1.69	1.64	1.58	1.51
60	1.99	1.92	1.84	1.75	1.70	1.65	1.59	1.53	1.47	1.39
120	1.91	1.83	1.75	1.66	1.61	1.55	1.50	1.43	1.35	1.25
∞	1.83	1.75	1.67	1.57	1.52	1.46	1.39	1.32	1.22	1.00

$\alpha = 0.025$　　　　　　　　　　　　续表

n_2 \ n_1	1	2	3	4	5	6	7	8	9
1	647.8	799.5	864.2	899.6	921.8	937.1	948.2	956.7	963.3
2	38.51	39.00	39.17	39.25	39.30	39.33	39.36	39.37	39.39
3	17.44	16.04	15.44	15.10	14.88	14.73	14.62	14.54	14.47
4	12.22	10.65	9.98	9.60	9.36	9.20	9.07	8.98	8.90
5	10.01	8.43	7.76	7.39	7.15	6.98	6.85	6.76	6.68
6	8.81	7.26	6.60	6.23	5.99	5.82	5.70	5.60	5.52
7	8.07	6.54	5.89	5.52	5.52	5.12	4.99	4.90	4.82
8	7.57	6.06	5.42	5.05	4.82	4.65	4.53	4.43	4.36
9	7.21	5.71	5.03	4.72	4.48	4.32	4.20	4.10	4.03
10	6.94	5.46	4.83	4.47	4.24	4.07	3.95	3.85	3.78
11	6.72	5.26	4.63	4.28	4.04	3.88	3.76	3.66	3.59
12	6.55	5.10	4.42	4.12	3.89	3.73	3.61	3.51	3.44
13	6.41	4.97	4.35	4.00	3.77	3.60	3.48	3.39	3.31
14	6.30	4.86	4.24	3.89	3.66	3.50	3.38	3.29	3.21
15	6.20	4.77	4.15	3.80	3.58	3.41	3.29	3.20	3.12
16	6.12	4.69	4.08	3.73	3.50	3.34	3.22	3.12	3.05
17	6.01	4.62	4.01	3.66	3.44	3.28	3.16	3.06	2.98
18	5.98	4.56	3.95	3.61	3.38	3.22	3.10	3.01	2.93
19	5.92	4.51	3.90	3.56	3.33	3.17	3.05	2.96	2.88
20	5.87	4.46	3.86	3.51	3.29	3.13	3.01	2.91	2.84
21	5.83	4.42	3.82	3.48	3.25	3.09	2.97	2.87	2.80
22	5.79	4.38	3.78	3.44	3.22	3.05	2.93	2.84	2.76
23	5.76	4.35	3.75	3.41	3.18	3.02	2.90	2.81	2.73
24	5.72	4.32	3.72	3.38	3.15	2.99	2.87	2.78	2.70
25	5.69	4.29	3.69	3,35	3.13	2.97	2.85	2.75	2.68
26	5.66	4.27	3.67	3.33	3.10	2.94	2.82	2.73	2.65
27	5.63	4.24	3.65	3.31	3.08	2.92	2.80	2.71	2.63
28	5.61	4.22	3.63	3.29	3.06	2.90	2.78	2.69	2.61
29	5.59	4.20	3.61	3.27	3.04	2.88	2.76	2.67	2.59
30	5.57	4.18	3.59	3.25	3.03	2.87	2.75	2.65	2.57
40	5.42	4.05	3.46	3.13	2.90	2.74	2.62	2.53	2.45
60	5.29	3.93	3.34	3.01	2.79	2.63	2.51	2.41	2.33
120	5.15	3.80	3.23	2.89	2.67	2.52	2.39	2.30	2.22
∞	5.02	3.69	3.12	2.79	2.57	2.41	2.29	2.19	2.11

$\alpha = 0.025$　　　　　　　　　　　　　　　　　　　　续表

n_2 \ n_1	10	12	15	20	24	30	40	60	120	∞
1	96.86	976.7	984.9	993.1	997.2	1 001	1 006	1010	1014	1018
2	39.40	39.41	39.43	39.45	39.46	39.46	39.47	39.48	39.49	39.50
3	14.42	14.34	14.25	14.17	14.12	14.08	14.04	13.99	13.95	13.90
4	8.84	8.75	8.66	8.56	8.51	8.46	8.41	8.36	8.31	8.26
5	6.62	6.52	6.43	6.33	6.28	6.23	6.18	6.12	6.07	6.02
6	5.46	5.37	5.27	5.17	5.12	5.07	5.01	4.96	4.90	4.85
7	4.76	4.67	4.57	4.47	4.42	4.36	4.31	4.25	4.20	4.14
8	4.30	4.20	4.10	4.00	3.95	3.89	3.84	3.78	3.73	3.67
9	3.96	3.87	3.77	3.67	3.61	3.56	3.51	3.45	3.39	3.33
10	3.72	3.62	3.52	3.42	3.37	3.31	3.26	3.20	3.14	3.08
11	3.53	3.43	3.33	3.23	3.17	3.12	3.06	3.00	2.94	2.88
12	3.37	3.28	3.18	3.07	3.02	2.96	2.91	2.85	2.79	2.72
13	3.25	3.15	3.05	2.95	2.89	2.84	2.78	2.72	2.66	2.60
14	3.15	3.05	2.95	2.84	2.79	2.73	2.67	2.61	2.55	2.49
15	3.06	2.96	2.86	2.76	2.70	2.64	2.59	2.52	2.46	2.40
16	2.99	2.89	2.79	2.68	2.63	2.57	2.51	2.45	2.38	2.32
17	2.92	2.82	2.72	2.62	2.56	2.50	2.44	2.38	2.32	2.25
18	2.87	2.77	2.67	2.56	2.50	2.44	2.38	2.32	2.26	2.19
1.9	2.82	2.72	2.62	2.51	2.45	2.39	2.33	2.27	2.20	2.13
20	2.77	2.68	2.57	2.46	2.41	2.35	2.29	2.22	2.16	2.09
21	2.73	2.64	2.53	2.42	2.37	2.31	2.25	2.18	2.11	2.04
22	2.70	2.60	2.50	2.39	2.33	2.27	2.21	2.14	2.08	2.00
23	2.67	2.57	2.47	2.36	2.30	2.24	2.18	2.11	2.04	1.97
24	2.64	2.54	2.44	2.33	2.27	2.21	2.15	2.08	2.01	1.94
25	2.61	2.51	2.41	2.30	2.24	2.18	2.12	2.05	1.98	1.91
26	2.59	2.49	2.39	2.28	2.22	2.16	2.09	2.03	1.95	1.88
27	2.57	2.47	2.36	2.25	2.19	2.13	2.07	2.00	1.93	1.85
28	2.55	2.45	2.34	2.23	2.17	2.11	2.05	1.98	1.91	1.83
29	2.53	2.43	2.32	2.21	2.15	2.09	2.03	1.96	1.89	1.81
30	2.51	2.41	2.31	2.20	2.14	2.07	2.01	1.94	1.87	1.79
40	2.39	2.29	2.18	2.07	2.01	1.94	1.88	1.80	1.72	1.64
60	2.27	2.17	2.06	1.94	1.88	1.82	1.74	1.67	1.58	1.48
120	2.16	2.05	1.94	1.82	1.76	1.69	1.61	1.53	1.43	1.31
∞	2.05	1.94	1.83	1.71	1.64	1.57	1.48	1.39	1.27	1.00

$\alpha = 0.01$ 续表

n_2 \ n_1	1	2	3	4	5	6	7	8	9
1	46.52	4999.5	5403	5626	5764	5859	5928	5982	6022
2	98.50	90.00	99.17	99.25	99.30	99.33	99.36	99.37	99.39
3	34.12	30.82	29.46	28.71	28.24	27.91	27.67	27.49	27.35
4	21.20	18.00	16.69	15.98	15.53	15.21	14.98	14.80	14.66
5	16.26	13.27	12.06	11.39	10.97	10.67	10.46	10.29	10.16
6	13.75	10.92	9.78	9.15	8.75	8.47	8.26	8.10	7.98
7	12.25	9.55	8.45	7.85	7.45	7.19	6.99	6.84	6.72
8	11.26	8.65	7.59	7.01	6.63	6.37	6.18	6.03	5.91
9	10.56	8.02	6.99	6.42	6.06	5.80	5.61	5.47	5.35
10	10.04	7.56	6.55	5.99	5.64	5.39	5.20	5.06	4.94
11	9.65	7.21	6.22	5.67	5.32	5.07	4.89	4.74	4.63
12	6.33	6.93	5.95	5.41	5.06	4.82	4.64	4.50	4.39
13	9.07	6.70	5.74	5.21	4.86	4.62	4.44	4.30	4.19
14	8.86	6.51	5.56	5.04	4.69	4.46	4.28	4.14	4.03
15	8.68	6.36	5.42	4.89	4.56	4.32	4.14	4.00	3.89
16	8.53	6.23	5.29	4.77	4.44	4.20	4.03	3.89	3.78
17	8.40	6.11	5.18	4.67	4.34	4.10	3.93	3.79	3.68
18	8.29	6.01	5.09	4.58	4.25	4.01	3.84	3.71	3.60
19	8.18	5.93	5.01	4.50	4.17	3.94	3.77	3.63	3.52
20	8.10	5.85	4.94	4.43	4.10	3.87	3.70	3.56	3.46
21	8.02	5.78	4.87	4.37	4.04	3.81	3.64	3.51	3.40
22	7.95	5.72	4.83	4.31	3.99	3.76	3.59	3.45	3.35
23	7.88	5.66	4.76	4.26	3.94	3.71	3.54	3.41	3.30
24	7.82	5.61	4.72	4.22	3.90	3.67	3.50	3.30	3.26
25	7.77	5.57	4.68	4.18	3.85	3.63	3.46	3.32	3.22
26	7.72	5.52	4.64	4.14	3.82	3.59	3.42	3.29	3.18
27	7.68	5.49	4.60	4.11	3.78	3.56	3.39	3.26	3.15
28	7.64	5.45	4.57	4.07	3.75	3.53	3.36	3.23	3.12
29	7.60	5.42	4.54	4.04	3.73	3.50	3.33	3.20	3.09
30	7.56	5.39	4.51	4.02	3.70	3.47	3.30	3.17	3.07
40	7.31	5.18	4.31	3.83	3.51	3.29	3.12	2.99	2.89
60	7.08	4.98	4.13	3.65	3.34	3.12	2.95	2.82	2.72
120	6.85	4.79	3.95	3.48	3.17	2.96	2.79	2.66	2.56
∞	6.63	4.61	3.78	3.32	3.02	2.80	2.64	2.61	2.41

$\alpha = 0.01$　　　　　　　　　　　　　　　　　　　　　　续表

n_2 \ n_1	10	12	15	20	24	30	40	60	120	∞
1	6056	6106	6157	6200	6235	6261	6287	6313	6339	6336
2	99.40	99.42	99.43	99.45	99.46	99.47	99.47	99.48	99.49	99.50
3	27.23	27.05	26.87	26.69	26.60	26.50	26.41	26.32	26.22	26.13
4	14.55	14.37	14.20	14.02	13.93	13.84	13.75	13.65	13.56	13.46
5	10.05	9.89	9.72	9.55	9.47	9.38	9.29	9.20	9.11	9.02
6	7.87	7.72	7.56	7.40	7.31	7.23	7.14	7.06	6.97	6.88
7	6.62	6.47	6.31	6.16	6.07	5.99	5.91	5.82	5.74	5.65
8	5.81	5.67	5.52	5.36	5.28	5.20	5.12	5.03	4.95	4.86
9	5.26	5.11	4.96	4.81	4.73	4.65	4.57	4.48	4.40	4.31
10	4.85	4.71	4.56	4.41	4.33	4.25	4.17	4.08	4.00	3.91
11	4.54	4.40	4.25	4.10	4.02	3.94	3.86	3.78	3.69	3.60
12	4.30	4.16	4.01	3.86	3.78	3.70	3.62	3.54	3.45	3.36
13	4.10	3.96	3.82	3.66	3.59	3.51	3.43	3.34	3.25	3.17
14	3.94	3.80	3.66	3.51	3.43	3.35	3.27	3.18	3.09	3.00
15	3.80	3.67	3.52	3.37	3.29	3.21	3.13	3.05	2.96	2.87
16	3.69	3.55	3.41	3.26	3.18	3.10	3.02	2.93	2.84	2.75
17	3.59	3.46	3.31	3.16	3.08	3.00	2.92	2.83	2.75	2.65
18	3.51	3.37	3.23	3.08	3.00	2.92	2.84	2.75	2.66	2.57
19	3.43	3.30	3.15	3.00	2.92	2.84	2.76	2.67	2.58	2.49
20	3.37	3.23	3.09	2.94	2.86	2.78	2.69	2.61	2.52	2.42
21	3.31	3.17	3.03	2.88	2.80	2.72	2.64	2.55	2.46	2.36
22	3.26	3.12	2.98	2.83	2.75	2.67	2.53	2.50	2.40	2.31
23	3.21	3.07	2.93	2.78	2.70	2.62	2.54	2.45	2.35	2.26
24	3.17	3.03	2.89	2.74	2.66	2.58	2.49	2.40	2.31	2.21
25	3.13	2.99	2.85	2.70	2.62	2.54	2.45	2.36	2.27	2.17
26	3.09	2.96	2.81	2.66	2.58	2.50	2.42	2.33	2.23	2.13
27	3.06	2.93	2.78	2.63	2.55	2.47	2.38	2.29	2.20	2.10
28	3.03	2.90	2.75	2.60	2.52	2.44	2.35	2.26	2.17	2.06
29	3.00	2.87	2.73	2.57	2.49	2.41	2.33	2.23	2.14	2.03
30	2.98	2.84	2.70	2.55	2.47	2.39	2.30	2.21	2.11	2.01
40	2.80	2.66	2,52	2.37	2.29	2.20	2.11	2.02	1.92	1.80
60	2.63	2.50	2.35	2.20	2.12	2.03	1.94	1.84	1.73	1.60
120	2.47	2.34	2.19	2.03	1.95	1.86	1.76	1.66	1.53	1.38
∞	2.32	2.18	2.04	1.88	1.79	1.70	1.59	1.47	1.32	1.00

$\alpha = 0.005$ 续表

n_2 \ n_1	1	2	3	4	5	6	7	8	9
1	16211	20000	21615	22500	23056	23437	23715	23925	24091
2	198.5	199.0	199.2	199.2	199.3	199.3	199.4	199.4	199.4
3	55.55	49.80	47.47	46.19	45.39	44.84	44.43	44.13	43.88
4	31.33	26.28	24.26	23.15	22.46	21.97	21.62	21.35	21.14
5	22.78	18.31	16.53	15.56	14.94	14.51	14.20	13.96	13.77
6	18.63	14.54	12.92	12.03	11.46	11.07	10.79	10.57	10.39
7	16.24	12.40	10.88	10.05	9.52	9.16	8.89	8.68	8.51
8	14.69	11.04	9.60	8.81	8.30	7.95	7.69	7.50	7.34
9	13.61	0.11	8.72	7.96	7.47	7.13	6.88	6.69	6.54
10	12.83	9.43	8.08	7.34	6.87	6.54	6.30	6.12	5.97
11	12.23	8.91	7.60	6.88	6.42	6.10	5.86	5.68	5.54
12	11.75	8.51	7.23	6.52	6.07	5.76	5.52	5.35	5.20
13	11.37	8.19	6.93	6.23	5.79	5.48	5.25	5.03	4.94
14	11.06	7.92	6.68	6.00	5.56	5.26	5.03	4.86	4.72
15	10.80	7.70	6.48	5.80	5.37	5.07	4.85	4.67	4.54
16	10.58	7.51	6.30	5.64	5.21	4.91	4.69	4.52	4.38
17	10.38	7.35	6.16	5.50	5.07	4.78	4.56	4.39	4.25
18	10.22	7.21	6.03	5.37	4.96	4.66	4.44	4.28	4.14
19	10.07	7.09	5.92	5.27	4.85	4.56	4.34	4.18	4.04
20	9.94	6.99	5.82	5.17	4.76	4.47	4.26	4.09	3.96
21	9.83	6.89	5.73	5.09	4.68	4.39	4.18	4.01	3.88
22	9.73	6.81	5.65	5.02	4.61	4.32	4.11	3.94	3.81
23	9.63	6.73	5.58	4.95	4.54	4.26	4.05	3.88	3.75
24	9.55	6.66	5.52	4.89	4.49	4.20	3.99	3.83	3.69
25	9.48	6.60	5.46	4.84	4.43	4.15	3.94	3.78	3.64
26	9.41	6.54	5.41	4.79	4.38	4.10	3.89	3.73	3.60
27	9.34	6.49	5.36	4.74	4.34	4.06	3.85	3.68	3.56
28	9.28	6.44	5.32	4.70	4.30	4.02	3.81	3.65	3.52
29	9.23	6.40	5.28	4.66	4.26	3.98	3.77	3.61	3.48
30	9.18	6.35	5.24	4.62	4.32	3.95	3.74	3.58	3.45
40	8.83	6.07	4.98	4.37	3.99	3.71	3.51	3.35	3.22
60	8.49	5.79	4.73	4.14	3.76	3.49	3.29	3.13	3.01
120	8.18	5.54	4.50	3.92	3.55	3.28	3.00	2.93	2.81
∞	7.88	5.30	4.28	3.72	3.35	3.09	2.90	2.74	2.62

$$\alpha = 0.005 \qquad\qquad 续表$$

n_2\n_1	10	12	15	20	24	30	40	60	120	∞
1	24224	24426	24630	24836	24940	25044	25148	25253	25359	25465
2	199.4	199.4	199.4	199.4	199.5	199.5	199.5	199.5	199.5	199.5
3	43.69	43.39	43.08	42.78	42.62	42.47	42.31	42.15	41.99	41.83
4	20.97	20.70	20.44	20.17	20.03	19.89	19.75	19.61	19.47	19.32
5	13.62	13.38	13.15	12.90	12.78	12.60	12.53	12.40	12.27	12.14
6	10.25	10.03	9.81	9.59	9.47	9.36	9.24	9.12	9.00	8.88
7	8.38	8.18	7.97	7.75	7.65	7.53	7.42	7.31	7.19	7.08
8	7.21	7.01	6.81	6.61	6.50	6.40	6.29	6.18	6.06	5.95
9	6.42	6.23	6.03	5.83	5.73	5.62	5.52	5.41	5.30	5.19
10	5.85	5.66	5.47	5.27	5.17	5.67	4.97	4.86	4.75	4.64
11	5.42	5.24	5.05	4.86	4.76	4.65	4.55	4.44	4.34	4.23
12	5.09	4.91	4.72	4.53	4.43	4.33	4.23	4.12	4.01	3.90
13	4.82	4.64	4.46	4.27	4.17	4.07	3.97	3.87	3.76	3.65
14	4.60	4.43	4.25	4.06	3.96	3.86	3.76	3.66	3.55	3.44
15	4.42	4.25	4.07	3.88	3.79	3.69	3.58	3.48	3.37	3.26
16	4.27	4.10	3.92	3.73	3.64	3.54	3.44	3.33	3.22	3.11
17	4.14	3.97	3.79	3.61	3.51	3.41	3.31	3.21	3.10	2.98
18	4.03	3.86	3.68	3.50	3.40	3.30	3.20	3.10	2.99	2.87
19	3.93	3.76	3.59	3.40	3.31	3.21	3.11	3.00	2.89	2.78
20	3.85	3.68	3.50	3.32	3.22	3.12	3.02	2.92	2.81	2.69
21	3.77	3.60	3.43	3.24	3.15	3.05	2.95	2.84	2.73	2.61
22	3.70	3.54	3.36	3.18	3.08	2.98	2.88	2.77	2.66	2.55
23	3.64	3.47	3.30	3.12	3.02	2.92	2.82	2.71	2.60	2.48
24	3.59	3.42	3.25	3.06	2.97	2.87	2.77	2.66	2.55	2.43
25	3.54	3.37	3.20	3.01	2.92	2.82	2.72	2.61	2.50	2.38
26	3.49	3.33	3.15	2.97	2.87	2.77	2.67	2.56	2.45	2.33
27	3.45	3.28	3.11	2.93	2.83	2.73	2.63	2.52	2.41	2.29
28	3.41	3.25	3.07	2.89	2.79	2.69	2.59	2.48	2.37	2.25
29	3.38	3.21	3.04	2.86	2.76	2.66	2.56	2.45	2.33	2.21
30	3.34	3.18	3.01	2.82	2.73	2.63	2.52	2.42	2.30	2.18
40	3.12	2.95	2.78	2.60	2.50	2.40	2.30	2.18	2.06	1.93
60	2.90	2.74	2.57	2.39	2.29	2.19	2.09	1.96	1.83	1.69
120	2.71	2.54	2.37	2.19	2.09	1.98	1.87	1.75	1.61	1.43
∞	2.52	2.36	2.19	2.00	1.90	1.79	1.67	1.53	1.36	1.00

附表 7　二项分布累计概率表

$$P\{X \leqslant x\} = \sum_{k \leqslant x} C_n^k p^k q^{n-k}$$

n	x	p=0.01	p=0.02	p=0.03	p=0.04	p=0.05	p=0.06	p=0.07	p=0.08	p=0.09
5	0	0.9510	0.9039	0.8587	0.8153	0.7738	0.7339	0.6957	0.6591	0.6240
	1	9980	9962	9945	9852	9774	9681	9575	9466	9326
	2			9997	9994	9988	9980	9969	9955	9937
	3							9999	9998	9997
10	0	0.9044	0.8171	0.7374	0.6648	0.5987	0.5386	0.4840	0.4344	0.3894
	1	9957	9838	9655	9418	9139	8824	8483	8121	7746
	2	9999	9991	9972	9938	9885	9812	9717	9599	9460
	3			9999	9996	9990	9980	9964	9942	9912
15	0	0.8601	0.7386	0.6333	0.5421	0.4633	0.3953	0.3367	0.2863	0.2430
	1	9904	9647	9270	8809	8290	7738	7168	6597	6035
	2	9996	9970	9906	9797	9638	9429	9171	8870	8531
	3		9998	9992	9976	9945	9896	9825	9727	9601
	4			9999	9998	9994	9986	9972	9950	9918
	5						9999	9997	9993	9987
20	0	0.8179	0.6676	0.5438	0.4420	0.3585	0.2901	0.2342	0.1887	0.1516
	1	9831	9401	8802	8103	7358	6605	5869	5169	4516
	2	9990	9929	9790	9561	9245	8850	8390	7879	7334
	3		9994	9973	9926	9841	9710	9529	9294	9007
	4			9997	9990	9974	9944	9893	9817	9710
	5				9999	9997	9991	9981	9962	99i32
	6						9999	9997	9994	9987
30	0	0.7397	0.5455	0.4010	0.2939	0.2146	0.1563	0.1134	0.0820	0.0591
	1	9639	8794	7731	6612	5535	4555	3694	2958	2343
	2	9967	9783	9399	8831	8122	7324	6488	5654	4855
	3	9998	9971	9881	9694	9392	8974	8450	7842	7175
	4	0.9999	0.9996	0.9982	0.9937	0.9844	0.9685	0.9447	0.9126	0.8723
	5			9997	9989	9967	9921	9838	9707	9519
	6				9999	9994	9983	9960	9918	9848
	7					9999	9997	9992	9980	9959
40	0	0.6690	0.4457	0.2957	0.1954	0.1285	0.0842	0.0549	0.0356	0.0230
	1	9393	8095	6615	5210	3991	2990	2201	1594	1140
	2	9925	9543	8822	7855	6767	5665	4625	3694	2894
	3	9993	9918	9686	9252	8619	7827	3837	6007	5092
	4		0.9988	0.9933	0.9790	0.9520	0.9104	0.8546	0.7868	0.7103
	5		9999	9988	9951	9861	9691	9419	9033	8535
	6			9998	9990	9966	9909	9801	9624	9361
	7				9998	9993	9977	9942	9873	9758
	8					9999	9995	9985	9963	9920

n	x	$p=0.10$	$p=0.20$	$p=0.30$	$p=0.40$	n	x	$p=0.10$	$p=0.20$	$p=0.30$	$p=0.40$
	0	0.5905	0.3277	0.1681	0.0778		0	0.0424	0.0012	0.0000	–
	1	9185	7373	5282	3370		1	1837	0105	0003	–
	2	9914	9421	8369	6826		2	4114	0442	0021	0.0000
5	3	9995	9933	9692	9130		3	6474	1227	0093	0003
	4		9997	9976	9898		4	8245	2552	0302	0015
	5		1.0000	1.0000	1.0000		5	9268	4275	0766	0057
							6	0.9742	0.6070	0.1595	0.0172
	0	0.3487	0.1074	0.0282	0.0060		7	9922	7608	2814	0435
	1	7361	3758	1493	0464		8	9980	8713	4315	0940
	2	9298	6778	3828	1673	30	9	9995	9389	5988	1763
	3	9872	8791	6496	3823		10	9999	9744	7304	2915
10	4	0.9984	0.9672	0.8497	0.6331		11		9905	8407	4311
	5	9999	9936	9527	8338		12		0.9969	0.9155	0.5785
	6		9991	9894	9452		13		9991	9599	7145
	7		9999	9984	9877		14		9998	9831	8246
	8			9999	9983		15			9936	9029
							16			9979	9519
	0	0.2059	0.0352	0.0047	0.0005		17			9994	9798
	1	5490	1671	0353	0052		18			9998	9917
	2	8159	3980	1268	0271		0	0.0148	0.0001	–	–
	3	9445	6482	2969	0905		1	0805	0015	–	–
	4	9873	8358	5155	2173		2	2228	0079	0.0001	–
15	5	9978	9389	7216	4032		3	4231	0285	0006	–
	6	0.9997	0.9819	0.8689	0.6098		4	6290	0759	0026	–
	7		9958	9500	7869		5	0.7937	0.1613	0.0086	0.0001
	8		9992	9848	9050		6	9005	2859	0238	0006
	9		9999	9963	9662		7	9581	4371	0553	0021
	10			9993	9907		8	9845	5931	1100	0061
							9	9949	7318	1959	0156
	0	0.1216	0.0115	0.0008	–		10	0.9985	0.8392	0.3087	0.0352
	1	3917	0692	0076	0.0005		11	9996	9125	4406	0709
	2	6769	2061	0355	0036	40	12	9999	9568	.5772	1285
	3	8670	4114	1071	0160		13		9806	7032	2112
	4	9568	6296	2375	0510		14		9921	8074	3174
	5	9887	8042	4164	1256		15		0.9971	0.8849	0.4402
20	6	0.9976	0.9133	0.6080	0.2500		16		9990	9367	5681
	7	9996	9679	7723	4159		17		9997	9680	6885
	8	9999	9900	8867	5956		18		9999	9852	7911
	9		9974	9520	7553		19			9937	8702
	10		9994	9829	8725		20			0.9976	0.9256
	11		9999	9949	9435		21			9991	9608
	12			9987	9790		22			9997	9811
	13			9997	9935		23			9999	9917